管理心理学

MANAGERIAL PSYCHOLOGY

李亚轩 著

管理心理学是一门研究组织系统中人的内在的心理机制及其行为规律，以预测、激发、改良组织体系，提高组织绩效，实现组织目标的学科

经济管理出版社
ECONOMY & MANAGEMENT PUBLISHING HOUSE

图书在版编目（CIP）数据

管理心理学/李亚轩著. —北京：经济管理出版社，2018. 3
ISBN 978-7-5096-5709-6

Ⅰ. ①管… Ⅱ. ①李… Ⅲ. ①管理心理学 Ⅳ. ①C93-051

中国版本图书馆 CIP 数据核字（2018）第 053117 号

组稿编辑：杨国强
责任编辑：杨国强　张瑞军
责任印制：黄章平
责任校对：王淑卿

出版发行：经济管理出版社
　　　　　（北京市海淀区北蜂窝 8 号中雅大厦 A 座 11 层　100038）
网　　址：www. E-mp. com. cn
电　　话：（010）51915602
印　　刷：三河市延风印装有限公司
经　　销：新华书店
开　　本：720mm×1000mm/16
印　　张：21.5
字　　数：386 千字
版　　次：2018 年 6 月第 1 版　　　2018 年 6 月第 1 次印刷
书　　号：ISBN 978-7-5096-5709-6
定　　价：68.00 元

序

管理心理学是一门研究组织系统中人的内在的心理机制及其行为规律，以预测、激发、改良组织体系，提高组织绩效，实现组织目标的学科。

管理心理学是一门综合性应用科学，是基于管理学、心理学、行为学、社会学、人类学、运筹学、生理学、医学等多学科交叉的综合性、应用性的边缘学科。

管理心理学是一门以组织系统作为研究对象的科学，管理心理学研究的范围是组织系统，管理心理学研究的重点则是组织系统中的个体、群体、领导、组织心理机制和基于心理机制的行为特征及其规律。本书对个体心理、激励、需要挫折、知觉、学习、价值观、态度、群体动力学、群体决策、权力冲突、信息沟通、组织结构、组织发展与变革等方面的内容进行了阐述。

管理思想虽然由来已久，但其在西方学界和管理界成为系统的理论体系，则是在19世纪末到20世纪初。管理心理学在管理学形成与发展的大背景下诞生，成熟于20世纪50年代。第二次世界大战后，管理心理学研究正式进入快车道。

18世纪，英国工业革命带来生产力的迅速发展和人类文明的进步。蒸汽机和电磁技术革命，以及电力的广泛应用，使劳动生产率提高了十几倍。但是，大机器生产条件下，工人被分配到流水线上，操作简单，看不到自己制成完整的产品，体验不到“成就”的乐趣，而且延长劳动时间，加快机器的运转，加剧了生产线作业工人的不适应，给生产管理带来了困扰。

19世纪后期到20世纪初，劳资矛盾日益突出。欧洲、美洲国家和开始工业化驱动的部分亚洲、非洲国家工会、政党、政治思想快速发展。传统的经验管理学和管理思想严重滞后于日新月异的技术进步和企业的发展，这一时期涌现出大量的科学管理的集大成者，如美国的泰勒、法国的法约尔、德国的韦伯。

泰勒是科学管理的创始人和主要代表人物，先后提出了劳动定额、工资定额、工作流程图、差别计件工资制、岗位职能制等一系列科学管理的制度和方法，统称“泰勒制”。

泰勒的科学管理无法阻止20世纪20年代整个美国工业时常发生的生产力和

生产标准下降的问题，使人们开始重视人的因素。美国的一些心理学家和社会学家对企业管理中提高人的生产效率的问题进行了许多研究。

雨果·芒斯特伯格是工业心理学的创造人、行为科学的先驱；莉莲·吉尔布雷斯在1914年发表了博士论文——《管理心理学》，首次提出管理心理学概念；沃尔特·迪尔·斯科特作为人事管理创始人在《量化考核方法选择雇员》一文中开创了用可控的实验的方法进行心理测试，应用于职业选拔和培训。

但是，雨果、莉莲、沃尔特只是管理心理学的探索者，真正的开山鼻祖则是乔治·埃尔顿·梅奥（George Elton Mayo，1880~1949）。美国哈佛大学教授梅奥等从1927年开始，在芝加哥城的霍桑电气工厂进行了为期9年的大型现场实验，以探求人的工作环境与生产效率之间的关系，进一步把心理学、社会心理学、人类学、管理学等各项学科结合起来，对企业中人的心理与行为进行综合探索、实验，管理心理学诞生的标志是著名的“霍桑实验”。霍桑实验提出的“人际关系学”成为管理心理学核心理论的主要内容。

继梅奥的霍桑实验之后，拓扑心理学的创始人、实验社会心理学的先驱、德裔美国心理学家库尔特·勒温借用物理学中“磁场”的概念于1933年提出了群体动力理论，认为群体不是个体的简单物，而是超越了总和，群体对个体有巨大的影响，个人在群体中会产生不同于处在单独环境中的行为反应，群体动力理论对管理心理学的形成和发展有重大影响；美国社会心理学家莫雷诺于1934年创造了社会测量法，更便于对群体中各成员之间的关系进行分析，帮助人们认识群体凝聚力、群体结构等人际关系的问题。

美国心理学家马斯洛于20世纪40年代发表了《人的动机理论》，论述了作为人的动机基础的需求层次理论。他认为人的需求可分为五类：生理需求、安全需求、社会交往需求、尊重需求和自我实现的需求。这五类需求从低级向高级依次发展，形成金字塔形的层次。马斯洛的需求层次理论对于管理学和管理心理学的发展具有很大的影响，成为当前全球尤其是西方各国的管理学和管理心理学重要的基础理论。

20世纪50年代，管理心理学真正发展成为一门独立的学科。1949年，在芝加哥大学召开的一次跨学科的讨论会上，正式把这门综合性的学科定名为“行为科学”。至此，行为科学取代了人群关系理论，形成了行为科学学派，从而促进了管理心理学理论的进一步发展。

20世纪60年代，组织行为的研究成为行为科学的又一个重要动态，其内容主要论述企业组织内人和团体的行为。其特征既注重人的因素，又注重组织的因素。例如工作任务、组织结构、隶属关系等，是人群关系学派和组织理论的综合。学术界通常也把这个学科称为“组织行为学”。

20世纪70年代，除亚洲新兴市场外，全球经济动荡、政治骚动达到空前的程度。石油危机更使企业所处环境的不确定性凸显。科学管理理论、行为科学理论等主要侧重于研究企业内部组织的管理，追寻普适的、合理的模式，而这些管理理论在企业面临瞬息万变的外部环境时显得无能为力。在这种情况下，人们不再相信管理会有一种最好的行事方式，而必须随机制宜地处理管理问题，于是形成一种管理取决于所处环境状况的理论，即权变理论。费德勒提出的“权变领导理论”开创了以权变思维研究管理心理学的崭新阶段，使以往盛行的领导形态学理论研究转向了领导动态学研究的新轨道。他本人被西方管理学界称为“权变管理的创始人”，对当代领导学和管理学的发展产生了重要影响。

管理心理学起步虽晚，但这门科学理论的开创和发展得到了学术界、企业界、军事界的高度认可。它已被广泛地应用于现代企业、现代政治和现代军事的管理之中。它普遍应用的结果，对于激励组织内的个体和群体积极性，缓和紧张的劳资关系、上下级关系具有重要作用。

中国管理心理学的研究状况如何?

中国古代就有丰富的管理心理学思想萌芽。譬如，最具代表性且有史典记载的重要人物有：姜尚、鬼谷子、孙子、诸葛亮。但是，中国古代管理心理学思想仅仅处于萌芽和碎片思想闪光点状态，萌芽期长达2000多年之久，一直未能形成独立的学科。

科学、系统的管理心理学在中国一直是一个空白区，20世纪80年代，中国学术界开始从西方大量引进管理心理学。中国企业界、学术界对行为科学与管理心理学的研究和应用开始活跃起来。经过多年努力，我国管理心理学已取得了较大的成就，建立了不少学术组织和教学的研究机构，开始了多方面的研究工作。

但是，我国在管理心理学研究上并没有实质性突破，主要表现在：

第一，研究成果甚微。学术界要么依然活跃于对西方管理心理学的引荐和翻译层面；要么对孔子、孟子、荀子、管仲、老子、庄子等先贤的萌芽思想套以西方现代管理心理学思想加以解释，实质性成果较少。

第二，研究方法仍然停留在理论分析、糅合和求证上，缺乏管理心理学研究中不可或缺的现场研究方法（观察法、个案法、比较法），缺乏管理心理学研究中必备的实验研究方法（自然实验法、实验室实验法、现场实验法），缺乏管理心理学研究中常规的必需的调查研究方法（访谈调查法、问卷法、心理测验法），更缺乏量化研究方法（数理模型研究法）等现代科学研究方法。

李亚轩二十余年来一直潜心于管理心理学研究，基于现代科学研究方法精心深耕该学科。李亚轩创建的亚轩实验室和亚轩社会调研所对个体、群体、组织进行长期动态实验研究和调查研究，建立了管理心理学的大型实验和调研数据库，并建立了相关数理模型。

李亚轩严谨缜密的治学风范、落地深耕的研究态度、科学实证的研究方法，为中国管理心理学的发展带来了新动力。

目 录

第一篇 基本理论

第二篇 个体心理与管理

第三篇　群体心理与管理

第四篇　组织心理与管理

第一篇

基本理论

第一章
管理心理学概述

第一节　管理心理学概念

管理心理学是一门研究组织系统中人的内在的心理机制及其行为规律，以预测、激发、改良组织体系，提高组织绩效，实现组织目标的学科。

一、管理心理学概念解析

(1) 管理心理学特点：是一门基于管理学、心理学、行为学、社会学、人类学、运筹学、生理学、医学等多学科交叉的综合性、应用性的边缘学科。

(2) 管理心理学研究的范围：组织系统。组织，指由人构建或参与的有目的、有计划活动的系统，包括但不限于企业组织、军事组织、文化组织、教育组织、政党组织、社会组织、国家或地区组织、全球或区域组织等。

(3) 管理心理学研究的重点：组织系统中的个体、群体、领导、组织心理机制和基于心理机制的行为特征及其规律。

(4) 管理心理学研究的目的：预测、激发、改良组织体系，提高组织绩效，实现组织目标。管理心理学的自变量是个体心理、群体心理、领导心理、组织心理；管理心理学的因变量是组织营收、运营效率、成本和成本结构、组织成员素质提升、组织成员效率。

二、管理心理学研究的重点

(一) 个体心理

个体是组织的基本单元和细胞，个体心理研究的取向是激励个体创造力。核心内容是个体的需要、动机、态度、认知差异、能力差异、个性差异等。个体心理存在着共性与特殊性。

对“共性”的研究是组织决策重要的依据条件。对“特殊性”的研究，如人的能力、气质、知觉、态度、价值观等差异的研究，有助于更好地运用激励机制，开发人的潜能，提高组织的效率。

美国学者吉尔特·霍夫斯塔德（Geert Hofstede）认为，人的个性受到态度、价值观、文化差异的巨大影响，表现为四个维度：

1. 个人主义/集体主义

前者强调以个人为核心，民主型的社会结构（如北美、欧洲、社会转型后的亚洲国家）的个体心理多以个人为核心；后者强调以集体为核心，专制或独裁型的社会结构（如亚洲和非洲尚未启动民主转型的国家）的个体心理多以集体主义为核心。

2. 权力距离

权力距离表现为人们对权力、权威、尊敬和崇拜的程度。权力距离大的社会，人群表现为组织内权力差异的认可、敬畏、神秘，表现为对权威的尊重、依赖、恐惧；反之，则表现为上下级之间更多的平等、亲和、公开。

3. 确定性规避

确定性规避表现为社会人群对社会前景的估计以及对待风险和安全感的态度。确定性规避较高的社会成员既能常常表现为不安或居安思危，又能对风险泰然处之（如瑞士、北欧等国）。

4. 生活数量/生活质量

前者强调自信和物质主义（如日本、美国），后者强调人与人之间关系的和谐与相互关心（如北欧国家）。

（二）群体心理

群体，是个体的集合。群体心理研究的核心是人际关系问题，人际关系的测评、人际关系的条件、人际关系的障碍与改善等，还涉及工作团队与群体精神、群体凝聚力、群体士气、群体信息交流与意见沟通、群体的决策、群体的竞争与合作、群体意识等。表现为三个特征：①群体是一群个体者的集合；②群体的存在有一定的目的性；③群体中的成员相互影响，相互依存，有着内在的联系。

对群体心理的研究是在个体心理研究的基础上发展起来的，其内容包括群体动力理论、群体的决策、沟通冲突、群体的人际关系。涉及人际关系的测评、人际关系的条件、人际关系的障碍与改善等，还涉及组织内群体精神与凝聚力、团队交流与沟通、团队竞争与合作等。群体心理的研究有助于工作团队的建设，塑造高绩效的团队。

（三）领导心理

领导，作为群体和组织中的领袖及首脑，在组织建设和提高绩效方面，发挥着中枢、导向、指挥和控制作用。对领导心理的研究，侧重于领导特质、心理和应变（权变）。涉及领导素质、结构、功能、选择、考评、体制、势场（聚合力）。

（四）组织心理

组织，是群体的集合。对组织心理的研究主要包括组织设计和对个体、群体的影响，组织的发展与变革，组织效能（组织氛围、形象、文化建设）等。

第二节 管理心理学的研究内容

管理心理学产生于20世纪初，成熟于20世纪50年代。第二次世界大战后，管理心理学以极快的速度发展，使之从个别局部经验研究向更广泛、更纵深方面研究过渡，从而使管理心理学进入学术研究的黄金时期。1958年，哈罗德·J.李维特（Harold J. Leavitt）《管理心理学》的正式出版，标志着管理心理学作为一门独立学科而跻身于百家之列。欧美国家学者沙因（Edgar H. Schein）、赫伯特·亚历山大·西蒙（Herbert Alexander Simon）将此学科进一步深化、完善和成熟。

管理心理学研究内容按个体心理、群体心理、领导心理和组织心理四个层次展开，所讨论的问题大都涉及个体假设、激励、需要挫折、知觉、学习、价值观、态度、群体动力学、群体决策、权力冲突、信息沟通、组织结构、组织发展与变革等方面内容。

第三节　管理心理学的研究方法

一、管理心理学的研究原则及设计方案

（一）管理心理学研究的基本原则

（1）客观性原则。

（2）系统性原则。

（3）发展性原则。

（4）应用性原则。

（二）管理心理学研究的设计方案

（1）明确研究目的及相应的研究方法。

（2）选择研究对象。

（3）确定研究变量及观测指标。

（4）选用合适的研究工具。

（5）数据统计分析。

二、管理心理学的研究方法

管理心理学的研究方法可以归纳为四类：

第一类：现场研究法，主要包括观察法、个案法、比较法；

第二类：实验研究法，主要包括自然实验法、实验室实验法、现场实验法；

第三类：调查研究法，主要包括访谈调查法、问卷法、心理测验法；

第四类：量化研究法（数理模型研究法）。

（一）观察研究法

在日常的无人工干预的自然和社会情况下，运用感官器官对人的心理进行观察与分析的方法。观察法是在自然情况下（即在日常生活条件下），有目的、有计划地直接观察研究对象（被试者）的言行表现，从而分析研究对象心理活动和行为规律。

观察法分为专项观察法和全面观察法两种。

专项观察法，是根据研究的某一具体项目和任务，有选择地观察那些与研究

任务有关的活动，分析和研究其特点、发生发展的规律。

全面观察法，是观察被试者在一定时期内的全部行为表现，将其全部动作、行为和说话都记录下来，借以综合分析被试者的心理现象和行为规律。

优点：方法简单、方便，效果直观、清晰。

缺点：对所获信息难以量化和深化，精准度偏低。

（二）个案研究法

个案研究法，也称为案例法，是运用个案调查、案例研究分析方法对个体、群体、组织进行较长时间、连续的观察研究，全面系统地分析研究、探索其心理发展变化全过程的研究评估方法。

优点：能获取被研究者比较系统、全面、动态的心理和行为数据库，对于组织内部单体项目问题的诊断和纠正较为精准。

缺点：个案法归纳出来的结论缺乏组织体系整体性、普遍性和线性逻辑，另外，需要投入大量的人力、物力和时间成本。

（三）比较研究法

比较研究法是对组织系统内部个体或群体同异关系进行对照、比较，从而揭示其心理和行为规律的研究方法。

比较研究法主要分为纵向比较研究法、横向比较研究法、同类比较研究法和异类比较研究法四类常用方法。

1. 纵向比较研究法

纵向比较研究是对同一研究对象的历史形态进行动态比较研究。这类比较是按时间序列的纵断面展开的，它使我们不仅从相对稳定状态研究被研究者，而且还从发展变化状态研究被研究者，从而弄清被研究者发展的动态性、阶段性变化规律。例如，被研究个体在不同年龄阶段心理特性和基于心理特性的行为规律是不同的。

2. 横向比较研究法

横向比较是对同时存在的心理现象进行比较，因为每一个体或群体都不是孤立存在的，所以必须在相互关系的比较中认识心理的本质。横向比较研究是按空间结构的横断面展开的，强调的是从被研究者的相对静止状态中研究被研究者的异同，分析其心理活动规律和基于心理活动的行为活动规律。例如，不同血型、不同种族、不同文化背景、不同区域的被研究者会表现出完全不同的心理活动规律和基于心理活动的行为规律。

3. 同类比较研究法

同类比较是对两种或两种以上同类被研究对象进行比较，从而认识其异同点的方法。通过同类相同点比较，可以找到被研究者心理发生发展的共同规律。通过同类相异点比较，可以找到被研究者心理发生发展的特殊性。

4. 异类比较研究法

异类比较是对两个或两个以上完全不相同的个体或群体的正反两方面加以比较，即比较被研究者的不同心理特性，从而说明被研究者的不同或异中之同。这种比较，就其思维过程来说，与同类比较相同，也是从个别到个别的推理，但是，它的反差大，结果鲜明，有利于鉴别和分析。通过“同中求异”或“异中求同”的分析比较，可以使我们更好地认识被研究者的多样性与统一性。

优点：研究方法简单、生动、鲜明。有助于我们从现实问题入手，追溯被研究者心理发展的历史渊源、过程和规律。

缺点：研究对象必须具有可比较性，从而限定了研究的内容和范围；研究结论是从比较分析的推论中得出，其客观性程度有待实践证明并加以检验修正。

（四）实验研究法

1. 定义

实验研究法是系统地操控一至数个假定有关的自变量，并在客观状态下，以及在固定其他自变量的可能干扰影响的条件下，观测其对某些因变量的独立效应和交互效应。因此，实验研究又称控制研究。

一个典型的实验研究包括两类试验小组：实验组（Experiment Group）和控制组（Control Group）。实验组指在实验中接受实验处理的小组，来自于该小组的观察结果将与那些未接受实验处理的控制组的观察结果相比较。控制组未接受实验处理，用以给实验组的观察结果提供一个比较的基准线，通过比较，实验处理的作用得到体现，那些只在实验组中发生的行为变化被看作是实验处理产生的作用。

2. 效度

效度，是实验研究法的重要概念，指测量仪器、设备、相关工具、环境和手段能够准确测出所需测量的事物的程度。效度分为外在效度、内在效度、结构效度、统计结论效度。

内在效度是指实验结果能归因于自变量的操作的程度，即排除对实验结果产生干扰的无关因素，使研究者相信实验结果确实是由实验变量引起的程度，即达到实验目的的程度。没有内在效度的实验研究是没有价值的，因为内在效度决定了实验结果的解释。

内在效度影响因素：

（1）履历效应（历史事件），例如，一本书的影响、一个人的影响。

（2）成熟，例如，疲劳、饥饿、态度改变。

（3）多次测验，例如，讨好的作答倾向。

（4）不稳定的测量工具，如问卷或经验不足的观察者，评分者的差异，工具信度偏低。

（5）统计回归。

（6）实验死亡率，中途退出。

（7）因果时序。

（8）选择偏好，例如，自愿与非自愿。

（9）实验处理中的传播与模仿，相互沟通和互动问题。

（10）强亨利效应（竞赛效应）。

（11）实验者心理原态。

（12）实验者偏见。

（13）实验者原罪效应。

外在效度，是指实验结果的“可推论性”的大小程度，即被操作因素（自变量）与结果（因变量）之间的关系，可以普遍应用于其他不属于此实验情境的程度，把实验结果推广于同类事物的正确程度。

外在效度影响因素：

（1）对实验程序的描述。

（2）样本的代表性。

（3）实验者的主观因素。

（4）宽慰效应。

（5）时间因素。

（6）因变量的测量。

（7）实验情景的仿真性。

3. 自然实验研究法

自然实验研究法，指在自然常态环境下有目的、有计划地创设和控制一定的条件，主动地激发被试者的行为变化。

自然实验研究法优点：

（1）比较接近人的生活实际，易于实施。

（2）具有主动性、目的性、系统性特点，可以减少人为性，有良好的内在效度和较高的外在效度。

自然实验研究法缺点：

（1）自然条件下的实验控制难免具有漏点，外生和内生变量较多。

（2）因为研究工作需要依被试者发展的自然顺序进行，因此研究耗时较长。

4. 实验室实验研究法

实验室实验研究法，指在实验室内利用专业的实验仪器、设备、设施，严格控制实验条件，主动创造条件，以激发、刺激被试验者心理行为反应，从而探索自变量和因变量之间的关系的一种方法。

实验室实验研究法优点：

（1）重复性强、可控性强。

（2）方便快捷、项目完成时间快速。

（3）实验者可以随机安排被试，使他们的特点在各种实验条件下相等，从而暴露出自变量和因变量之间的关系，内在效度高。

（4）精确度高、可信度高。

实验室实验研究法缺点：

（1）耗资巨大，专业实验室投资较高。

（2）由于实验过程是在封闭的人为环境下进行的，与现实生活条件有差距，外在效度低。

（3）在实验室环境中难以消除被试者的反应倾向性和实验者对被试者的影响，研究被试者的代表性仍存有质疑。

5. 现场实验研究法

现场实验研究法，指在真实的现实情境中，对被试者的行为进行一切可能的控制，求证被试者心理变化规律和基于心理机制的行为规律，揭示自变量和因变量间的关系的方法。

现场实验研究法特点：试验者在“现场”进行、结构性观察、较长的持续时间。

现场实验研究法优点：

（1）由于被试者不知道自己当了被试者，所以他们不会产生反应偏向，隐蔽性、真实性和概括性较高，外在效度高。

（2）由于控制了自变量，所以可以看出需研究的变量间的因果关系。

（3）实验设计最简单，没有控制组也没有前测，只有一个实验刺激，实验成本低。

现场实验研究法缺点：

（1）对自变量控制程度较低，无关因素影响的可能性较大。

（2）难以保护被试者的权利和安全。

（五）访谈调查法

访谈调查法指研究者通过口头信息沟通的交流方式，根据预先拟好的问题向被研究者以一问一答的方式进行调查研究，分析受访者的心理变化特质和基于心理特质的行为现象。

访谈调查法通常分为结构化访谈和无结构化访谈两种方式：结构化访谈，即按照自己事先设定的具有固定结构的统一问卷进行访谈，所有受访者皆遵循同一程序；无结构化访谈，是鼓励受访者用自己的语言发表自己的看法，提问者只起到引导作用。

访谈调查法优点：

双向沟通，加强感情交流，增进相互了解。

访谈调查法缺点：

（1）无法完全避免主观因素，无法避免因暗示、诱导所形成的信息失真。

（2）难以把控样本偏差。

例如，1936 年媒体调查了 200 万人，并预测兰登将获得比罗斯福更多的选票，结果如何？预测错误。原因在于被试抽样的代表性问题。

（六）问卷法

问卷法指研究者根据研究课题的要求，设计出内容明确的问卷量表，让被试者根据个人情况自行选择回答，然后通过汇总分析这些回答结果来研究被试者心理状态的方法。

问卷法主要有三种形式：

（1）是非式：只有“是”与“非”两种答案，重点考察倾向性。

（2）选择式：从并列的多种答案中按实际情况选择，重点考察个人需求。

（3）等级排列式：按重要程度次序排列选项，重点考察个人价值观。

问卷法优点：

（1）高效、便于分析。

（2）应用范围广。

（3）可以运用数据分析方法进行量化处理。

问卷法缺点：

难以避免受试者答案的随意性。

（七）心理测验法

心理测验法，指使用标准化的量表或精密仪器来测验被试者的智力、性格、态度、个性特征等心理的方法。

心理测验法主要分为：

（1）按测验的内容：智力测验、个性测验、态度测验、能力测验。

（2）按测验的方式：文字测验和非文字测验。

（3）按测验的方法：问卷测验、操作测验、投射测验。

（4）按测验的目的：描述性测验、诊断性测验、预测性测验。

（5）按测验的要求：最高行为测验、典型行为测验。

（6）按测验的运用：教育测验、职业测验、临床测验。

心理测验法优点：

（1）可在短时间内了解许多人的一个或多个特点。

（2）可以从数量上比较个人之间的差异。

心理测验法缺点：

（1）复杂、烦琐，技术能力要求高。

（2）目前所使用的测验量表还不够完善，信度和效度较低。

（八）量化研究法（数理模型研究法）

量化研究法，指通过建立数学模型分析研究各要素之间的关系的方法。同物理模型不同，管理心理学的模型往往是动态型、描述型和抽象型的模型。

库尔特·勒温（Kurt Lewin）研究并建立了管理心理动态模型：

$B=f(P, E)$

式中，B 代表心理；P 代表内部力场；E 代表外部力场。

管理心理学的研究趋势，已开始由定性分析逐步深入到量化分析，更多采用数学手段。美国麻省理工学院已开始尝试用数理统计方法进行管理心理学的研究。数理模型分析必然会成为未来管理心理学研究分析方法的主流方法。

三、研究结果的数据处理

常用的数据处理方法有集中趋势分析、离中趋势分析、抉择分析、相关分析、回归分析和因素分析等方法。

1. 集中趋势分析

最常用的指标有算数平均数和中位数。

2. 离中趋势分析

度量离中趋势最常用指标是标准差。

3. 抉择分析

抉择分析法是用数量指标对每种情形下可能有或没有的心理现象进行分析的方法。它主要包括结构关系指标和对比关系指标两种。

4. 相关分析

相关分析用于揭示两个或多个变量之间关系的方法。一般用相关系数作为度量的具体指标。

5. 回归分析

回归分析通过建立回归方程，利用一个变量或一组变量的变化来估计或预测另一个变量或一组变量的变化。

6. 因素分析

因素分析是探究数据的基本结构，简化数据，并对探索出的因素进行命名的适用于多元统计的一种数据处理方法。

第二章
管理心理学的产生和发展

管理心理学产生于20世纪初，成熟于20世纪50年代。第二次世界大战后，管理心理学研究正式进入快车道。

第一节 管理心理学产生的背景

一、技术经济社会背景

从18世纪的英国工业革命开始至20世纪初，由于技术和工业革命引发的生产力的迅速发展，社会生活发生了巨大的变化，管理心理学被推到了企业管理的前沿。管理心理学产生的社会背景主要表现在三个方面：

（一）技术环境的变化

技术环境泛指根据生产经验和自然科学原理而发展成的各种工艺操作方法与技能改良、进步状况。在整个工业革命中，技术环境的重大变化共经历了两次：1782年，詹姆斯·瓦特（James Watt）发明了具有历史里程碑意义的蒸汽机，解决了大工业发展的动力问题，使生产力的发展从铁器时代进入了机器时代；19世纪电磁学的发现，引起了第二次技术革命，电力的广泛应用，出现了一系列的新兴工业部门，从而把生产力推进到电力时代。

19世纪后半期，欧洲和美国已从早期的机械发明和简单的工业生产走向迅速发展的重工业时代。特别是美国，工业生产在19世纪末已跃居世界第一位。

美国福特创造了以传送带为核心的管理模式，采取流水作业法，建立了世界上第一条汽车流水生产线。仅仅一年时间，劳动生产率提高了十几倍。美国福特T型汽车的生产自1904年到1921年，仅十几年的时间汽车年产量增加了549

倍，成本降低 2.4 倍。

工业革命后的大机器生产时期，发生了人机关系不相适应的现象。大机器生产条件下，工人被分配到流水线上，操作简单，看不到自己制成完整的产品，体验不到“成就”的乐趣，而且延长劳动时间，加快机器的运转，加剧了生产线作业工人的不适应，给生产管理带来了困扰。由此促使管理学家、心理学家、社会学家关注人机矛盾问题。一些心理学家指出，当时的机械设计往往只从力学观点出发，而对工人使用机械是否适应缺乏研究，结果不仅浪费了人力，而且酿成许多差误和事故。

第二次世界大战以来，随着自动化水平的提高，人们已日渐认识到，在人机系统中，人是占主导地位的。工业心理学的研究从人如何适应机器向机器怎样适合于人转变。其结论是，人与机器应相匹配，才能提高生产效率。同时，要解决生产力迅速发展时期的劳动力素质问题。劳动力素质包括劳动者的体能和智能。复杂的机器生产，具有产量大、速度快、精确度高的特点，要求人具有与其相适应的智能。20 世纪 40 年代，随着电子计算机、电视工业、原子能电站、宇航工业的发展，脑力劳动的比重随之不断地提高。

以上问题均是管理的问题，然而进入管理的深水区就会延伸至心理层面。所以，大工业生产离不开管理中的心理研究。

（二）经济环境的变化

伴随企业规模的扩大和国际化布局，涉及国家政治、经济、资源的研究和公关，涉及超大供应链管理，涉及国际市场营销战略和策略，涉及生产体系改良和提升，涉及产品和企业技术研发和升级，涉及企业成本控制和体系改造，涉及市场战略整合，涉及企业文化建设，投资者对其全面、直接、系统的管理已力不从心，于是出现了受雇佣的专业管理阶层（职业经理人），使得管理成为一个专门的领域。管理学界尝试把分散在经济学、技术学、军事学、管理学、心理学中的相关管理知识引用到企业管理理论和运作中。

资本兼并和产业集中是大工业时代的基本特征。20 世纪 20 年代，美国 7000 家制造公司和矿业公司、5000 家公用事业公司实现了合并。组织与群体关系更加复杂，涉及员工的激励、信息沟通、人际关系等，从而使心理学与管理学的融合和再造成为无法回避的趋势。

（三）社会环境的变化

工业革命同时也是社会革命，工业革命改变了社会结构。19 世纪后期到 20 世纪初，生产力迅速发展，劳资矛盾日益突出。据统计，1906~1914 年，美国有

530 万工人罢工。20 世纪 30 年代的资本主义经济危机使劳资对立更为严重。欧洲、美洲国家和开始工业化驱动的部分亚洲、非洲国家工会、政党、政治思想层出不穷。

经济管理面临严峻局面，自然要试图解决企业组织中的人的问题。为此需要许多社会学家、心理学家参与。一些有识之士意识到，继续用严格监督、强制和约束手段对付工人已很难奏效，要解决人的积极性问题不得不研究心理学。

二、管理学的拉动

18 世纪后期至 19 世纪末，科学管理的理论并没有形成。工业革命的先行者——英国的企业主在企业管理中互相封闭保密，阻碍了管理科学的研究和传播。传统的经验管理和管理思想严重滞后于当时的技术进步和企业的发展，许多工厂的产量远远低于额定的产量。这种情况迫使一批工程技术人员和管理人员努力把当时科学技术和最新成就运用于管理，他们突破了传统的管理观念，使经验上升为科学理论。这一时期大体从 20 世纪初至 40 年代，代表人物较多，如美国的泰勒、法国的法约尔、德国的韦伯。

弗雷德里克·温斯洛·泰勒（Frederick Winslow Taylor，1856~1915）是科学管理的创始人和主要代表人物。从 1900 年开始，他在工厂实验的基础上，先后提出了劳动定额、工资定额、工作流程图、差别计件工资制、岗位职能制等一系列科学管理的制度和方法，统称“泰勒制”。泰勒虽不是心理学家，并且他的理论重物不重人，然而他按客观规律解决管理生产问题，必然使自己的研究符合心理规律的要求。譬如，他提出对工人进行培训和选择，对工人操作的“时间—动作”分析，无不与心理有关。科学管理理论中管理心理学处在萌芽阶段。

泰勒的科学管理无法阻止 20 世纪 20 年代整个美国工业时常发生的生产力和生产标准下降的问题，使人们开始重视人的因素。美国的一些心理学家与社会学家相联合，对企业管理中提高人的生产效率问题进行了许多实验，并形成了管理中一个对后来的管理心理学产生重要影响的人际关系学派（又称行为科学学派）。这个学派的形成是以著名的霍桑实验为基础的。

美国哈佛大学教授乔治·埃尔顿·梅奥（George Elton Mayo，1880~1949）等从 1927 年开始，在芝加哥城的霍桑电气工厂进行了为期 9 年的大型现场实验，实验是探求人的工作环境与生产效率之间的关系，诸如湿度、温度、休息时间、福利等。研究结果发现：影响生产效率的不是物质因素和经济因素，而是工人心理或社会因素。梅奥在 1933 年出版了《工业文明中的人的问题》一书，对霍桑实验作出了总结，提出了与传统管理理论不同的新观点，成为人际关系学派的理论代表作。其基本观点是：工人不是只追求金钱收入的“经济人”，他们还有社会心理方面的需要；管理要转向以人为中心的管理；要重视工人群体的研究；要建立新型的领导、监督关系。人际关系学说正式提出了管理心理学的核心问题，实际上把管理问题引向了管理心理学。人际关系学说奠定了管理心理学的基础。

三、心理科学的推动

19 世纪后半期，心理学已经成为一门独立的科学，具有自己的体系、概念和实验手段。20 世纪初，社会学、社会心理学也发展成为独立学科，这为管理心理学的产生提供了生态资源。

心理技术学是最先把心理学运用于工业企业的一门学科。最早对心理技术学进行具体研究的是美国哈佛大学教授雨果·芒斯特伯格（Hugo Munsterberg，1863~1916）。他在 1910~1914 年出版了《心理学与经济生活》《心理工艺学原理》等著作，他强调心理学可以为工厂选择有适当品质的工人，工人可以找到生产效率最高、最令人满意的工作条件。他还强调人的愿望、兴趣在生产活动中的重要性，利用心理学研究工人的工作动机和减轻工人疲劳。芒斯特伯格的研究已经触及到管理心理学的内容。

直接促进工业心理学发展的还有关于个别差异的研究。早在 1882 年，英国心理学家高尔顿进行了关于个别差异的科学研究，他应用测验来研究人的差异，创立了统计学的相关性概念和回归分析方法。美国卡特尔于 1890 年发表了《心理测验和测量》。这些都为工业心理学应用的测验和选拔工人的方法奠定了基础。

第一次和第二次世界大战期间，各交战国大都把心理学运用于军队。以美国为例，1917 年成立了 17 个战争心理问题研究会。心理学家设计和进行心理测验选拔飞行员、气象观察员、海底电话员、潜艇监察员等特殊能力的兵种。另外，还对情绪不稳定人员进行心理治疗。这些研究大大扭转了把人当作一种机械力源泉的错误观念，把人的因素、人的心理特点，特别是人的能力当作设计武器装备、加强管理的核心诉求。可见，管理心理学初具雏形与两次世界大战中把心理学运用于战争并取得成果是分不开的。

心理科学经冯特的努力变成实验科学，其生命力主要表现在两个方面：一是出现了学派论争的局面，各学派都各自提出自己的理论，丰富和发展了心理科学；二是各学派都注重并坚持实验研究，其中许多是对生产及管理的研究。这些为管理心理学的诞生提供了良好的土壤。

在早期的群体理论中，对于管理心理学的形成有很大影响的还有德国心理学家勒温提出的“群体动力说”。勒温曾借用物理学中“磁场”的概念，认为人的心理、人的行为决定于人的内在需要及其与周围环境的相互作用。当人的需要未得到满足时，会产生内部力场的张力，客观环境中的一些刺激具有导火索的作用。人的行为的动向取决于内部力场与情境力场的相互作用。1933 年以后，他又把心理学理论用于研究群体行为，并提出了群体动力的概念。群体的行为不等于群体中成员个人行为简单的算术总和，因而会产生一个新的行为形态。勒温的学生对影响群体行为的诸因素（如群体规范、沟通、领导等）进行了深入的研究，这些研究构成了管理心理学中群体心理的基本内容。1934 年，美国社会心理学家莫雷诺创造了社会测量法，更便于对群体中各成员之间的关系进行分析，帮助人们认识群体凝聚力、群体结构等人际关系的问题。

第二节　管理心理学的萌芽

管理心理学的产生源头可追溯到西方管理学的形成和心理学在工业中的应用。管理思想虽然由来已久，但在西方学界和管理界成为系统的管理理论，则是始于 19 世纪末到 20 世纪初。从其发展的历史及其内容看，西方管理理论各学派的形成基本分为三个阶段：古典管理理论阶段、人群关系理论阶段、当代管理理论阶段。而管理心理学的萌芽时期主要在古典管理理论阶段。

一、以泰勒为代表的古典管理理论阶段

弗雷德里克·泰勒是管理学界和管理界公认的“科学管理之父”，他开创了科学管理的新纪元。迄今为止，所有的管理理论都是在泰勒科学管理理论基础上承袭、衍生、改良和发展起来的。泰勒管理学理论是基于大量实验数据和实证分析的结果。

1898 年，泰勒对伯利恒钢铁公司搬运生铁块和使用铁锹的实验，改进了操作方法，训练了工人的熟练程度，得出每一套动作的精确时间和一个“一流工人”每天应该完成的工作量。这一实验研究的结果是：堆料场的劳动力从 400~600 人减少为 140 人，平均每人每天的操作量从 16 吨提高到 59 吨，每个工人的日工资从 1.15 美元提高到了 1.88 美元。

“科学管理”理论的主要内容概括为八个方面：

（1）科学管理的中心问题是提高效率。泰勒认为，要制定出有科学依据的工人的“合理的日工作量”，就必须进行工时和动作研究。方法是选择合适且技术熟练的工人，把他们的每一个动作、每一道工序所使用的时间记录下来，加上必要的休息时间和其他延误时间，就得出完成该项工作所需要的总时间，据此定出一个工人“合理的日工作量”。这就是所谓的工作定额原理。

（2）为了提高劳动生产率，必须挑选“第一流的工人”。

（3）要使工人掌握标准化的操作方法，就要使用标准化的工具、机器和材料，并使作业环境标准化，这就是所谓的“标准化原理”。

（4）实行刺激性的计件工作报酬制度。

（5）工人和雇主两方面都必须认识到提高效率对双方都有利，都要来一次“精神革命”，相互协作，为共同提高劳动生产率而努力。

（6）把计划职能同执行职能分开，变原来的经验工作法为科学工作法。所谓经验工作法是指每个工人用什么方法操作，使用什么工具等，都由他根据自己的或师傅等人的经验来决定。

（7）实行“职能工长制”。泰勒主张实行“职能管理”，即将管理的工作予以细分，使所有的管理者只承担一种管理职能。

（8）在组织机构的管理控制上实行例外原则。

二、韦伯的组织理论

马克斯·韦伯（Max Weber）提出了所谓理想的行政组织体系理论（也称为科层制）。这一理论的核心是组织活动要通过职务或职位而不是通过个人或世袭地位而管理。这种科层制是韦伯根据纯粹理想型观点提出的社会组织内部职位分层、权力分等、分科设层、各司其职的组织管理结构形式及管理方式。

（一）组织管理结构形式及管理方式主要特征

（1）内部分工，且每一成员的权力和责任都有明确规定；

（2）职位分等，下级接受上级指挥；

（3）组织成员都是具备各专业技术资格而被选中的；

（4）管理人员是专职的公职人员，而不是该企业的所有者；

（5）组织内部有严格的规定、纪律，并毫不例外地普遍适用；

（6）组织内部排除私人感情，成员间的关系只是工作关系。

（二）科层制的结构和运行机制

韦伯认为，科层制的结构和运行机制主要包括如下内容：

（1）组织机构中的成员是由一些专业人员充当的，他们受过专门训练，因而胜任本职工作，是有能力完成工作任务的人，即该组织结构是一个能人结构。

（2）组织机构中的成员行动受既定的严格而缜密的活动规则的指导。不仅下级成员，就是上层领导也要严格遵照既定规则和章程行事。因而科层制实行的是规则管理，是一种只见规则不见成员的管理。

（3）这种管理方式带有明显的机械性，每一个成员都被当作组织这个严密规则系统中的一个承担某项任务的部件，而不是具有复杂动机和情感的人。

韦伯这一理论使他得以根据组织内部的权威关系，揭示出不同的组织所具有的特性。韦伯对权力和权威作了区分。韦伯指出：权力是无视人们反对，强迫人们服从的能力；而权威则意味着人们在接受命令时是出于自愿，为此，在权威制度下，下级把上级发布的命令看作是合法的。

（三）组织形态

根据这种权威合法化的方式，韦伯描述了三种不同的组织形态：合理—合法的组织、传统的组织、神授的组织。其中每一种组织形态都有其独特的管理机构或管理体制。当然现实生活中，任何的组织都可以是三种组织形态的不同结合。

韦伯根据以上三种不同的组织形态，提出权力也有以下三种形式：

（1）神授的权力；

（2）传统的权力；

（3）合理—合法的权力。

韦伯从纯技术的维度认为，认为科层制是效率最高的组织形式。

第三节　管理心理学的形成

管理心理学的早期发展同工业心理学的兴起是分不开的。为了获得更高的生产效率，心理学家、生理学家早就开始注意如何将重点放在有效地利用人的某些心理—生理资源上了。

尽管心理学在泰勒制出现之前已经是一门早已独立的科学，但这门学科直接被应用到制造业，研究如何适应和转变工人的心理、激发工人的动力，以提高生产效率，是20世纪初期才开始探索的。

一、管理心理学的探索

（一）雨果·芒斯特伯格

雨果·芒斯特伯格（Hugo Munsterberg，1863~1916），是工业心理学的创始人、行为科学的先驱，他在《心理学与工业效率》（1912年）、《应用心理学要点》（1914年）、《企业心理学》中，研究了人员甄选、职业伦理、工作绩效的心理因素。

雨果·芒斯特伯格主要观点如下：

（1）寻求如何使人们的智能与其所从事的工作相适合。

（2）在什么样的心理条件下，才能从每个人的工作中获得最大和最令人满意的产出。

（3）企业如何去影响工人，以便从他们那里获得最好的结果。

（二）莉莲·吉尔布雷斯

莉莲·吉尔布雷斯（Lillian M. Gilbreth）在1914年发表了《管理心理学》，首次提出管理心理学概念。该文主要内容如下：

（1）把早期的心理学概念应用到科学管理实践中。

（2）关心工作中人的因素。

（3）在应用科学管理原理时，必须首先关注工人，并且要了解他们的个性和需要。

（4）很多工人的不满情绪，并不是因为工作的单调，而是因为管理人员对工人的关心不够。

（三）沃尔特·迪尔·斯科特

沃尔特·迪尔·斯科特（Walter Dill Scott）作为人事管理创始人在《量化考核方法选择雇员》一文中开创了用可控的实验的方法进行心理测试，应用于职业选拔和培训。

但是，雨果·芒斯特伯格（Hugo Munsterberg）、莉莲·吉尔布雷斯（Lillian M. Gilbreth）、沃尔特·迪尔·斯科特（Walter Dill Scott）只是管理心理学的探索者，真正的开山鼻祖则是乔治·埃尔顿·梅奥（George Elton Mayo，1880~1949），梅奥先后在澳大利亚的昆士兰大学、美国宾夕法尼亚大学、美国哈佛大学任教。一直到霍桑实验，才进一步把心理学、社会学、人类学、管理学等各项学科结合起来，对企业中人的心理与行为，进行综合探索、实验。管理心理学诞生的标志是著名的“霍桑实验”。霍桑实验提出的“人际关系学”成为管理心理学核心理论的一个主要内容。

二、梅奥的“霍桑实验”及人群关系学说

1924~1932 年，梅奥等在美国芝加哥郊外的西方电气公司的霍桑工厂进行了具有管理心理学里程碑节点的“霍桑实验”。霍桑工厂是一个制造电话交换机的工厂，具有较完善的娱乐设施、医疗制度和养老金制度等，但工人们仍然充满抵触，效绩不佳。

霍桑实验主要包括以下四个方面的内容：

（一）照明实验

梅奥等的实验是研究照明条件的变化对生产效率的影响。试验结果，增加或减少照明对生产产量没有什么影响。生产条件的改变并没有按人们预期的那样导致生产效率的相应改变。相反，让工人们在特定条件下进行实验，参加人员认为这是管理当局对他们的格外重视。同时由于在实验中管理人员与工人之间，以及工人与工人之间有融洽的关系，因而促使了实验中两组产量的提高。这充分表明，良好的心理状态与人际关系比照明条件更为重要，更有利于提高工效。

（二）福利实验

梅奥选出 6 名女工在单独的房间里从事装配继电器的工作。在实验过程中逐步增加一些福利措施，如缩短工作日、延长休息时间、免费供应茶点等。实验进行了两个月之后取消了各种福利措施。而实验的结果仍与学者们的设想相反，产量不仅没有下降，反而继续上升。经过深入的了解和分析发现，这依然是融洽的人际关系在起作用。这个实验表明，人际关系在调动积极性、提高产量方面，是比福利措施更重要的一个因素。

（三）群体实验

梅奥等在这个实验中选择 14 名男工在单独的房间里从事焊接和检验工作。对这个班组实行特殊的计件工资制度。实验结果表明，产量只保持在中等水平，每个工人的日产量都差不多，而且基于他们群体的利益，自发地形成了一些规范。他们约定，谁也不能干得太多，突出自己；谁也不能干得太少，影响全组的产量。工人为了维护班组内部的团结，可以放弃物质利益的引诱。梅奥由此提出“非正式群体”的概念，认为在正式的组织中存在着自发形成的非正式群体，这种群体有自己的特殊规范，对人们的行为具有调节和控制作用。同时，加强了内部的协作关系。

（四）谈话实验

梅奥等在霍桑工厂组织了大规模的态度调查，这项谈话实验收到了意想不到的结果，霍桑工厂的产量大幅度提高。这是由于工人长期以来对工厂的各项管理制度和方法有许多不满，无处或不敢表达。调查者使他们发泄出了积蓄已久的不满，因而使人感到心情舒畅，从而大幅度地提高产量。

以上四项实验一直进行到 1932 年方告结束。最后得出的结论是：

（1）生产条件的变化固然影响劳动者的生产热情，但生产条件与生产效率之间并不存在着直接的因果关系。

（2）生产条件并非是增加生产的第一要素。

（3）改善劳动者的士气（态度）及人与人的关系，使人们心情愉快地工作并对自己的工作感到满足，这才是增加生产、提高工效的决定性因素。

1933 年梅奥出版了《工业文明中的问题》一书，全面地总结了霍桑实验的结果，系统地提出了人际关系论的许多重要的管理观念：

（1）传统管理思想把人假设为“经济人”，认为金钱是刺激积极性的唯一动力。霍桑实验认为，人是“社会人”，影响人的生产积极性的因素，除物质条件外，还有社会因素、心理因素。

（2）传统管理思想认为，生产效率主要决定于工作方法和工作条件。霍桑实验认为，生产率的提高和降低主要取决于职工的“士气”，而士气则取决于家庭和社会生活，以及企业中人与人之间的关系。

（3）传统管理思想只注意“正式群体”问题，诸如组织结构、职权划分、规章制度等。而霍桑实验还注意到存在着某种“非正式群体”。这种无形的组织有其特殊的规范，影响群体成员的行为。

（4）霍桑实验还提出了新型领导能力问题。它提出领导在了解人们合乎逻辑的行为时，还须了解不合乎逻辑的行为。要善于倾听职工的意见，使正式组织的经济需要与非正式组织的社会需要取得平衡。实验的结果证明，新型的领导能力在于通过职工心理需求的满足度来达到提高劳动生产率和工作效率的目的。新型的领导艺术在于使正式组织满足职工经济需求的功能与非正式组织满足职工的心理需求之间保持平衡。

霍桑实验的结论以及在此基础上所总结出来的人际关系理论，在企业管理领域有着重要的意义与深远的影响。它第一次正式地把社会学、心理学引入到企业管理领域中，因而有力地冲击了传统的管理理论，使管理者认识到他们的下属都是一些有思想、有情感的活生生的人，而所谓团体，就是由这些具有不同心理特征的人所组成的人群组织。因此，作为一个管理者或领导者，不仅必须具有组织、协同和控制整个组织经营运作的能力，还必须具备满足职工社会与心理需求以激发职工积极性和创造性的能力、控制或操纵整个群体的能力。所以，人群关系论的出现，使得西方国家的企业管理开始注重人的因素的研究，使企业家认识到，人和物比较起来，人是企业的主体，只有充分发挥人的主体作用，才能充分发挥现代技术的作用。因而使企业的管理手段由原来的只重视机器的作用，逐步改变为更加重视人的作用。

梅奥通过霍桑实验提出的“人际关系”理论，为管理心理学的形成奠定了实验的理论基础。梅奥在西方心理学界和管理学界被公认为工业社会心理学的创始人及管理心理学的先驱。

人际关系学说为管理科学和管理实操开启了崭新的路径及方向。它突出了生产中人的因素，标志着管理心理学的真正形成。

三、莫雷诺的社会测量学

社会测量学的创始人是雅各布·莫雷诺（Jacob Levy Moreno，1889~1974），他提出了社会测量学理论。作为一种测量技术，现已得到广泛的运用。这种技术主要是采用填写问卷，让被试者用好感或反感对伙伴进行选择，并把这种选择用图表示出来，这样可以使人们对群体中各成员之间的关系进行分析。

莫雷诺认为，社会测量学是“一种确定和测量个人对社会生活中的其他人作出的社会反应的方法，这是一种用来描述个人希望同其伙伴结成何种程度和何种形式的密切关系的手段”。

四、勒温的群体动力理论

拓扑心理学的创始人、实验社会心理学的先驱、德裔美国心理学家库尔特·勒温（Kurt Lewin）借用物理学中“磁场”的概念，把人的过去、现在形成的内在需求解读为内在的心理力场，把外界环境因素看成是外在的心理力场。人的心理活动是现实生活空间内在的心理力场，内在的心理力场和外在的心理力场相互作用、影响。因此，要测定人的心理和行为就必须了解完成这一行为的内在的心理力场和外在的心理力场的情境因素。

勒温据此提出了心理力场的理论公式：

$B=f(P, E)$

式中，B 代表个体行为，P 代表个性特征，E 代表环境，f 代表函数。这个公式表明，人的行为是个性特征与环境相互作用的函数关系或结果。

勒温最初用“场”的理论研究个体行为。后来又把“场”的理论扩大到群体行为的研究，提出“群体动力”的概念。所谓“群体动力”是指群体活动的方向和对其构成诸因素相互作用的合力。勒温认为，正像个体与他的环境形成心理场一样，群体和它的环境则形成社会场。社会行为来自现存的社会实体，也发生于现存的社会实体中，为此，群体行为决定于特定时间内现存的整个场的情景。

群体动力学的研究结果认为，人们结成的群体不是静止的、不变的，而是处于不断相互作用、相互适应的动态过程。勒温在他的著作《群体动力学的新领域》《群体决策和社会变革》中，进一步说明群体成员之间各种力量相互依存和相互作用的关系，认为群体不是个体的简单的总和，而是超越了总和。群体对个体能产生巨大的影响，个体在群体中会产生不同于处在单独环境中的行为反应。因为群体活动的方向同样取决于内在的心理力场与外在的心理力场的相互作用。

群体动力理论对于管理心理学的形成和发展有重大的影响。在群体动力理论的影响下，不少学者开始研究不同的领导类型对群体心理和群体行为的影响，领导行为的训练，意见沟通，团体审议等课题，为丰富发展管理心理学做出了贡献。

五、马斯洛的需求层次理论

需求层次理论由美国心理学家马斯洛（Abraham H. Maslow）创立。20 世纪 40 年代，马斯洛发表了《人的动机理论》新作，论述了作为人的动机基础的需求层次理论。他认为人的需求可分为五类：生理需求、安全需求、社会交往需求、尊重需求和自我实现的需求。这五类需求从低级向高级依次发展，形成金字塔形的层次。要激发人的心理的内在诱因去努力工作，提高工作效率，就要采取有效的管理措施去满足职工的上述需求。马斯洛的需求层次理论对于管理学和管理心理学的发展具有很大的影响。当前在全球尤其是西方各国的管理学和管理心理学中几乎把这个理论作为重要的基础理论。

以上是对管理心理学发展有较大影响的几种基础理论，这些理论构成管理心理学形成时期的基本内容，成为管理心理学发展的基石。

第四节 管理心理学的发展与成熟

自第二次世界大战以来，由“霍桑实验”产生的“人际关系论”已经影响到企业管理，企业界开始注重从社会学、心理学的维度调动企业中人的积极性问题。

20 世纪 50 年代初，管理心理学真正发展成为一门独立的学科。1949 年，在芝加哥大学召开的一次跨学科的讨论会上，正式把这门综合性的学科定名为“行为科学”。至此，行为科学取代了人际关系理论，形成了行为科学学派，从而促进了管理心理学理论的进一步发展。

20 世纪 60 年代，组织行为的研究成为行为科学的又一个重要动态，其内容主要论述企业组织内人和团体的行为，其特征既注重人的因素，又注重组织的因素。例如工作任务、组织结构、隶属关系等，是人际关系学派和组织理论的综合。学术界通常也把这个学科称为“组织行为学”。

20 世纪 70 年代，除亚洲新兴市场外，全球经济动荡、政治骚动达到空前的程度。石油危机更使企业所处环境的不确定性凸显。科学管理理论、行为科学理论等主要侧重于研究企业内部组织的管理，追寻普适的、合理的模式，而这些管理理论在企业面临瞬息万变的外部环境时显得无能为力。在这种情况下，人们不再相信管理会有一种最好的行事方式，而必须随机制宜地处理管理问题，于是形成一种管理取决于所处环境状况的理论，即权变理论。费德勒提出的“权变领导理论”开创了以权变思维研究管理心理学的崭新阶段，使以往盛行的领导形态学理论研究转向了领导动态学研究的新轨道。他本人被西方管理学界称为“权变管理的创始人”，对当代领导学和管理学的发展产生了重要影响。

管理心理学起步虽晚，但这门科学理论的开创和发展得到了学术界、企业界、军事界的高度认可。它已被广泛地应用于现代企业、现代政治和现代军事的管理之中。它普遍应用的结果，对于激励组织内的个体和群体积极性，缓和紧张的劳资关系、上下级关系具有重要作用。

一、西方管理心理学的动态成果

（一）X 理论和 Y 理论

美国著名的行为科学家、人际关系学派最具有影响力的思想家道格拉斯·麦格雷戈（Douglas M. McGregor）是人性假设理论的创始人。麦格雷戈创立了“X理论”和“Y理论”。

1. X理论

（1）X理论是指领导和控制的传统观点，它的假设是：

第一，一般人有一种不喜欢工作的本性，只要有可能，他就会逃避工作。

第二，由于人类的不喜欢工作的本性，对于绝大多数人必须加以强迫、控制、指挥，以惩罚相威胁，以便使他们为实现组织目标而付出适当的努力。

第三，一般人宁愿被指挥，希望逃避责任，较少有野心，对安全的需要高于一切。

麦格雷戈认为，在现代工业实践中流行的是这种X假设。各类管理思想大抵都是以“X理论”的假定为基础而推演出来的。

（2）根据X理论，必然会导致下述的管理思想与措施：

第一，任何一个组织绩效之低落都是人的本性使然。

第二，人必须在强迫与控制之下才肯工作，因而在管理上要求由分权化管理恢复到集权化管理。

第三，由X理论推论出的组织的基本原则称为“阶梯原则”，即通过权威的运用以执行督导与控制。

第四，从X理论出发，强调“组织要求”重于“个人需要”。

2. Y理论

（1）Y理论是指个人与组织目标融合的观点，它的假设是：

第一，运用体力和脑力从事工作，正同游戏和休息一样是自然的。一般人并不是天性不喜欢工作的。

第二，外来的控制和惩罚的威胁并不是促使人们为实现组织目标而努力的唯一方法。人对自己所参与的目标能实行自我指挥和自我控制。

第三，对目标的参与是同获得成就的报酬直接相关的，这些报酬中最重要的是自我意识和自我实现的需要得到满足，它们可能是为实现组织目标的直接产物。

第四，一般人在适当条件下不但能接受，而且会追求责任，逃避责任、缺乏雄心和强调安全，一般是经验的结果，而不是人的天性。

第五，不是少数人，而是许多人都具有相当高的解决组织问题的想象力、独创性和运作力。

第六，在现代工业生活的条件下，一般人的智慧潜能只是部分地得到了发挥。

（2）根据Y理论，必然会导致下述的管理思想、原则与措施：

第一，任何一个组织绩效之低落都应归之于管理。例如，职工表现懒散，态度冷落，不愿承担责任，缺乏创造性，也不肯合作，那是因为管理阶层所用的组织方法和控制方法不当。因为，按照 Y 理论，在组织的舞台上，人与人之间的协调合作假若有所限制的话，则绝非为人类本性所限，而是由于管理阶层的能力不足，未能了解如何充分利用人力资源潜力的缘故。

第二，人是依靠自己的主动性、天资禀赋去工作的，因而在管理上要求由集权化管理恢复到参与管理。

第三，由 Y 理论推论出组织的基本原则称为“融合原则”，即创造一种环境，以使组织中的成员在该环境下，既能实现各成员本身的个人目标，又要努力促进组织的成功。

第四，由 Y 理论出发，强调要同时兼顾组织的需要与个人的需要。显然，职工要按照管理阶层的看法来调节他们自己的行为，适应组织的需要，而不是脱离组织目标，单纯地追求个人目标。职工努力的结果，使企业获得了成功，从而分享这份成功的果实。

3. 超 Y 理论

超 Y 理论对人性的假设有下述几点：

第一，人们带着各式各样的需要和动机来到工作单位，但主要的需要是取得胜任感。胜任感是指一个工作组织的成员，成功地掌握周围的世界，其中包括所面对的任务而积累起来的满意感。

第二，取得胜任感的动机尽管人人都有，但不同的人可以用不同的方式实现，这取决于这种需要同一个人的其他需要，诸如权力、独立、结构、成就和交往等的力量的相互作用。

第三，如果任务和组织相适合，胜任感的动机极有可能会实现。

第四，即使胜任感达到了目的，它仍继续起激励作用。一旦实现一个目标后，一个新的、更高的目标就树立起来了。

（二）四种人性的假设

1. 经济人

经济人，也称“实利人”。这种假设起源于亚当·斯密（Adam Smith）的关于劳动交换的经济理论，认为人的行为动机就是为了满足自己的私欲，工作是为了得到经济的报酬。需要用金钱和权力，组织机构的操纵和控制，使员工服从与维持效率。

（1）雪恩（Edgar H. Schein）在此基础上进一步指出，经济人假设包括以下几点：

第一，职工们基本上都是受经济性刺激物的激励的，不管是什么事，只要能向他们提供最大的经济效益，他们就会去做。

第二，因为经济性刺激物是在组织的控制之下，所以职工们的本质是一种被动的因素，要受组织的左右、驱使和控制。

第三，感情这东西，按其定义来说，是非理性的，因此必须加以防范，以免干扰人们对自己利害的权衡。

第四，组织以能够而且必须控制住人们感情的方式来设计，也就是要控制住人们的那些无法预计的品质。

雪恩进一步认为，有关 X 理论中的人性假设是以上说明之外的附加的假设。这说明 X 理论中的人性假设与上述经济人假设是一致的，互为补充、说明。

（2）根据经济人假设而制定的管理策略：

第一，组织是用经济奖酬来获取职工们的劳务与服从。

第二，管理的重点是工作效率，而对人们的感情和士气方面应负的责任是次要的。

第三，如果人们工作效率低、情绪低落，解决办法是重新审查组织的奖酬刺激方案，并加以改变。

（3）雪恩已经看到并认为，采用经济人假设而设置的管理策略，会造成一定的消极影响与负作用。这些消极作用表现为：

第一，管理者只能指望人们所干的工作，不会超过奖酬与控制制度所鼓励并允许他们所工作的范围。这说明，管理者奖酬什么，人们就做什么，更多的奖酬之外的工作是不会去做的。

第二，管理者认为人们只靠钱刺激才能动一动，由此而采取的管理策略会把人们训练成为仅以此方式工作的人，造成“多给钱多干，少给钱少干，不给钱不干”的一切向钱看的消极后果。

2. 社会人

社会人假设，人的最大动机是社会需求，只有满足人的社会需求，才能对人产生最大的激励作用。

这一理论以人际关系为重，以人的社会性为基础，提出用“社会人”的概念来代替“经济人”的假设。认为工人的社会因素是不能忽视的，不能单纯从物质刺激方面着眼。而且在正式组织之外，还存在着非正式组织，这种非正式组织以人际关系为基础并存在着自定的行为准则，影响着工人的生产行为。

社会人理论认为，要满足员工的社会性需要，培养他们对企业的归属感和整体意识。让员工充分发表自己的意见，提出合理化建议，有助于生产积极性的提高。

（1）社会人假设可以概述如下：

第一，社交需要是人类行为的基本激励因素，而人际关系则是形成人们身份感的基本因素。

第二，从工业革命中延续过来的机械化，其结果是使工作丧失了许多内在的意义，这些丧失的意义现在必须从工作中的社交关系里寻找回来。

第三，跟管理部门所采用的奖酬和控制的反应比起来，职工们会更易于对同级同事们所组成的群体的社交因素做出反应。

第四，职工们对管理部门的反应能达到什么程度，应当以管理者对下级的归属需要、身份感的需要能满足到什么程度而定。

（2）从社会人假设出发，采取的管理策略与措施：

第一，管理者不要把自己的注意力局限在完成任务上，而应更多注意为完成任务而工作的那些人的需要。

第二，管理者不仅要注意对下属的指导与监控，更应关心他们心理上的健康、归属感与地位感。

第三，管理者要重视班组的存在，因此，在奖励时不仅考虑个人奖酬，更应考虑集体奖酬。

第四，管理者的作用，不仅要抓计划、组织与控制，更要充当下级职工与更上层领导者之间的联络人，将下情（下级的需要与感情）上达。管理者不是简单的任务下达者，还要给职工创造条件、提供方便且富有同情心。

管理理论中的参与管理的新型管理方式就是基于社会人假设基础上建立和发展的。

3. 自我实现人

自我实现人假设，人们力求最大限度地将自己的潜能充分地发挥出来，只有在工作中将自己的才能充分表现出来，才会获得最大的满足感。人们追求的是工作的成就、自我价值观的实现。即使能力低的人也会寻求任务完成的满足感。

（1）自我实现人假设概述如下：

第一，人具有寻求最大限度地利用自己的才能与资源的需要，即自我实现的需要。人的需要可以归结为由低到高多种需要组成的一个层次系统。当人的最基本的需要得到满足后，就会转而致力于较高层次的需要的满足。

第二，厌恶工作并非是普通人的天性。相反个人总是追求在工作中变得成熟起来。他们通过行使一定的自主权，用长远的眼光来看问题，培养了自己的专长和能力，并以较大的灵活性去适应环境等表现方式，来使自己真正变得成熟。

第三，人主要还是由自己来激励和控制自己，外部施加的刺激物与控制很可能对人变成一种威胁，并把人降低到较不成熟的状态去。

第四，自我实现与组织的绩效这两方面并没有什么矛盾。如果给予适当的机会，职工们是会自愿地把他们的个人目标和组织的目标结合为一体的。

（2）自我实现人要采取的管理策略与措施，主要有以下几个方面：

第一，管理的重点：管理者要较多地考虑怎样才能使工作本身变得具有内在意义和更高的挑战性。经济人假设的管理重点是重视任务而轻视人的因素；社会人假设的管理重点是重视和关心人的需要；自我实现人假设的管理重点又从重视人的因素转移到重视工作环境上，注重人的价值与尊严。

第二，管理者的职能：管理者的主要职能应该是生产环境与条件的设计者、调节者。管理者与其说是一位激励者、指导者或控制者，不如说是一位起催化作用的媒介者，是创造与提供方便的人。管理者要为发挥人的聪明才智创造适宜的条件，减少和消除职工在自我实现过程中所遇到的障碍。

第三，奖励方式：强调内部奖励。

4. 复杂人

复杂人假设：人是很复杂的，人们的需要与潜在欲望是多种多样的，而且这些需要的模式也是随着年龄与发展阶段而变化，随着所处境遇及人际关系而演变，随着角色的演变而变化。

雪恩在20世纪60年代末、70年代初经研究表明，无论是经济人、社会人，还是自我实现人，虽然各有其合理性的一面，但并不适用于一切人。一个人在不同年龄、不同时间和不同的地点会有不同的表现。

（1）复杂人假设，可以概述为以下几点：

第一，人类的需求是多种的，并且会随着个体的发展和环境的变化而变化。各类需求对每一个人而言，其重要性程度不同，从而形成了一定的需要等级体系。

第二，由于需求与动机彼此作用并组合成复杂的动机模式，所以满足需要达成激励目的的方式是复杂多变的。例如：当有人把金钱作为第一需求，就需要通过满足金钱的需要来激励他；当有人将良好的人际关系作为第一需求，就需要与这些人建立良好的人际关系来激励他们；当有人将工作成就作为第一需求，就需要让这些人在工作中达到自我实现获得满足。

第三，人们可以在生活和工作情境中获得新的动机。这也意味着一个人在某一特定的职业生涯中或生活阶段上的总的动机模式，是他的原始需求与他的组织经历之间一连串复杂交互作用的结果。

第四，每个人在不同组织中或是同一组织中的不同部门，可能表现出不同的需求；一个在正式组织中受到冷遇的人，可能在工会或非正式组织中寻求满足其社交需求和自我实现需求。如果工作职务本身包含有多样性的技巧要求，那么在不同时间及对不同的工作任务，就可能有众多动机发挥作用。

第五，员工能够对多种互不相同的管理策略做出反应，这取决于他们自己的动机和能力，也取决于工作任务的性质。换句话说，不会有什么在一切时间对所有的人全能起作用的唯一正确的管理策略。

（2）基于复杂人假设的管理策略与措施，主要有以下几个方面：

第一，管理者应注意采用不同的组织形式，以提高管理效率。组织形式必须适应工作性质和职工的复杂的动机模式。换句话说，所谓正确的组织、管理或领导方式是要随大量的实际情景而定的。

第二，管理者应根据企业的实际情况，采用弹性、应变的领导方法，而不能过于简单化、一般化。例如：在企业任务不明、工作混乱时，较严格的管理措施是适当的；而在工作秩序走上正轨，任务明确、分工合理时，民主的、授权的领导方式则是适当的。

第三，管理者应善于发现职工在需要、动机、能力和个性上的差异，因人、因时、因事、因地制宜地采取灵活多变的管理方式和奖励模式。复杂人假设的管理策略核心强调的是领导、管理、组织方式和方法的灵活性和变化性，即所谓的权变。

二、中国管理心理学的研究概况

中国古代就有丰富的管理心理学思想萌芽。譬如，最具代表性且有史典记载的重要人物有：姜尚、鬼谷子、孙子、诸葛亮。但是，中国古代管理心理学思想仅仅处于萌芽和碎片思想闪光点状态，萌芽期长达2000多年之久，一直未能形成独立的学科。

科学、系统的管理心理学在中国一直是一个空白区，20世纪80年代，中国学术界开始从西方大量引进管理心理学。中国企业界、学术界对行为科学与管理心理学的研究和应用也开始活跃起来。经过多年努力，我国管理心理学已取得了较大的成就，建立了不少学术组织和教学的研究机构，开展了多方面的研究工作。

第二篇

个体心理与管理

第三章

个性心理与管理

个性，是个体在一定的时间和情境条件下形成和发展的比较稳定的、倾向性的、本质的心理特征的总和，又称人格。个性包括气质、性格、能力等。

个性是受空间情境和历史跨度影响制约的，个性展示的是具象的、活生生的、动态变化着的人；每个人的个性都是不同的；个性特点是可以基于历史环境改变的。

第一节　个性（人格）心理特征及分类

一、个性的形成与发展

（1）遗传因素：如身高、体型、相貌、性别、生物节律、气质等。

（2）后天因素，即环境因素：文化背景、社会群体规范、生活条件等都可以影响甚至改变个性特征。

个性的后天形成和发展，大体都经历三个时期：

1）婴幼时期：受父母、兄长及亲友的熏陶和影响，家庭成员在孩子的个性发展中起到关键基础作用。

2）学生时期：受师长和同学的影响较深，师长和同学在个体的个性发展中起到关键成长作用。

3）社会时期：这是个性发展最复杂的阶段，有许多因素影响和丰富着个性的发展。如融入群体的特质、结构，社会制度，经济发展，政治体制，文化教育等都对一个人个性的发展有重要影响。这个阶段通常是个性发展的成熟期。

二、个性的特征

（一）总和性

蕴含了人的各种心理特征（如气质、性格、能力、态度、价值观等）。

（二）稳定性

人的个性形成是一个渐进过程，一旦形成，就会保持相对的稳定性。

（三）差异性

人与人之间个性特征存在明显的差异。

三、个性（人格）的分类

（一）按人的职业与感情特征分类

1. A 型人格

（1）节奏快、效率高。

（2）争强好胜。

（3）精力充沛，同一时间可以处置若干事项。

（4）无法处理休闲时光。

（5）着眼于数字与数量。

2. B 型人格

（1）节奏低缓、不注重效率。

（2）趋众取中。

（3）事业心和责任心弱。

（4）喜欢悠闲和散漫。

（5）注重过程享受而非结果。

（二）按人的认知风格

（1）感觉—感情型：通常表现为凭感觉办事，讲究实际，重视人与人之间感情因素。

（2）直觉—感情型：通常表现为思考问题更多地带有理性色彩，富有想象力，希望别出心裁，重视感情因素。

（3）感觉—思考型：通常表现为讲究实际，重视细节，习惯于逻辑推理，循规蹈矩，喜欢与数字打交道。

（4）直觉—思考型：通常表现为重视抽象，习惯于不带有感情色彩的理性思维，喜欢在不涉及人际关系的部门工作。

（三）按管理型人格

（1）工匠型，又称为技术专家型，通常表现为工作细致入微，责任心强，对从事的专业和项目执着专一，对人际关系不敏感。

（2）丛林斗士型，又分为狮型斗士和狐型斗士。丛林狮型斗士型通常表现为有强烈的领袖欲望和权力需求，有魄力，敢担风险，精力充沛；丛林狐型斗士型通常表现为魄力不足，但善于平衡人际关系和运用各种技术。

（3）产业人型，通常表现为忠实可靠、兢兢业业，但魄力不足，循规蹈矩，缺乏强烈的进取心和革新性。

（4）赛车手型，通常表现为渴望成为群体中的优胜者与明星人物，有进取心，但不醉心于权势和主宰地位。

人的高级神经活动分为两个过程，即兴奋（激扬）过程和抑制（稳静）过程。人类个性的基本特质是稳静和激扬两组相对过程元素的不同组合的结果。所以，以此可以分为高稳静中激扬型、高稳静低激扬型、中稳静高激扬型、中稳静中激扬型、中稳静低激扬型、低稳静高激扬型、低稳静中激扬型七种类型：

（1）高稳静中激扬型，通常表现为个性稳健，重效果、重数据，细致入微，善于观察和思考，学习力、表达力和感染力强，喜欢独立处置工作事项，对上级或相关人员的干预和点评非常反感，精力旺盛。

这种类型的人宜于担任团队领导者、导演、系统架构师、资本运营专家、飞行员和航海家、工艺或建筑设计师、律师、企业家。

（2）高稳静低激扬型，通常表现为个性稳定，内向聚敛，忠诚且有责任，重经验、重过程、重规则，细致入微，因循守旧，缺乏创新、缺乏进取，对新业态、新事物、新方案、新人具有极大排斥性。

这种类型的人宜于从事军人和军事指挥官、产业工人和基层管理者、纪律监察、警察、安保、票据或物品管理、财务或金融、品质控制。

（3）中稳静高激扬型，通常表现为外向发散，积极进取，热情大方，学习力、理解力、表达力优秀，感染力极强，重形象、重诚信、重情义，精力旺盛，多会因情感迷惘、因失败而气馁。

这种类型的人宜于从事外交官、政治家、牧师、传教士、营销和营销管理、广告和传媒、演说、教师、培训师和企业家。

（4）中稳静中激扬型，具有典型的双重性格，通常表现为稳健平和，活泼，热情进取，行动敏捷，具有极强的表达力、学习力和感染力，有较强的坚定性和毅力等，但当热情和行动消退时，会表现出放弃后的烦恼和自责。

这种类型的人宜于从事军事指挥官、物业管理者、银行家、律师、驯兽师、乐师、医生、护理人员、企业职业经理人。

（5）中稳静低激扬型，通常表现为内倾平和，深沉低调，有限忠诚，细致入微，缺乏创新，缺乏进取，情绪波动而压抑，热情快速产生且快速消退。

这种类型的人宜于从事司机、产业工人和基层管理者、法官、统计和数据管理者、纪律监察、安保、财务、票据或物品管理、品质控制。

（6）低稳静高激扬型，通常表现为感情外倾，热情四溢，积极向上，充满阳光和正能量，善于交际，表达力强，情绪波动起伏较大，热情和悲情速起速落，精力旺盛。

这种类型的人宜于从事服务业从业者、潜水从业者、高空作业从业者、运动员、摩托车赛手、歌手、演员、驯兽师。

（7）低稳静中激扬型，通常表现为感情外倾，趋众轻信，人云亦云，性格直率，缺乏独立思维，学习力和理解力弱，可塑性差，情绪大起大落，忠诚度高，做事缺乏逻辑、方案和毅力。

这种类型的人宜于从事底层基础军人、警察、安保、采掘业和冶炼业基础员工、农民、渔民、保险推销员、实体零售店推销员。

按神经活动元素组合分类法也称为李亚轩个性（人格）分类法，是管理心理学界进行个性（人格）分类的主流分类方法。

第二节　气　质

一、气质的概念和特性

（一）气质的概念

气质，指人的高级神经活动特征（速度、强度、指向性）在个体感情与心理中的重要表现。它是人的一种独特而稳定的心理特征。

（二）气质的特性

（1）先天性，表现为遗传、天生的原生本性。

（2）气质作为个性特征，具有典型稳定的特性。但是，气质的稳定性并不意味着它完全不可变。在环境和教育条件的影响下，气质可以被掩蔽，甚至也可以得到部分的修调、改造。

（3）气质的动力性特点（强度、速度、倾向性、灵活性等）不受需要与动机制约。

二、气质分类

（一）希波克拉底四分法

希波克拉底（古希腊文：ππoκράτης，公元前 460~370 年）为古希腊伯里克利时代的医师，被西方尊为“医学之父”，西方医学奠基人。根据希波克拉底的观点，气质可分为四种典型的类型：胆汁质（黄胆汁）、多血质（血液）、黏液质（黏液）、抑郁质（黑胆汁），如表 3-1 所示。

1. 气质四种类型的特征

（1）胆汁质（Choleric Temperament，黄胆汁），表现为如下特征：

第一，反应速度快，具有较高的反应性和主动性。

第二，脾气暴躁、不稳重、好挑衅，但态度直率、精力旺盛。

第三，能以极大的热情埋头工作，并克服前进道路上的障碍。

第四，有时表现出缺乏耐心，当困难太大而需要持续努力时，有时显得意志消沉、心灰意冷。

第五，可塑性和稳定性差。

（2）多血质（Sanguine Temperament，血液），表现为如下特征：

第一，行动有很高的反应性。

第二，好动，对吸引他注意的一切会做出生动的、兴致勃勃的反应。

第三，行动敏捷，有高度的可塑性，容易适应新环境，也善于交结新朋友。

第四，情感外倾，姿态活泼，表情生动。言语具有表达力和感染力。

第五，具有较高的主动性，表现出精力充沛，有较强的坚定性和毅力等。

第六，有时热情易消退，表现出萎靡不振。

（3）黏液质（Phlegmatic Temperament，黏液），表现为如下特征：

第一，缺乏感情，行动迟缓。

第二，心理反应缓慢，感情不易发生，也不易外露。

第三，态度持重，交际适度，对自己的行为有较大的自制力，遇事不慌不忙。

第四，可塑性差，表现为不够灵活。这一方面使他们能有条理地、冷静地、持久地工作，另一方面又使他们容易因循守旧、缺乏创新精神。

第五，行为内倾，对外界的影响很少做出明确的反应。

（4）抑郁质（Melancholic Temperament，黑胆汁），表现为如下特征：

第一，具有较高的感受性和较低的敏捷性，他们的心理反应速率缓慢，动作迟钝，说话慢慢吞吞。

第二，多愁善感，容易产生情绪，但表现微弱而持久。

第三，内向，不善交往。在困难面前常常优柔寡断，在危险面前出现恐惧和畏缩，在受挫以后，常心神不安，不能迅速转向新的工作。

第四，主动性较差，不能把事情坚持到底。

第五，往往富于想象，比较聪明，对力所能及的任务，表现出较大的坚忍精神，能克服一定困难。

表 3-1 希波克拉底四分法心理指标

气质类型	感受性	耐受性	敏捷性	可塑性	情绪兴奋度	倾向性	速度	不随意反应度
胆汁质	低	较高	不灵活	小	高	外向	快	高
多血质	低	较高	灵活	大	高	外向	快	高
黏液质	低	高	不灵活	小	低	内向	慢	低
抑郁质	低	低	不灵活	小	低	内向	慢	低

2. 希波克拉底四分法在管理中的应用

（1）气质有差异但无优劣，它不决定一个人的社会价值和成就的高低。

（2）气质和职业有极大的关联性匹配：

第一，胆汁质的人：适于应急性强、冒险性较大的工作，如抢险、救护、高空高危作业、一线军人、特警。

第二，多血质的人：适于社交性、多变性的工作，如外交官、营销、供应链运营管理、采购、公关、谈判。

第三，黏液质的人：适于原则性强的工作，如法官、检察官、监察监督、组织人事、调查、保管。

第四，抑郁质的人：适于平静的、刻板的、按部就班的工作，如会计、统计、制造业一线职员、服务业一线职员、安保、环卫。

（二）体型分法

德国心理学家、精神病学家恩斯特·克瑞其米尔（Ernst Kretschmer）主张气质取决于人的体型，并把体型分成三类：肥满型、细长型和筋骨型。

美国临床心理学家谢尔顿·科钦（Sheldon J. Korchin，1921~1989）也致力于研究体型与气质的关系，通过拍摄、分析几千张受试者的照片，提出了体型分类的三个维度：

（1）内胚叶型（柔软、丰满、肥胖）：贪图舒服，好饮食，会找轻松的事，追求社会的认可和社会感情。

（2）中胚叶型（肌肉发达、坚实，体态呈长方形）：武断，过分自信，体格健壮，咄咄逼人，主动积极。

（3）外胚叶型（高大、细瘦、体质虚弱）：善于自制，受社会约束，爱好艺术，并倾向于智力活动，这种人敏感，反应迅速，睡眠差，容易疲劳。

谢尔顿发现，气质与体型之间的相关度约为 0.80。但是，气质与体型间确实存在着某种相关，相关度的高低可能需要增加样本量后予以重新评估。

克瑞其米尔和谢尔顿关于气质与体型的相关关系分析结论基本可以得以求证，但气质与体型间并不存在着因果关系。同样一个人在年轻时较瘦，而进入中年后体型渐胖变形，人的气质并不随体态的变化而变化；同样一个人在某一时期因忙碌过度瘦而体弱，而轻松闲暇后逐渐变胖，人的气质并不随体态的变化而变化。所以，体型分类法并不严谨。

（三）MBTI 模型

MBTI 人格理论的基础是瑞士著名心理学家卡尔·古斯塔夫·荣格（Carl Gustav Jung，1875~1961）关于心理类型的划分，后由美国的心理学家凯瑟琳·库克·布里格斯（Katharine Cook Briggs）与伊莎贝尔·迈尔斯（Isabel Briggs Myers）研究并加以发展。MBTI 已经成为当今全球最为著名和权威的性格测试，是目前国际上应用较广的人才甄别工具。

1. MBTI 模型

MBTI 四维度：人格共有四个维度，每个维度有两个方向，共计八个方面。分别是：

外向（E）和内向（I）：EI 外向——内向；

感觉（S）和直觉（N）：SN 感觉——直觉；

思考（T）和情感（F）：TF 思考——情感；

判断（J）和知觉（P）：JP 判断——知觉。

MBTI 的十六种类型：四个维度两两组合，共有十六种类型。以各个维度的字母表示人的气质类型如下：

ESFP	ISFP	INFP	ENFP
ESTP	ISTP	INFJ	ENFJ

ESFJ　　ISFJ　　INTP　　ENTP

ESTJ　　ISTJ　　INTJ　　ENTJ

2. MBTI 十六种类型描述

（1）ISTJ。

第一，严肃、安静、集中心志、全力投入；

第二，行事务实、有序、实际、逻辑、真实、可信赖；

第三，负责任；

第四，照设定成效来作出决策且不畏阻挠与闲言，会坚定为之；

第五，重视传统与忠诚；

（2）ISFJ。

第一，安静、和善、负责任且有良心；

第二，行事尽责投入；

第三，安定性高；

第四，愿投入、吃苦及力求精确；

第五，兴趣通常不在于科技方面，对细节事务有耐心；

第六，忠诚、考虑周到、关切他人感受；

第七，致力于创构有序及和谐的工作与家庭环境。

（3）ISTP。

第一，冷静、安宁、预留余地、弹性、无偏见的好奇心；

第二，有兴趣于探索原因及效果，探寻技术事件因由、运作，使用逻辑的原理组构事实、重视效能；

第三，擅长于掌握问题核心及找出解决方式；

第四，分析成事的缘由且能实时从大量资料中找出实际问题的核心。

（4）ISFP。

第一，羞怯、安宁、和善、敏感、亲和、谦虚；

第二，喜于避开争论，不对他人强加己见或价值观；

第三，无意于领导却常是忠诚的追随者；

第四，办事不急躁，安于现状，非成果导向；

第五，喜欢有自由的空间及照自订的计划办事。

（5）INFP。

第一，对价值观和认知的领导或重要人物具有忠诚心；

第二，理想性主义，追求生活形态和内在价值观相吻合；

第三，好奇心强，易于快速发现商业机会所在；

第四，除非价值观受侵犯，行事具弹性、适应力强；

第五，善于发掘和发挥他人潜能；

第六，对所处境遇及拥有不太在意；

第七，抗压能力强，做事全神贯注。

（6）INTP。

第一，安静、自持、弹性极具适应力；

第二，特别喜爱追求理论与科学原理；

第三，习惯以逻辑思维进行分析和解决问题；

第四，喜好创意事务，对聚会和闲聊无兴趣；

第五，追求可发挥个人强烈兴趣的职业生活；

第六，追求对有兴趣事务的逻辑思维。

（7）INFJ。

第一，坚忍性、创意性、计划性强；

第二，工作进取性强；

第三，热心、诚挚、细微关注和关心他人；

第四，因坚守原则而受敬重；

第五，因擅长于提出造福大众利益的明确远景规划而为人所尊敬与追随；

第六，追求创见、关系及物质的意义及关联；

第七，擅长于洞悉和激励他人；

第八，光明正大且坚信其价值观；

第九，有组织且果断地履行其愿景。

（8）INTJ。

第一，具有强大执行力；

第二，有宏大的愿景，且能快速在众多外界事件中找出有意义的参照或模板；

第三，具有良好策划能力和执行力；

第四，具有多疑、挑剔、独立、果决特质；

第五，对所管理的项目或团队组织成员的专业水准及绩效要求高。

（9）ESTP。

第一，擅长现场实时解决问题；

第二，乐于工作，乐于享受工作过程；

第三，喜好技术类、运动类项目或职业；

第四，具有适应性、容忍度、务实性；
第五，工作专注，成效显著；
第六，不喜欢冗长概念的解释及理论；
第七，专精于可操作、处理、分解或组合的事项或职业；
第八，喜欢结交志同道合的朋友。

（10）ESFP。

第一，外向、和善、善于接受和分享；
第二，喜欢与他人共同行动；
第三，对未来发展预判力较强，并乐于参与其中；
第四，最擅长于人际关系处理和整合，能弹性地适应他人与环境；
第五，热爱和享受生活。

（11）ESTJ。

第一，务实、真实、求实；
第二，不喜欢抽象理论，最喜欢学习和处置操作性强的工作；
第三，喜好组织与管理活动，专注效率；
第四，决断力强，关注细节，行事缜密；
第五，忽略他人感受；
第六，领导欲强。

（12）ESFJ。

第一，诚挚、多言、阳光、亲和、善合作、受欢迎；
第二，重和谐，长于创造和谐；
第三，做事益人；
第四，坚信鼓励、赞许会提高工作绩效；
第五，直率、执着；
第六，喜欢与他人合作。

（13）ENFP。

第一，充满热忱、精力充沛、聪明、富有想象力；
第二，相信生命充满机会，期望能得到他人肯定与支持；
第三，有兴趣的事项达成率较高；
第四，面对困境和难题可以快速形成对策；
第五，对有困难的人施以援手；
第六，缺乏运筹和计划；

第七，为达目的常能找出强制自己为之的理由；

第八，即兴执行者。

（14）ENTP。

第一，反应迅速、聪明、敏捷、直言不讳；

第二，擅长于激励伙伴；

第三，长于争辩；

第四，面对挑战和新问题富有策略，但会忽略或厌烦常态的工作任务和细节；

第五，兴趣多元，易倾向于转移至新生的兴趣；

第六，对其所需总会有技巧地找出逻辑理由；

第七，长于看透他人。

（15）ENFJ。

第一，热忱、负责任；

第二，具有鼓励他人的领导风格；

第三，对他人所求会表达真正关切并用心去做；

第四，能怡然且技巧性地带领团体讨论问题和制定方案；

第五，爱交际、善交流、受欢迎、富有同情心；

第六，非常在意他人的认可或批评；

第七，喜欢领导团队，擅长于引领他人或团体发挥潜能。

（16）ENTJ。

第一，坦诚、具有决策力；

第二，专精于具有内涵与智能的谈话和公众演讲；

第三，乐于经常吸收新知且能广开信息渠道；

第四，易于过度自信，会强于表达自己的创见；

第五，喜于策划及目标设定。

3. MBTI 模型应用

MBTI 模型在管理实务中得到广泛应用，尤其在欧美国家现代企业、医院、教育和军事组织获得普遍使用。如苹果、施乐、通用电气（GE）、3M、AT&T、欧美主要医院、欧美主要教育机构、美国空军。近几年，日本、韩国等国部分跨国公司也逐渐引用 MBTI 模型。

三、气质在现代管理中的应用评价

1. 气质是人独特和稳定的心理特征，气质类型本身无优劣好坏之分

任何一种气质类型都有其积极的一面，又有其消极的一面。例如，胆汁质的人积极、生机勃勃，但也有暴躁、任性、感情用事等缺点；多血质的人既有灵活、亲切、机敏的一面，也有轻浮、情绪多变的一面；黏液质的人有沉着、冷静、坚毅等优点，也有缺乏活力、冷淡等缺点；抑郁质的人既有情感深刻稳定的优点，但也有孤僻、羞怯等缺点。

气质类型，如同美餐烹饪所需的各种材料，本无好坏优劣之分。但是，各类材料掌握在不同技艺水平的厨师手中，其出品是完全不同的。因此，我们既要认清和发扬自己气质的积极一面，同时也要关注和克服自己气质消极的一面；在企业人力资源管理、教育管理、军事训练等方面须量材而用、因材施教。

2. 气质类型并不决定一个人的社会价值，即一个人的成就大小或对社会贡献大小

事实上，在人类文明发展进程中做出过杰出成就的哲学家、政治家、科学家、教育家、文学家和企业家气质类型并不集中和聚类。

3. 气质类型会影响人的活动方式和效率

（1）不同气质类型对职业和工种有不同的契合度和贡献度。要求作出迅速灵活反应的工作，对于多血质和胆汁质的人较为合适，而黏液质和抑郁质的人则较难适应。反之，要求持久、细致的工作对黏液质、抑郁质的人较为合适，而多血质、胆汁质的人又较难适应。如大型动力系统的调度员必须反应迅速，冷静理智，受惊不慌，承担此项工作以多血质的人为最佳，而会计工作则应选拔踏实、细致、注意力稳定的人为最好，黏液质和抑郁质则属于此种类型。

（2）不同气质类型组合对于群体是至关重要的。对于一个工作群体而言，相辅与互补的气质搭配则更有利于提高群体工作的效率。原因是：

第一，群体分工对于个性存在着特定的要求；

第二，工作效率的达成需要不同气质类型的人协同完成；

第三，个性的相辅与互补有助于融洽和谐的人际关系的建立。气质类型相同的人易产生共同语言，也可能出现针锋相对无休止的矛盾摩擦。而不同气质类型的人组成团体，则可产生互补作用，各自扬长避短，彼此互补，从而形成一种合作的气氛，既有利于提高工作效率，又有利于身心健康。

4. 气质类型可以影响人的情感和行动

气质对于形成和改造人的某种情感与行动特点，或个性特征等方面，都具有很大的影响。严厉的批评对于多血质的组织成员会快速起到教育、改良、提升的效果，但对抑郁质的组织成员则可能加剧其怯弱的不良后果。这就要求管理者在团队管理过程中根据成员气质特点，因人而异、因材施教。

例如胆汁质的人易冲动，吃软不吃硬，遇到问题要冷处理，避免顶牛；对多血质的人，可采取多种方法加强其自制力，培养其扎实专一的作风；对黏液质的人要有耐心，不要操之过急，要多给其锻炼的机会；对抑郁质的人要多关心，避免公开指责，对其较小的进步也要给予肯定，以使他们鼓起前进的勇气。

第三节　性　格

一、性格的概念

性格，指人对现实的稳定的态度和习惯化了的行为方式中所表现出来的心理特征，它是个性特征的核心成分。人与人之间的个性差异，首先就表现在性格上。例如，有的人热情、开朗，有的人则深藏不露；有的人大胆、勇敢，有的人则谨小慎微。

（1）性格不是天生的，是在个体成长过程中主、客体相互作用、相互影响形成积累的结果。每个人对于现实给予他的影响，总有他自己的反应方式，即对待事物的态度和相应的行为方式。一个人对待外部情境的态度和行为方式常态化、稳定化、习惯化，就构成了他的性格。性格具有态度倾向性、社会制约性、稳定性及可塑性等特点。

（2）性格体现社会属性。性格和气质都是人格的组成部分。但性格与气质完全不同，气质更多的是先天性，体现了人格的生物属性，但是，性格则体现了人格的社会属性。

（3）情感、情绪与人的性格有着密切的关系。

二、性格的特征

性格是十分复杂的心理构成物，它具有多种不同的特征。

(一）性格的态度特征

(1）表现为个人对社会、团队和他人的态度：责任、忠诚、热情、善良、同情、冷淡、狡诈、虚伪、无情，等等。

(2）表现为个人对待劳动、工作的态度：勤劳、认真、创新、马虎、懒惰、墨守成规，等等。

(3）表现为个人对待生活的态度：勤俭、节约、有条不紊、挥霍浪费、杂乱无章，等等。

(4）表现为个人对待自己的态度：自尊、自爱、谦虚谨慎、自卑、自弃、狂妄自大，等等。

(二）性格的意志特征

性格的意志特征，指对待自己行为的自觉调节方式的特征。

(1）行为目的：是自觉行动，还是盲目行动；是具有明确目标，还是盲目蛮干；是具有独立见解，还是人云亦云。

(2）自我控制：是具有自制力，还是易冲动；是主动控制自己，还是消极放任。

(3）紧急状态：是沉着镇定，还是惊慌失措；是机智果断，还是优柔寡断；是大胆勇敢，还是胆怯畏缩。

(4）常态工作：是严谨，还是松懈；是坚持到底，还是半途而废；是博采众长，还是刚愎自用；是坚定不移，还是摇摆不定。

(三）性格的情绪特征

性格的情绪特征，主要表现在四个方面：

(1）情绪强度：有的人情绪强烈，一经刺激就失控；有的人则情绪微弱，虽有很大的刺激也不能使他产生情绪反应。

(2）情绪稳定性：有的人情绪容易波动，忽高忽低；有的人情绪稳定，比较容易控制。

(3）情绪持久性：有的人情绪活动持续的时间长，能给人留下深刻的印象；有的人情绪活动持续的时间短，转瞬即逝，几乎不留什么痕迹。

(4）主导心境：由于情绪活动的持续影响常常使人构成某种心境，其中有积极的心境，也有消极的心境；欢乐愉快的心境使人精神饱满，心情舒畅，抑郁低沉的心境使人心绪烦乱，忧郁不安。

(四）性格的理智特征

性格的理智特征是指人们在感知、记忆、思维、想象等认识过程方面所表现出来的行为模式和态度特点。

（1）在感知方面，有的人仔细、精确，能够保持观察判断的独立性；有的人则粗糙、模糊、易受人暗示。

（2）在记忆方面，有的人善于形象记忆，有的精于抽象掌握；有的人记忆中善于材料罗列，有的人长于对材料的整体概括。

（3）在思维方面，有的人善于独立思考，有的喜欢借用别人的答案。

（4）在想象方面，有的人有丰富想象，有的人缺乏想象；有的人有广阔想象，有的人有狭隘想象。

在以上四个方面的性格特征中，性格的态度特征和意志特征是性格最重要的两个组成部分。因为二者是与人的生活目的、价值、理念紧密联系在一起的。它可以反映一个人的本质。

三、性格的类型

性格的类型，指在许许多多的性格中聚合分类，形成具有共同的或相似的性格特征的性格组别。心理学上关于性格的类型有几种分法。

1. 按心理机能

英国著名的哲学家、心理学家、联想主义心理学晚期代表亚历山大·培因（Alexander Bain）和法国心理学家 T. 李波特（T. Ribot）提出了以心理机能来确定性格类型，它是按照理智、情绪和意志三者结构占比分类的方法。

（1）理智型：理智占优势，能够冷静地以理智来评价周围所发生的一切，并且以理智来支配和控制自己的行动。

（2）情绪型：情绪占优势，情绪体验深刻，言行举止易受情绪所左右，不善于思考，好感情用事。

（3）意志型：意志占优势，目标明确，行为主动，富有原则性。

此外，在理智型、情绪型和意志型之间均无绝对优势，属于非优势型，通常称为中间型或混合型。

2. 按心理活动倾向

瑞士心理学家希格根据心理倾向于内部或外部，把人的性格分为内向和外向两种类型。

（1）内向型：心理内倾，较集中于内心活动，语言少，情感深沉，好幻想，不善社交，性格孤僻，一般表现为待人接物小心谨慎，考虑问题沉着多思，反应慢，但具有自我分析和自我批评精神。

（2）外向型：心理活动倾向于外部，一般表现为开朗、活泼、感情易外露，善社交，反应快，不拘泥小节，但比较轻率，缺乏自我分析和自我批评的精神。

3. 按思维行为的独立性

依据人的思维行为的独立性程度划分，把人的性格划分为独立和顺从两种类型。

（1）独立型：具有个人信念的坚定性和做出决定的独立性。善于发现问题、解决问题，喜欢把自己的意志和意见强加给别人，不容易被外来因素所干扰。

（2）顺从型：缺乏独立思维力，容易受暗示，屈从权势，办事盲从，没有主见，这种人比较亲近、随和。

四、性格的发展

性格的发展，是一个有顺序的、连贯渐进的过程，但发展的连线由若干关键节点组成。

（一）性格发展的特点

（1）内涵的发展。性格的发展主要表现在内涵层面：知识与技能，力量、速度与动作技巧，智慧与解决问题能力，语言与沟通能力，社会关系的扩大，兴趣、活动与价值观的改变，等等。

（2）发展的连贯性。发展是一种成长与衰退互相抗衡的过程。个人自出生至死亡的整个过程中，是一条贯通生死的生命轴线。在生命初期是成长占优势，到了生命晚期是死亡占优势。因此，人的生命永远不会停在静止状态，一直处于变化之中。

（3）发展不同步。生理衰退早于心理衰退。个人在发展过程中的早期，身体的变化与心理活动的改变是同时进行的。但生命体进入中晚期，生理开始衰退，而人的心理活动能力却有增强的趋势。所谓力不从心，就是这个道理。

（4）发展曲线。个人在发展过程中，其生理发展速度的快慢，呈钟形曲线状态，开始发展速度很快，曲线突然上升；到中年期，发展速度缓慢，其曲线呈水平状；到老年期，发展速度又加速，曲线突然下降。

（二）性格发展的因素

影响个人性格的因素虽然很多，但就其形成和发展而言主要有先天（生理）和后天（环境）两方面。

1. 先天（生理）因素

（1）遗传：由于基因组成的千差万别和基因表现形态的多样性，而导致外显性格的不一样，构成与他人行为特征的差异。

（2）体格与体型：由于个人外表形象、个人体质的不同，而产生不同的性格。如体格健壮者，性格外向、较活跃、富于进取精神；体格瘦弱多病者，性格内向、沉静、胆小。

（3）性别：男女个人除生理上存有巨大差异外，性格方面也多有所不同。如男性对抽象理论及空间关系的领悟力强，对推理及逻辑的运用力较优，而女性则在语言及文字记忆上较强。

2. 后天（环境）因素

（1）家庭。家庭是人类社会中最基本的单元，是个人最早接触到的学习环境，凡语言、知识、行动、生活习惯，多从父母、兄弟姐妹学起。因此，家庭是培育个人性格的摇篮。儿童成长期间是性格发展的主要阶段。孩子在四岁时的视觉、听力与学习能力，大致已具备了性格向成熟发展的基本智力。

（2）学校。儿童一旦入学，即面临着新的环境，承受新的压力，他不但要学习许多新的知识技能，而且还要学习如何与同学相处，并服从老师的指导。因此，对于过去在家庭中的学习环境，必须加以调整来适应学校的学习条件。学校教育对儿童和青少年的身体、知识、性格的发展具有十分重要的影响。因此，学校的任务，不仅是知识与技能的传授、弥补家庭教育的不足，而且需要帮助儿童及青少年走向社会，懂得正确的自我成长道路和超自我的标准。

（3）社会文化。社会文化包括的范围十分广泛，如历史典籍传说、政治经济制度、宗教信仰、民族风俗等，对人的激励与抑制作用十分强烈。如某些行为受到当地文化的激励，会强化个人对这方面行为的表现；如某些行为受到当地文化的抑制，则会削弱或消除个人对该方面行为的表现。随着人的年龄的增长，活动地区逐渐扩大、接触的人和社会现象越来越多，因而受社会文化的影响越来越大，对个人性格的影响力也随之增加。

（4）职业。从事一种职业，除需要具备该种职业的知识和技能外，还要具备该种职业所应有的兴趣、道德、志向、工作习惯、纪律等。因而长期从事某种职业的人，就会逐渐养成该种职业的性格，如医师、教师、律师、工程师、科学家、艺术家、企业家、政治家等对同一件事所表示的意见、价值观常常出现明显不同。如律师重视公平合理，科学家偏重于研究探源，教师喜爱说教解惑，政治家喜好因循守旧，企业家专注创新创造。

（三）性格发展的阶段

性格是在生命发展中成长的。奥地利心理学家、精神分析学派创始人西格蒙德·弗洛伊德（Sigmund Freud，1856~1939）认为人的性格受着“自我”“超我”等力量支配，并经过三个阶段趋向成熟。对于大多数人来说，在青春期之前性格已定型。

美国著名心理学家、精神分析学家爱利克·埃里克森（Erik H. Erikson，1902~1994）提出了另一种观点，认为在青春期以后，性格仍然可以重塑，并且贯通整个成年时期。他跟弗洛伊德一样，认为性格发展有阶段，且每一阶段有它的特征，如果某一阶段的发展受到阻碍将会导致性格的某种缺陷。

埃里克森把一般人的性格发展按年龄分为八个阶段，每个阶段性格发展特点如表 3–2 所示。

表 3–2　八个阶段

序号	阶段	年龄	特点	
			成功	失败
1	早婴儿期	出生日~1 岁	基本的信任心	不信任
2	晚婴儿期	2~3 岁	自主	羞耻和困惑
3	早儿童期	4~5 岁	创造心	犯罪感
4	中儿童期	6~11 岁	勤奋	自卑
5	青春期	12~20 岁	自我认识	对自己地位认识模糊
6	早成年期	21~40 岁	合群	孤僻
7	中成年期	41~64 岁	继续成长	停滞
8	晚成年期	65 岁及以上	完善	失望

（四）性格发展的研究

美国哈佛大学学者克里斯·阿吉里斯（Chris Argyris）认为，个人的性格改变是持续的，健全的性格由不成熟趋于成熟。这些改变只是一般的倾向，但是，它使人们对成熟有了较多的了解。一个人的文化水平和个性可能使这些改变受到限制，但随着年龄的增长，人的性格总是有日趋成熟的倾向。

阿吉里斯认为，以“X 理论”假设的正式组织具有先天性抑制个人性格成熟的“功能”。因为组织为了使集体实现既定目标，工人成为“可互相替换的零件”。正式组织的权力和权威掌握在少数高层管理者手中，下级只是被动执行决策而已，缺乏主动性，导致“性格不能趋于成熟”。

阿吉里斯同美国心理学家道格拉斯·麦格雷戈（Douglas McGregor）一样，要求管理者提供给职工一种可以成长与成熟的环境，予以适当激励，人们可以自觉地工作且具有创造力。因此，以“Y 理论”假设的管理方式对组织及个人都较有利。

笔者领导的亚轩研究院经历了十多年实验研究和实证分析认为，个人性格20%~30%来自先天因素（遗传、体型和血型、性别）；70%~80%来自后天因素（家庭、学校、国家政治制度、社会文化、职业、朋友圈），并进一步提出性格向模式。

互联网和物联网技术的快速发展使企业管理工具和方式的现代化替代成为可能，古典管理思想、现代管理思想、行为组织管理思想、人本或民主管理思想已互不对立，且呈现大融合、大裂变趋势。

从公司顶层的企业战略、企业价值系统、企业文化、企业目标和计划，到管理系统设计改良、流程再造、制度整合、技术创新、组织变革，甚至到现场管理、班组配置、工艺改良、项目技改、成本控制、供应链改良，公司的决策层仅仅是一个策划、发动、组织者，所有运作皆由公司高中层和基层组织完成。

互联网时代的技术进步，就管理维度而言，最大的获益是管理模式在变革中缩小和减少了层级，使管理组织体系和业务管理流程日趋短平和弯曲。创新和创造、运营和管理成为一个企业的全员行为，个人性格会在动态成长中选择或被选择性格向模式（即人们会自觉或经由人力资源管理部门依据其性格和特质选择匹配相适应的工作岗位和职位）。这是现代企业管理者和员工共同期许的模式。

第四节 能 力

一、能力的概念和类别

（一）能力的定义

能力，是个人实现设定目标或计划所必备的，并直接影响其行为效率的个性心理特征的总和。

能力，由显性能力（成就）和隐性能力（智力、性向）组成。智力是指个人拥有的知识、技能等一般能力；性向是指个人可以发展的潜在的能力；成就是指个人通过学识、知识和技能方面提升积累应用而获得较高层级的成果或绩效的展示形式，成就则是显性能力。显性能力也称为直接能力，隐性能力也称为间接能力。间接能力（隐性能力）是直接能力（显性能力）的基础，直接能力是间接能力（隐性能力）的直接表达。

人的能力存有差异，人的智力水平的高低是呈正态分布的，大多数属于中常水平，超高常和超低常的人数很少，大约只占5‰；知觉方面有综合型、分析型、分析综合型之分；在表象方面有视觉型、听觉型、运动型和混合型之分；在记忆方面有形象记忆、动作记忆、情绪记忆、抽象逻辑记忆之分；在思维方面有再造与创造、聚合与发散、抽象与具体之分；有的人在儿童时期就表现出某方面的优异能力，心理学上叫"人才早熟"，也有的人表现得较晚而被称"大器晚成"。

（二）能力的分类

（1）按照能力构造可以分为一般能力和特殊能力。

一般能力，指在多种基本活动中表现出来的能力，如观察力、记忆力、抽象概括能力等。

特殊能力，指在特定专业活动中表现出来的能力，是在某种特殊领域的能力系统。知识精深、内容新颖、讲解透彻、条理清楚，是教师的特殊能力；善于鉴别色彩、形象记忆、掌握线条比例，是画家的特殊能力；一个优秀的管理者，应该具备敏锐的观察力、深刻的思考力、果断的判断力以及与此相应的语言表达能力、组织活动能力、情感体验能力、宣传鼓动能力。

（2）按能力发展的高低程度可以分为能力、才能和天才。

（3）按能力所涉及的领域可以分为认知能力、操作能力和社会交往能力。

（4）按创造的程度可以分为模仿能力、再造能力和创造能力。

（5）按能力的显现程度可以分为实际能力和潜在能力。

二、能力的形成、发展和影响因素

（一）先天因素

先天因素，是能力发展的自然前提，这是能力形成和发展的天赋基础。生来或早期聋哑的人难以发展音乐能力，双目失明者无从发展绘画才能，严重的早期脑损伤或脑发育不全的缺陷是智力发展的障碍。

先天因素，是能力发展的自然基础，但不是能力本身。作为先天生成的生理结构，不能现成地决定能力。刚出生的婴儿没有能力，只是由于他生来具有一定的解剖生理特点，因而他具有能力发展的一般可能性。只有经过后天环境，解剖生理才显露并发展起来，逐渐形成"能力"这一心理特征。先天因素主要包括：

（1）天资（遗传因素），主要包括智力天资和体力天资。

智力天资，包括对数量（计算能力）、空间（图形）的理解能力，对数量、空间的记忆能力，协调以及控制精度的能力。

体力天资，包括速度能力，灵巧性（平衡性、协调性）能力，耐力（持续力）能力。

（2）性别（男性、女性），在总体年龄阶段上，男性能力优于女性。乳婴期至 15 岁，女性智力略优于男性，15 岁之后，男性智力逐渐高于女性。

成人男女性别能力内部结构呈现非均衡分布，能力层次分布实验数据表明，成年男性优秀的占 27.2%，中等的占 41.7%，低劣的占 31.1%；成年女性优秀的占 4.7%，中等的占 81.7%，低劣的占 13.6%。成人男性优秀和低劣占比均比女性大得多，而女性集中度非常高，中等者占有绝对优势。

（二）后天因素

1. 教育环境

教育，是后天因素的基础和核心元素，是掌握知识和技能的具体途径与方法。教育不仅对幼婴、儿童、青少年的智力发展起着主导的作用，而且对个体能力的培育、形成、发展同样也起着主导的作用。教育不但能使个体掌握知识和技能，而且通过知识和技能的传授，还能促进其心理能力的发展。

个体教育按时间顺序分为幼婴家庭教育、学校教育和成人继续教育（在职职业教育和培训）三个阶段，是获得能力的基本和主要条件。

2. 职业职位环境

职业，对各种特殊能力的发展起着重要的作用。不同职业，影响和制约着能力发展的方向，如色浆加工厂的工人，辨别色谱、色差的能力比一般人高；餐饮业烹饪师和酒业勾兑师的嗅觉和味觉的感知判断能力比一般人高。这些能力是同从事这一职业的特殊要求分不开的。

职位，对个体能力结构方向发展起着重要作用。不同职位，影响、调节和制约着能力发展的方向，例如，一个公司的高管、中层管理者和基层管理者能力结构大相径庭，如表 3–3 所示。

3. 社会文化

社会文化，对个体能力和结构发展起着重要作用。不同社会文化背景，影响、调节和制约着能力发展的高度、宽度、深度和方向。

4. 政治制度

政治制度，影响、调节和制约着个体能力发展的方向。

表 3-3　能力结构

单位：%

职位＼能力	技术能力	人际能力	战略管理能力	班组管理能力
高层管理者	10	30	50	10
中层管理者	20	30	20	30
基层管理者	35	10	5	50

中国人对于集体舞、集体操、广场舞等技能会无师自通；欧美人对于授权管理、创新和再造能力、创新和颠覆思想深入骨髓。

三、能力结构理论

能力是具有复杂结构的心理特征的总和。研究能力的结构，分析能力的构成因素，有利于深度研究能力，设计能力测量的手段，拟定能力培植培育计划。

（一）智力结构二因素理论

20 世纪初，英国理论和实验心理学家查尔斯·爱德华·斯皮尔曼（Charles Edward Spearman）根据智力测验研究提出了著名的智力结构二因素论，认为智力可被分解为 G 因素（普通因素）和 S 因素（特殊因素）：

一是普通因素（General Factor），简称 G 因素。人的所有智力活动，如掌握知识、制定计划、完成作业等，都依赖于 G 因素，即每一项智力活动中都蕴含着这种普通因素。如果某一人的 G 因素数量高，他就聪明，如果某一人的 G 因素少，他就愚笨。心理学家若想界定一个人的智力高低，则需想方设法测出他的 G 因素数量。

二是特殊因素（Specific Factor），简称 S 因素。具有五类特殊因素：

（1）口头能力，即语言表达力；

（2）数算能力，即计算能力和逻辑推演能力；

（3）机械能力，即对设备、仪器、交通工具等的掌控操作能力；

（4）注意力，即对待事物的沉着、稳静、专注、执着的处置能力；

（5）想象力，这是再造和创造能力的前提和基础。

斯皮尔曼后期又增补了第六种因素，即智力速度（F）。

如果说 G 因素参与所有智力活动的话，那么 S 因素则以一定的形式、程度不同地参与到不同的智力活动中。按斯皮尔曼的解释，人的普通能力 G 主要表现在一般活动上，从而显示个人能力的高低。S 因素代表的特殊能力，只与少数活动有关，是个人在某方面表现的异于别人的能力。一般智力测验所测量的，则是普通能力。

斯皮尔曼的这一理论是最早的智力理论之一，智力结构二因素论相对于当时流行的遗传决定论，无疑是对后天教育的一种鼓舞。

（二）群因素结构理论

美国著名心理计量学家塞斯顿（Louis L. Thurstone）于 1938 年提出群因素结构理论，又称"基本心理能力论"（Primary Mental Abilities），突破过去的智力因素理论的框架。塞斯顿认为，个体的智力可分解为几种基本能力因素，这些基本能力因素的不同搭配便构成每一个人独特的智力整体。他的观点与斯皮尔曼的智力结构二因素论不同，斯皮尔曼的观点是先有一个总的智力，然后有许多特殊智力，塞斯顿则提出智力包括七种平等的基本能力：

（1）语词理解（Verbal Comprehension，V），理解语词含义的能力；

（2）语词流畅（Word Fluency，W），语言迅速反应的能力；

（3）数字运算（Number，N），迅速正确计算的能力；

（4）空间关系（Space，S），方位辨别及空间关系判断的能力；

（5）联想记忆（Associative Memory，M），机械记忆能力；

（6）知觉速度（Perceptual Speed，P），凭知觉迅速辨别事物异同的能力；

（7）一般推理（General Reasoning，R），根据经验做出归纳推理的能力。

塞斯顿的七种基本心理能力是根据其中的六种能力的相关计算而成。各种心理能力并不是彼此独立的，它们之间有一定的相关量。例如，一般推理（R）与语词流畅（W）的相关度为 0.48；数字运算（N）与语词理解（V）的相关度为 0.38；语词流畅（W）与语词理解（V）的相关度为 0.51。

在评价一个人的智力时，分析特殊能力更有用。塞斯顿在 1941 年根据上述七种基本能力编成的"基本心理能力测验"（Primary Mental Abilities Test，PMAT）是著名的智力测验之一，已经成为心理学工作者研究智力结构的重要工具。

（三）智力三维结构理论

美国南加州大学的心理学家乔伊·吉尔福德（Joy Paul Guilford）在 20 余年因素分析研究的基础上，于 1967 年创立了智力三维结构模型理论（Three Dimensional Structure Model of Intelligence，SOI）。

吉尔福德认为智力结构应从操作、内容、成果三个维度研究。智力活动是个体在大脑里加工（操作过程）客观对象（内容）、产生成果（加工结果）的过程。

进一步细分，智力的操作过程包括认知、记忆、发散思维、聚合思维、评价

5 个因素；智力加工的内容包括图形（具体事物的形象）、符号（由字母、数字和其他记号组成的事物）、语义（词、句的意义及概念）、行为（社会能力），共 4 个因素；智力加工的成果包括 6 个因素，即单元、类别、关系、系统、转换、蕴含。这样，智力便由 $5\times4\times6=120$ 种基本能力构成。

1971 年吉尔福德把内容维度中的“图形”改为视觉和听觉，使其增加为 5 项，智力组成因素变为 150 种。

1988 年吉尔福德又将操作维度中的“记忆”分为短时记忆和长时记忆，使其由 5 项变为 6 项，智力结构的组成因素便增加到 $6\times5\times6=180$ 种。吉尔福德认为每种因素都有独特的能力。例如，学生对英语单词的掌握，就是语义、记忆、单元的能力。又如，说出鱼、马、菊花、太阳、猴等事物哪些属于一类，回答这类问题进行的操作是认知，内容是语义，产物是类别。

1. 内容

引起心理活动的各类刺激，指呈现给受测者的材料或信息的性质，共 5 项：

视觉：由视觉通道输入的信息，呈现在眼中的图片。

听觉：由听觉通道输入的信息，呈现在耳中的声音。

符号：本质上就是各种有特定意义的图形元素，如数字、字母、公式、单词。

语义：语言系统，即词、句子的意义及概念等。

行为：各类活动的总和。

2. 操作

各种刺激所引起的智力活动方式，也就是解决问题的心理过程，共 6 项：

短时记忆：记住项目中的单一信息，例如一串数字。

长时记忆：记住项目中的整体和连贯信息，例如事件背景、过程、结果。

认知：发现、感知、领会或熟知某些信息，例如图形认知是观察出一个物体是方的还是圆的，语义认知是知道一些词的意义。

发散思维：从记忆中提取出特定类别的物品，例如说出既硬又可食用的物品。

聚合思维（集中思维）：归纳，演绎推理，从记忆中提取出一个正确项目，例如在字谜中填入正确的词。

评价：判断一个项目中所包含的信息能够多大程度地符合特定的逻辑要求。

3. 成果

为获取正确答案，大脑产生的不同种类的心理结构，是智慧活动的产物，从简单到复杂分为 6 种：

单元：单一的实体，是关于属性或特征独一无二的组合，如单词、数字或概念。

类别：一系列相似单元所具有的共同特点，例如都是长方形或菱形。

关系：在两个项目之间可观测到的联系，多指单元或类别的关系，如两个音相隔一个八度。

系统：三个或更多项目形成一个可以被识别出的整体，指用逻辑方法组成概念，如一段旋律或者一个包含一系列行动的计划。

转换：从一个事物的认识转换到另一种事物上去，指一个项目中的信息发生了改变，如改正错误拼写。

蕴含：从已知的信息中观察单个项目中蕴含的信息，如预期雷声会出现在闪电之后。

由于SOI模型能够反映智力的复杂性而受到广泛赞誉。吉尔福德将智力结构的模型推荐为认知心理学的参考系统。吉尔福特的智力结构论中引人瞩目的内容之一是对创造性的分析。他把以前曾被从智力概念中忽略的创造性与发散性思维联系起来，还将发散性思维与聚合性思维相对应。他认为发散性思维具有流畅性、变通性和独创性三个维度，是创造性的核心。吉尔福德还提出，人格是由态度、气质、能力、倾向、生理、需要和兴趣七种特质组成的一个统一的整体。它是一个七角形的交互体，从不同角度可以观察到七种不同的人格特质。

吉尔福德的智力结构理论虽然否定了G因素的存在，但他的理论却提出创造能力的研究和创造性测验，这为深度和广度研究智力提供了崭新思路。

四、能力、性格、气质的关系

（一）能力与性格的关系

（1）能力是性格形成的基础。个体在教育过程中形成并发展了体力和智力，性格也就相应形成。在观察过程中，一方面形成观察力，另一方面也形成了性格的特征。

（2）能力的发展水平受性格特征的影响。例如，高度责任感、首创精神、热爱团队、严于律己、自信心强等，这些优良的性格特征表现在对待工作、对待团队与个人等方面时，对能力的发展具有很大的促进作用。反之，如果具有工作不负责任、不关心团队、缺乏自信心等不良的性格特征，则会使能力的发展面临很大的障碍。

（3）优良的性格特征往往能弥补某方面的能力弱点。例如，特定条件下作为性格特征的“勤奋”，就可以弥补部分的能力缺陷。

（二）性格与气质的关系

性格与气质既有区别，又互相渗透，彼此制约。

（1）性格和气质，都是以高级神经活动类型为其生理基础，但气质更多地体现为神经系统类型的自然影响，而性格更多地受生活环境的制约。

（2）气质对性格有深刻的影响。首先，在性格形成过程中，气质影响着性格的表现方式。例如，同样是勤劳的人，具有多血质气质的人，在劳动中容易表现为情绪饱满，精力充沛；而具有黏液质的人，则可能表现为踏实肯干，操作精细。可见，气质给同样的性格特征增添了独特的“色彩”。其次，气质对性格的影响，还表现在气质可以影响性格形成和发展的速度和动态。例如，对于自制力性格特征的形成，具有胆汁质的人，需要经过极大的克制和努力，而对抑郁质的人则比较容易和自然。

（3）性格对气质的影响也是明显的，性格会在一定程度上掩盖和改造气质。特警特勤人员在行动中沉着冷静、机智勇敢等性格特征可能掩盖或改造胆汁质易冲动的气质特征。

（4）相同气质类型的人可以形成不同的性格特征，而不同气质类型的人也可以形成同样的性格特征。作为个性心理特征的气质与性格两者是不同的。从气质的自然性质而言，气质似乎是性格的基础，而性格则可以在一定程度上掩盖或改造气质。但这种区别，不能截然对立起来，两者是彼此制约、互相渗透的。

（三）三者关系

（1）能力、性格、气质是个性心理特征的三个方面，三者之间相互制约，彼此关联，密不可分。

（2）能力、性格、气质属于心理学的范畴，但对管理行为有着重要的影响。就气质而言，在管理中正确分析气质与生产效率的关系，区别使用不同气质的人员是气质管理的重要内容；就性格而言，通过科学的方法来鉴定性格，进而了解性格的特点，区别对待不同性格类型的员工，营造有利于员工性格发展趋向成熟的环境，是性格管理的重要内容；就能力而言，正确处理用人所长与培养人的能力全面发展之间的关系，是能力管理的重要内容。

第四章

知觉与管理

第一节　知觉基本理论

一、知觉的基本概念

知觉，是个体对客体总体和系统的反应、推测与判断的过程，即对客体的认知和解读。知觉是感觉的深化，是若干器官综合分析产生的结果，是各种感觉的总结、归纳、整合。知觉包含自然（物体）知觉、社会知觉两类。

自然（物体）知觉包括空间知觉（物体的形状、大小、方位、深度）、时间知觉（客观现象的顺序性与延续性的反映）、运动知觉（物体位置移动和位移速度）；社会知觉包括他人的知觉、人际知觉、角色知觉和自我知觉。

（1）知觉是心理学研究的重要问题，是个体心理过程的一个重要阶段。

（2）知觉不同于感觉，感觉是单一器官的反映和分析的结果，是人脑对客体个别属性的反映；知觉是各种感觉综合分析和深化的结果。感觉是知觉的基础。

（3）人的心理是以知觉为基础，由于人的大部分决策是知觉决策，所以知觉直接影响决策的结果。

（4）知觉是在感觉的基础上产生的，人们通过知觉，有助于对事物整体和全面的认识。

二、知觉的基本特性

（一）知觉的选择性

知觉的选择性，是指当人们感知外部事物时，能优先把知觉对象从其他非知觉对象以背景形式清晰地分离出来。

案例：首尔之聚

2010年春天，同学金在韩国首尔举行了一个盛大的Birthday Party。生日宴会上，音乐声、欢笑声、谈话声、脚步声、碰杯声、窗外霏霏细雨敲击地面和建筑物的声音相互交织，喧嚣热闹。

"金，Richard还没有到吗？"

这声音那么熟悉、那么青涩、那么酸楚、那么具有激活力和穿透力！

这声音音量很低，但仿佛将Party各种相互交织的喧嚣声背景化而渐渐隐退淡化。

"他昨天就到了，我帮你找找。"金急促地回答。

"Shirly！"

我情不自禁向着那个声音走去。

1. 影响知觉选择性的客观因素

（1）知觉对象本身的特征：视觉冲击力强大的色彩或标识，嘹亮或悦耳的声音，均容易被人清晰地知觉。

（2）对象与背景的差别：二者反差越大，越容易被识别。

（3）对象的组合方式：知觉对象在距离和形态上的接近，更容易被人们视为一个整体被知觉。

2. 影响知觉选择性的主观因素

（1）兴趣：人们常常把知觉集中在自己感兴趣的事物上，而其他事物作为背景被排除在知觉之外。

（2）需求与动机：能够满足人们需求，符合人们动机的事物，常常被人们当作知觉对象。

（3）个性特征：人们的气质、能力、性格特征都会对知觉产生影响，例如多血质的人群对事物感知速度快，而抑郁质的人群则对事物感知细致入微。

（4）经验：对知觉对象熟知时，则对事物产生更具深度和广度的感知；对知觉对象陌生时，则对事物感知效果相应较差。

（5）环境与文化：不同环境与文化背景的人在感知同一知觉对象时，会有不同的知觉。

（二）知觉的理解性

知觉的理解性，是指当个体知觉某一对象时，可以根据自己的经验去加深理解，并做出解释。

面对一张化工配方调整方案表，公司研发部和技术部工程师、生产部配料专员非常清楚数字和字符表达的内容，而其他员工如同揣摩天书，不知所云。

当知觉时，对事物的理解是通过知觉过程中的思维活动达到的，而思维与语言和文字有密切关系，因此语言和文字的指导能使人对知觉对象的理解更迅速、更完整。例如项目负责人对项目实施团队的工作部署，专业导师对学生的指导，等等。

（三）知觉的整体性

知觉的整体性，是指人们可以根据经验，来按照事物的局部特征和个别属性去感知事物的整体。

1. 在知觉活动中，人们对整体的知觉优先于对个别成分的知觉

一架空中飞翔的飞机，人们最先看到的是飞机的整体，然后才能辨其机翼、机体等各种细节；远处走来的熟人，虽然看不清面孔，但可凭借身体外形、走路姿势及其他线索也可辨别出来。

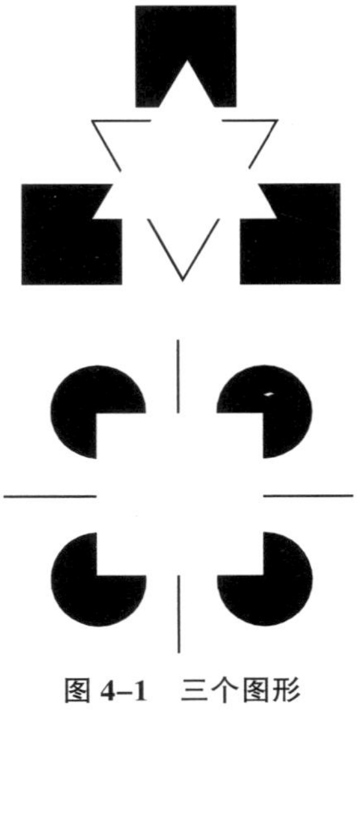

图 4–1 三个图形

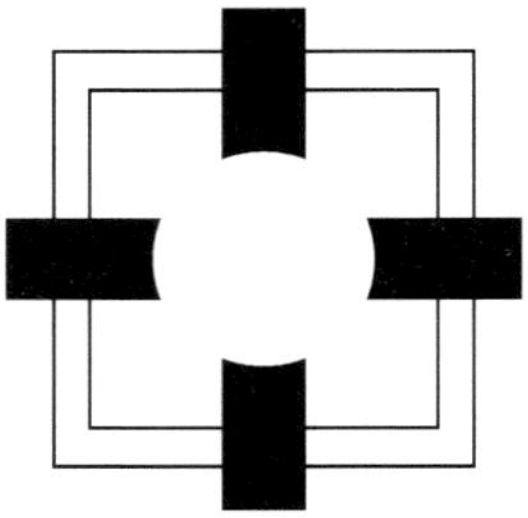

图 4-1　三个图形（续）

如图 4-1 所示，三个图形没有完整的，全是由一些不规则的线和面所堆积而成的。可是，我们不难看出，各图均明确显示其整体意义。

2. 影响知觉整体性的因素

（1）连续性，如图 4-2 所示。

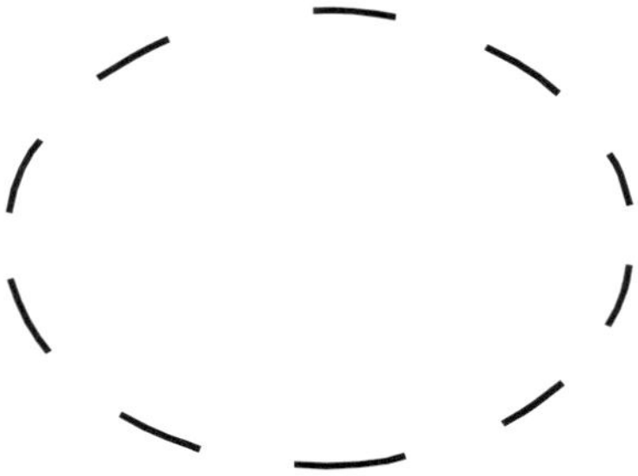

图 4-2　连续性

（2）接近性，如图 4-3 所示。

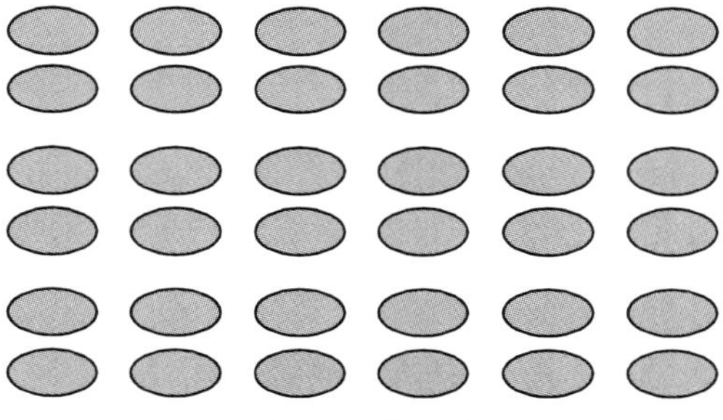

图 4-3　接近性

（3）相似性，如图 4-4 所示。

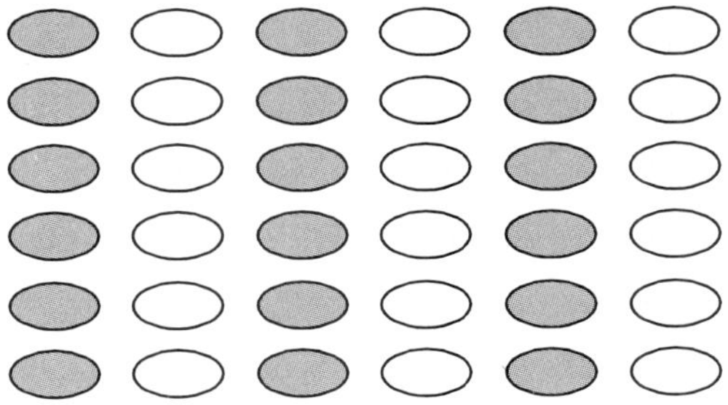

图 4-4 相似性

（四）知觉的恒常性

知觉的恒常性，是指当知觉的条件在一定范围内发生某些变化时，而知觉的映象仍然保持不变。

（1）形状和大小恒常：如从不同距离看同一个人，由于距离的改变，投射到视网膜上的视像大小有差别，但我们总是认为大小没有改变，仍然依其实际大小来知觉他。

（2）颜色和明度恒常：一张红纸，一半有阳光照射，一半没有阳光照射，颜色的明度、饱和度大不相同，但我们仍知觉为一张红纸。正由于知觉具有恒常性，才使我们能客观、稳定地认识事物，从而更好地适应环境。

三、知觉过程

知觉是一种包含观察、选择、组织、解释和反映的认知过程。

（1）观察由“环境刺激”“感觉”组成：即“环境刺激”——→“感觉”（味觉、嗅觉、听觉、视觉、触觉）。

（2）选择＝外部因素（大小、强度、对比、活动程度、重复程度、新颖性）＋内部因素（学习、刺激、个性）。

（3）组织＝图形和背景＋知觉效应。

（4）解释：对知觉对象的判断、评价、整合、深化。

四、影响知觉的基本因素

影响知觉的因素主要有三种：知觉者（需求和动机、个性特征、个性倾向、知识、经验）、知觉情境（时间、工作设置、社会设置）、知觉对象（新奇、运动、声音、规模、背景、类似、靠近）。

（一）知觉者

知觉者影响知觉的因素如下：

（1）需要和动机；

（2）个性特征：气质、性格、能力；

（3）个性倾向：态度、动机、兴趣、期望、价值观；

（4）经验、知识和知识结构。

案例：用人如弈

陈晓诚怏怏离去，一脸的无奈，一脸的无神。

国庆节过后的第一天特别忙碌，周而复始处理那么多烦琐的事情。但是，作为全球领先技术的CDL项目是重中之重。下午17：00，我在我的办公室专门针对CDL项目对项目负责人陈晓诚做了1个多小时的工作指导。

会谈结束后，晓诚照常向我表达了满腔的崇敬之情，但神态有些异常。

晓诚在我领导的这家公司工作刚刚满一年，职位一直是制模车间主管，他渴望升至生产部副经理之职，已是全公司人人皆知的。但是，他对这个职位的能力贡献与其几个前任相比可谓平平。

关键让我无法忍受的是：他的任何一个上司一旦对他的工作提出批评或建议，他总是强烈反弹，他会判定自己的上司有意挑剔或压制。当然，从心理分析，这属于欲望强烈而易于形成的知觉错觉，但他的反弹太过于强烈，气度太过于狭隘。

生产部副经理职位已有1年半虚位以待，必须快速安排到位。外聘是必要的，但如果条件大致相同时，我会选择内生。我再次陷入沉思。

相比而言，染制车间的王鹏主管业绩一直较佳，执行力较强，公司的几位高管对其评价距离生产部副经理职位要求仅仅是咫尺之遥。但让我头疼的是，他擅长于拉帮结派，他把他的安徽老乡全部安排于重要岗位和薪高轻松的工作。

更令人无法接受的是，他一直把下属的出色工作视为对自己职位的威胁，以至于他手下强手外流，弱者云集。当然，这是王鹏心理缺乏安全感以及由此引起的知觉错误所致。

聚合车间的张扬主管、成品车间的朱涛主管、涂布车间的任勇主管、技术部黄羽主管，无论素质、能力、性格和业绩表现都难以胜任此职。

不妨放大视角，品控部的蒋明光主管倒是一个不二人选。

小蒋34岁，本地职业学院大专生，对公司生产体系每一个部门的工艺、流程、制度如数家珍。在他管控品控部3年时间内，KPI一直遥遥领先。

小蒋做事缜密，安静稳重，情绪收敛，专注专一，稳重踏实，但反应缓慢，甚至呆板，墨守成规，面对公司重大变革都需要比常人更长时间的适应认知期。一旦认知，具有极强执行力。属于典型的黏液质气质类型，具有内倾性。

好了，生产部副经理非小蒋莫属。

（二）知觉对象

知觉对象，指被知觉的客体（人、物、资金、信息、事件、过程），包括被知觉客体的特性、被知觉客体与背景的关系。

知觉对象影响知觉的因素如下：

（1）知觉对象刺激强度：说话的语调、声音等。

（2）知觉对象的运动：运动着的物体可以吸引注意力，如动画片。

（3）知觉对象差异：音量、高度、颜色和其他特征。

在人群中，声音最洪亮的人更容易受到关注，个子特别高或特别矮的人更醒目、更注目，穿着奇异的人更易引人注意；外部一声巨响会引起办公室所有人员的恐慌和热议；马路上环卫工人明亮颜色服装易引起司机注意。

案例：邂逅

2004年8月23日，雅典奥林匹克运动场曲棍球赛是第28届夏季奥林匹克运动会最为激动人心的赛事之一。

“加油！”一个洪亮的声音从我身边发出。在那激动人心的时刻发出的任何声音应该都是洪亮的，但是，我听到的是来自中国南方春雨柔风般的语韵。令我震惊、激动、亲切、酸楚！

我侧目望去，她穿着一件火一样的红裙，她长着一副火一样的、青春的、靓丽的面孔！

我们几乎在同一时间对视着对方，或许我是观众席上唯一的一位黑头发、黑眼睛、黄皮肤的华人。我下意识地向她挥了挥手，她向我挤了过来。

她来自中国的上海，在法国巴黎笛卡尔大学攻读博士学位。

5年后，我通过各种渠道寻找到她的相关资讯，她已回国就职于上海一家名不见经传的小型资产管理公司。

2009年圣诞节次日，我在上海浦东花旗银行大厦内找到这家公司，当我在着装统一的人群里见到了这个非常不起眼的梦中人时，竟然未能马上认出她。

（三）知觉情境

知觉情境，是指知觉者和知觉对象发生互动的场所。

知觉情境影响知觉的因素如下：

（1）时间：年代、季节、月份、日期、白昼或夜晚、具体时间（年、月、日、时、分、秒）。

（2）空间（地点）：星际、国家、地区、海洋或岛屿、沿海或内陆、林草或沙漠、经纬度。

（3）自然环境：雪天、雨天、阴天、晴天、温度、湿度、光线（亮度）、色彩（色差）。

（4）社会环境：政治制度、民族文化、宗教信仰、教育环境、职业环境。

五、知觉的防卫机制和错觉

（一）知觉的防卫机制

知觉的防卫机制，指为了防止自己受到威胁性刺激的侵扰，人们自动地抑制自己对它们的知觉和反应的倾向。

知觉防御是一种回避需求的知觉倾向。它既是对社会知觉的歪曲，又是一种有效的心理防护手段，如对“癌症”的知觉。

知觉的防卫机制，积极作用在于知觉者能够对刺激的冲击加以缓冲，以增加心理承受能力。

（二）错觉

那些完全不符合刺激本身特征的失真的或扭曲事实的知觉经验，称为错觉（Illusion），即对客观现实的不正确知觉。

人们对知觉器官认识事物上的局限性，如视觉、听觉、嗅觉等感知上的局限性加工，可以产生知觉错觉；由于感知器官不适应外部条件的变化，反应迟钝和固守经验也能导致错觉。

1. 常见的错觉类别

（1）艾宾浩斯错觉，如图 4-5 所示。

图 4–5　艾宾浩斯错觉

（2）缪勒—莱尔错觉，如图 4–6 所示。

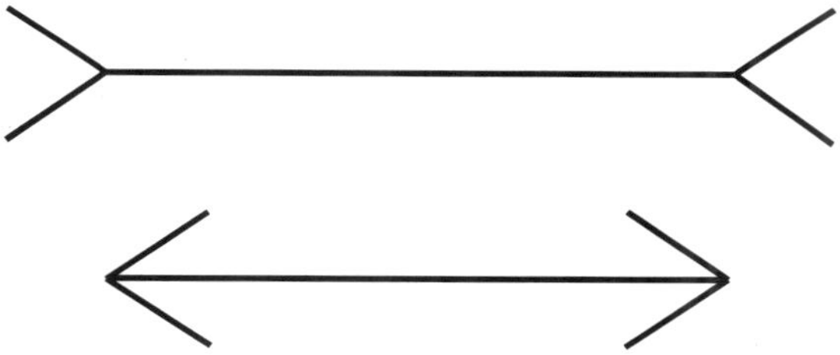

图 4–6　缪勒—莱尔错觉

（3）赫氏错觉，如图 4–7 所示。

图 4–7　赫氏错觉

（4）左氏错觉，如图 4–8 所示。

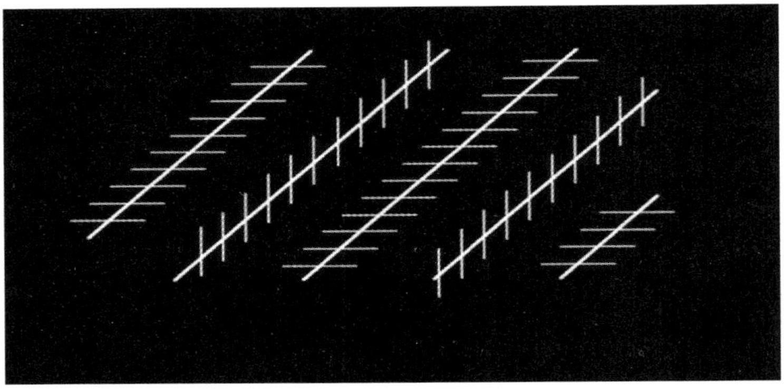

图 4-8　左氏错觉

（5）条纹错觉：横线条的图形显得更宽，而竖线条则显得更高。为此，在人们进行服装选择时，偏胖的人不宜穿着横条衣服，而偏瘦的人不宜穿着竖条衣服，否则，胖人显得更胖，瘦人显得更瘦。

（6）颜色对比错觉：黑色可以被白色衬托得更黑，白色可以被黑色衬托得更白。黑皮肤的人不宜选择穿白色的衣服；而白皮肤的人可以通过穿黑衣服显得更白。

（7）深度错觉，如 4–9 所示。

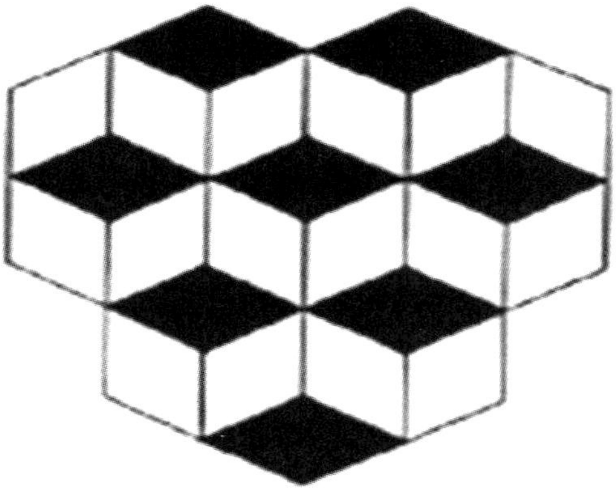

图 4-9　深度错觉

（8）承重错觉：通常来说，人们感觉白色的物质（棉花联想体）较轻，而感觉深色的物质（铁块联想体）较重。

（9）空间大小错觉：将狭小的房间的墙面换成镜子，就会感觉这个狭小的房间宽敞明亮。现代房屋的装修装饰设计大多运用这一空间错觉原理来克服环境太小带来的压抑和束缚感。

（10）时间错觉：同样 1 小时在不同情景下的感觉是完全不同的。

同样的时间内，忙碌会使人感到时间短，而等待会使人感到时间长。例如，如何消除人们等待电梯时的无聊感？许多比较人性化的电梯内都会安装电视、音乐、视频广告等设施，让人们在等待时间内，减少无聊的感觉。

2. 在管理过程中，如何巧用错觉以达到预期目的

知觉错觉是一种消极因素，但如果运用得当，也能产生积极效果。鉴于此，错觉理论已经广泛运用于视觉艺术，如绘画艺术、表演艺术、电影电视艺术、服装设计、建筑设计、军事领域。

3. 在你的真实的世界中，未必真实

因为你的“真实”是你的知觉结论。

知觉到的世界≠现实的世界。

你知觉到的世界≠他知觉到的世界。

在现实世界，人们的行为通常是以对现实的知觉为基础，而非以现实本身为基础。所以，在你的真实的世界中，未必真实。

第二节 社会知觉

一、社会知觉的基本理论

（一）社会知觉的概念

社会知觉（Social Perception），是指个体对社会对象（自己、他人、群体）的整体心理状态、行为动机和意向做出反应、推测与判断的过程。

社会知觉的概念最早由认知心理学家杰罗姆·布鲁纳（Jerome Seymour Bruner）提出，不仅是对人的外部特征（外貌、姿态、举止行为等）的知觉，而且是在人与人的交往过程中，通过对人的外部行为（特征）判断人的内在气质、性格、能力、需求、动机、情操、价值理念，从而形成对人的认知和评价。

社会知觉是人的社会行为的基础，不仅表现出个人对社会对象的态度，也影响了个人对社会对象相互之间的交往进程。

（二）社会知觉的种类

社会知觉包含着广泛的内容。就知觉对象的不同可分为对他人的知觉、人际知觉、角色知觉和自我知觉。

1. 对他人的知觉

对他人的知觉，是指与他人交往时通过对他人的外部特征的观察，以判断他人的需要、动机、兴趣、情感和个性等心理活动的过程。

当认识某人时，首先接触到的是这个人的外部特征：仪表、仪容、仪态。例如，一个体态轻盘、仪表堂堂、言谈举止文明的人，会给知觉者留下良好的印象。

人的外部表情常常作为一种重要的社会刺激，来表现人的身心状态，反映其内心世界。一般来说，根据人的外部表情来认识、判断其内心活动的指标有四种。

（1）面部表情：是以面部肌肉活动变化来表达其情绪状态以及对现实的态度。对他人面部表情的判断，受多种因素制约和影响。例如，文化知识的高低程度、社会经验、他人的暗示和帮助等在一定条件下都起相应的作用，但仍存在共性：面红耳赤是羞愧，嘴唇噘起表示生气，口角下垂为悲哀，口角上扬为欢乐，面部肌肉抽动为痛苦，咬牙切齿为愤怒、仇恨，垂头丧气表示失望。

（2）眼部表情："眼睛是人类心灵的窗户"，通过眼神可以洞悉他人的内心活动。目光的活动还可以传递感情和信息，如双目张大表示惊异，含情脉脉表示爱情，怒目圆睁表示愤怒等。

（3）体部表情：是以人的体态和动作的变化来表达其情绪状态和思想感情的一个重要标志。知觉者通常可以通过他人的身体姿态和手势感知、判断、评估其性格、气质、能力等个性及心理活动状态。例如，低头表示屈服，垂头表示丧气，摇头表示反对，扬手表示再见和致意，张开手且手掌向上表示邀请。一个人如果是高傲的，往往是昂首阔步，趾高气扬；如果是谦虚和善的，则是俯首躬身，点头恭顺。前者力求引人注目，制造声势，后者则力求平淡而不引人注意。

（4）语言表情：是以他人说话的语音、声调、节奏、速度的变化来判断其情绪状态。一个人的言语表情的流露，往往是真实的感情。如语调低沉、节奏缓慢表示悲哀；言语生硬表示愤怒；语调高昂、节奏明快表示高兴。

对他人的知觉中，单凭察言观色是不足的，还须察其言观其行，长期、细致、全面、真实地了解他人，否则就会形成误判和错觉。

2. 人际知觉

人际知觉是指人与人之间关系的知觉。是知觉者和被知觉者情感交流的过程。它是社会知觉最核心的部分。

（1）人际知觉过程是知觉者和被知觉者基于相互理解形成的态度和情感。例如，对某些人反感、疏远，对某些人亲近、同情；对某些人喜欢，同时也希望别人同样地喜欢自己等。一般来说，人们越是彼此接近，交往频繁，有较多的相似之处，就越容易产生同情、好感和友谊。

（2）影响人际知觉形成的因素有如下两方面：

客观因素：人际关系发生时的情境，直接影响到人际关系的性质。例如，排队购买商品，按序依次进行，是文明行为的表现，如果“走后门”到柜台里去买，或不守秩序插队抢先，人们就会同声反对，表现出强烈的不满情绪。如果是特殊情况或者是老、弱、病、残者，说明情况提前购买，就会得到人们的同情和支持。社会舆论也直接、间接地，有形或无形地影响着人际关系的维系和后果。

主观因素：知识和知识结构、经验、态度倾向、个性特征都会影响人际知觉的效果。

3. 角色知觉

角色知觉，是指个体对于自己所处的特定的社会与组织中的地位的知觉。角色是社会对某一特定对象所期望的一种行为模式。它反映一个人在社会系统中的地位以及相应的权利、义务和责任。

每个人在社会上都扮演着各种不同的角色。一个人可能在家中既当父亲又是儿子，在单位里既是领导又是被领导者，等等。而每一种角色都具有一定的行为标准。对角色行为标准的不同认识，会影响一个人在社会上采取不同的角色行为。例如，人们对“经理”角色行为标准的定位不同，会影响其采取不同的行为和管理方法。假如认为经理的主要职能定位是对营销的组织管理，那么市场的开拓、客户的维护管理、应收管理、保障销售业绩良性持续增长则是经理主要管理方式；假如认为经理的主要职责任务是生产组织管理，则控制生产成本、提高产品质量、梳理整合管理体系、改良工艺技术，并保证生产任务的顺利完成，则是经理主要管理方式。

在角色知觉中的社会地位、身份是客观存在的，任何人都不能自行创造角色和担任角色，也就是说，不是想当什么社会角色就能成为什么角色的，例如丈夫和妻子，医生和病人，教师和学生，都是对应客观存在的。所以，角色都从属于某种群体，其举止行为无不受群体规范的制约，角色知觉和角色行为的获得也要受多种因素的影响。例如，社会角色期待的影响，社会角色冲突的影响，社会刻板印象的影响以及社会文化发展水平、社会政治、经济条件等。

4. 自我知觉

自我知觉，是指对自己的心理和行为状态的知觉。就是自己对自己的看法和评价，是个体的自我观，也是对他人或社会对自我心理和行为判断评价的期望。

（1）个体对自己内在状态的认识，主要根据人们对自己的外显行为和该行为发生的环境进行观察而推断出来。因为在某种程度上内在的线索是微弱的、模糊的、不清楚的，因此个体要站在外界观察者的位置上依据外部线索去推断个人的内在状态。

（2）“自我”作为一个社会实体，不仅是认识客观世界的主体，而且也是被自己认识的客体。这种主客体统一的观点决定了“自我”实质包含两层含义：从广义上讲，自我是指一切个体能够称之“我的”之总和；从狭义上讲，自我仅指个体对自己心理活动的认识与控制。它决定着个体行为的基本形式及生活的态度。

（3）自我知觉的内容：

第一，身体的自我知觉（体像）。

第二，态度的自我知觉。

第三，情绪的自我知觉。情绪的自我知觉中最重要的因素是生理唤起，是个体要对这种唤起进行认知评定，即寻找唤起的原因。内部唤起状态微弱的时候，情绪的体验必须依靠个体对外在情境的认识。

（三）社会知觉的特征

（1）选择性：个体会根据自己的喜恶选择某部分信息，而忽略其他信息。

（2）关联性：个体对于信息的知觉反应会随其与自身的关联程度不同而有强有弱。

（3）情绪性：个体对信息的知觉反应会随着个人的情绪状态不同而不同。

（4）完形性：个体倾向于勾勒被知觉者的特性、形象等，使之规则化、完整化。

二、社会知觉偏差

社会知觉偏差，是指在社会知觉过程中，由于知觉主体与知觉客体及环境因素的作用，社会知觉往往会发生这样或那样的偏差。这些偏差是由于某些特殊的社会心理规律的作用，而产生的对人这种社会刺激物的特殊反应。

社会知觉通常会出现如下偏差：首因效应（第一印象）、近因效应、晕轮效应、知觉防御、刻板印象、投射效应、对比效应。

（一）首因效应（第一印象）

首因效应（Primary Effect），指在总体印象形成上，最初获得的信息比后来获得的信息影响更大，知觉影响更强烈。

最先的印象对人的知觉具有强烈的影响。通过对别人外部特征（如声音、神态、眼神、动作等）的知觉，进而推断其需求、动机、感情、个性等，最后综合这些知觉形成对这个人的印象。

1. 影响第一印象的因素

（1）被知觉者的特点在知觉者的知觉映象；

（2）知觉者的感情状态。

以上诸多因素中的某一种或几种因素的变化，都会影响到第一印象。其中，价值理念、政治态度、宗教信仰的异同直接左右着第一印象的好坏。如男青年蓄须，有人觉得不靠谱，有人则觉得是新潮；人们食用肉食，有人认为是满足生理营养的基本要求，佛教徒则认为这是杀生而加以拒绝。

2. 信息影响递减原理

第一印象对人们后来形成的总印象具有较大决定力和影响力，即先入为主。人们常常根据这种第一印象的先入为主作用来决定自己第二次之后的交往行为。

最初接触陌生人，注意力投入完全充分，此时形成的印象鲜明强烈，对后继信息，注意力游离，信息影响作用下降。

3. 首因效应的局限性

第一印象又往往有很大的局限性。由于人们对开始得到的信息较重视，并以此为依据对社会知觉对象进行评价，以致疏忽了后来得到的与最初不一致和不协调的信息量。第一印象是在与被知觉者初次接触中形成的，而一次接触所看到的、听到的，并由此推测到的都很有限。由甚少的信息而得出的印象常常是肤浅的、不全面的、不准确的。所以我们在承认第一印象重要并尽量给人以好的第一印象的同时，亦要正确分析和对待之。

案例：首次晤面

我带着司机小陈和供应链经理部张敏来到了恒盛集团，恒盛大厦坐落在恒盛工业区的右侧。我们直接到了三楼方总的办公处。走出三层电梯，映入眼帘的是一尊笑佛雕塑和大型水景背景幕墙。与笑佛雕塑相伴的还有：达摩、孙悟空、宋江、鲁智深、林冲、岳飞等雕塑。雕像群中传来阵阵咏经梵语和木鱼的击打伴乐，还夹杂着水幕景观流水的声音。

“方兄公司文化管理很丰富、很奇葩啊!”我对着张敏感叹地说。

“呵呵，是的，是的。”张敏慌乱地应答着。

恒盛是与我公司已经合作3年多的唯一一家塑料品供应商，我与方总通过十多次电话，却一直未曾与他谋面。作为我公司负责采购的张敏一直在与他联系。

“哎呀！哎呀！我们日思夜想的伟大的李总啊!”一个肥硕的中年男子穿着黑色西装，围拖着长长的耀眼的金色围巾，张开双臂热情地疾步向我走来。

“这是我公司的李总。李总，这位是恒盛的方总。”张敏慌忙介绍。

“知道知道，一看就知道是李总!”方总激动地拉着我走进他的办公室。

方总打着发胶的乌黑的头发闪着光泽，说话时露出褐色的牙齿，身上散发出难以适应的低廉的香水和烟草的混杂气味。

方总的办公室较为宽敞，大致有200平方米左右。大型办公台的背后是摆放佛像和佛经的装饰柜，左前方是一处饮茶用的大型玉雕茶台，右前方是一处用于打麻将的麻将台。

会谈的时间大概不到半个小时，我就托词离开了恒盛。

至此，我再没有去过这家公司。我公司常态合作的塑料品供应商也由恒盛独家变成了4家。

（二）近因效应

近因效应（Recency Effect），是指在总的印象形成上，最近获得的信息比原来获得的信息影响更大的现象。

近因效应形成的因素：不断有足够引人注意的新信息提供；原来的印象已经随时间推移而淡忘，即印象时间递减。

首因效应与近因效应在人们的认识过程中起作用的条件不同。假如对某人的两类不同社会知觉信息连续地被人感知，人们总是倾向于相信前一种，并对其印象较深，这就是第一印象。假如这两类信息不是连续地先后被人知觉，而是先知道第一类信息，隔较长时间才了解到第二类信息，这第二类信息便成了最新的。这最新的信息则会给人们留下较深的印象。这就是近因效应。

常态条件下，知觉者在与陌生人交往时第一印象起较大作用，即首因效应明显，而在与熟人交往时近因效应起较大作用。每一次接触形成的知觉既在修正、丰富着知觉印象，同时也不断冲淡着旧信息。时光的作用使最后出现的刺激有着较深刻的印象。

近因效应使最新的信息刺激在人们的知觉中占主导，造成认识的摇摆和倾斜。如一个一直表现不错的人最近做了件错事，人们就认为他在走下坡路。

案例：全福师兄

"这是四师兄，全福。"杨师傅向我介绍。

全福个子比我高出一头，应该有16岁左右，体型硕壮，手掌掌面平削，掌骨冷挺，掌上功夫应该非凡。杨师傅向我介绍的七位师兄中，我最为认可四师兄的功夫。

每天的训练项目除站桩、弓步、马步外，重点训练的是缠、裹、扫、铲、钩、摆、弹、点、扣、外旋腿和内旋腿。这是杨氏梅花拳的精华。

一个月后的月圆之夜，我们进行常态的对招实战演练，与我对招的是全福师兄。

"我肯定不是师兄的对手。不过也好，通过实战向全福师兄好好学习，这是难得的机会。"我心里暗暗嘀咕。

杨师傅一声"开始"，全福使用外摆腿直取我的面门，我半马步下倾，双掌合十，使用观音拜佛切其脚尖，他失衡倒地。我旋即使用连环铲脚直取其中盘，他被我铲中三脚而告败。

虽然对招成功，我也无法高兴起来。全福怎么会败呢？又怎么会败在我的手里？而且竟败得不堪一击。唉，全福师兄武功悟性确实不敢恭维！

（三）晕轮效应

（1）晕轮效应（Halo Effect），又称光环效应，刮风天气之前晚间月亮周围的大圆环（即月晕或称晕轮）是月亮光的扩大化或泛化，故称之为晕轮效应。在管理心理学中，是指对一个人形成了某种印象后，这种印象会影响他人对其其他特质的判断，人们会习惯以与这种印象相一致的方式去评估其所有的特点。

晕轮效应是一种以点概面、以偏概全的效应。人们在知觉社会对象时，以事物的某一特性为依据进行推论，而忽视事物的其他特性。如由一个女子衣着艳丽、性感，就得出其作风随便、不正经、不正派、轻浮、工作态度不认真、办事不严谨的结论。

知觉者的情感因素，尤其价值理念起着重要的作用。一个将"知识"视为美德的人在知觉他人时只要对象不具备大学文化程度时，那么对他的总体评价就要大打折扣了；相反，一个具有"小学文化"特征的人对同一对象的知觉会与前者有很大区别。至于实际情况，则可能与上述二者的推论都有相当的距离。知觉者主观突出、夸大了的特性就像闪闪发光的晕轮掩盖了知觉对象的全貌，阻碍了知觉者对知觉对象全面而深刻的认识。

（2）晕轮效应在社会知觉的歪曲中占有重要的位置。社会知觉的歪曲都源于对知觉对象的不完全、不正确的认识。这既是晕轮效应的关键所在，也是知觉错误的关键所在。在知觉错误中，当晕轮效应与知觉他人相关时，即有第一印象和近因效应；当晕轮效应与知觉自己相关时，即为知觉防御；而当晕轮效应与知觉社会群体相关时，则表现为刻板印象。

（3）晕轮效应出现机会最大的情形：

当被知觉的特质在行为表现上模棱两可时；

当这些特质含有道德意义时；

当知觉者根据自己有限的经历来判断时。

案例：戴恩实验

1972 年，戴恩（Dion）做过一个实验，用科学数据证明了晕轮效应。他们让被研究者分别看高吸引力、无吸引力和吸引力一般的三类人的照片，然后让他们对照片上这些人的某些特征进行评定，结果如表 4–1 所示。

表 4–1　评定结果

特性的评定	无吸引（丑陋）	一般吸引（一般）	高吸引（漂亮）
人格的社会合意性	56.31	62.42	65.30
被知觉者的婚姻能力	0.37	0.71	1.70
被知觉者的职业地位	1.70	2.02	2.25
被知觉者的社会和职业上的幸福	5.28	6.34	6.37
被知觉者的总的幸福状况	8.83	11.60	11.60
被知觉者的结婚的可能性	1.52	1.82	2.17

（四）刻板印象

1. 概念

刻板印象，又称刻板效应或定型效应，是指对某个群体产生一种固定的看法和评价，并对属于该群体的个人也给予这一看法和评价。刻板印象虽然可以在一定范围内进行判断，不用探索信息，迅速洞悉概况，节省时间与精力，但往往可能会形成偏见，忽略个体差异性，人们往往把某个具体的人或事看作是某类人或事的典型代表，把对某类人或事的评价视为对某个人或事的评价，因而影响正确的判断。

人们不仅对接触过的人会产生刻板印象，还会根据一些不是十分真实的间接资料对未接触过的人产生刻板印象，例如：老年人是古板的，年轻人是冲动的；英国人是保守的，美国人是热情的。

2. 特点

(1) 对个体、群体过于简单化的分类；

(2) 在同一社会、同一群体中，刻板印象有惊人的一致性；

(3) 多是偏见，甚至完全错误。

3. 形成原因

刻板印象是在了解、掌握感知对象感性材料不充分、不全面的基础上对一类人或事作出判断的依据。它的形成受以下三种因素的影响：

(1) 知觉者性格、气质、兴趣、社会地位和价值观念差异的影响。这些因素的不同，导致对各种类型的人（如东方人和西方人、知识分子和农民、老年人和青年人）和事有不同的、较固定的看法。

(2) 大众信息传播的影响。人们对各类人物的直接接触是非常有限的，更谈不上广泛与全面，因为人们通常借助广播、电视、电影、书报杂志、网络、新媒体和社会舆论获得信息。白人对黑人的“印象”，无不受大众传媒的影响。

(3) 历史地理文化原因的影响。由于历史、地理、民俗文化和宗教的原因，以及由此产生的不同政治、经济、文化传统的影响，造成不同地区、不同民族、不同职业、不同性别甚至不同家族形成对人和事不同的固定的看法。

刻板印象一旦形成，就具有非常高的稳定性，难以被改变，人们即使出现与其相反的事实也会坚持它，并否定或“修改”事实。

4. 克服方法

克服刻板效应的具体方法：

一是要善于用“眼见之实”去核对“偏听之词”，有意识地重视和寻求与刻板印象不一致的信息。

二是深入到群体中去，与群体中的成员广泛接触，并重点加强与群体中有典型化、代表性的成员的沟通，不断地检索验证原来刻板印象中与现实相悖的信息，最终克服刻板印象的负面影响而获得准确的认识。

5. 刻板印象的正负面

（1）刻板印象的积极面。

第一，刻板印象中包含了一定的真实成分，它或多或少反映了知觉对象的若干状况。

第二，刻板印象可以将所知觉的对象进行分类，简化人们的认识过程，起到执简驭繁的作用。

第三，刻板印象能帮助人们更有效地了解和应付周围的环境。

（2）刻板印象的消极面。

第一，使人们的认识僵化和停滞，阻碍人们接受新事物，阻碍人们开拓新视野。

第二，持有刻板印象的人在判断他人时，把群体所具有的特征都附加到他人身上，也常常导致过度概括的错误。

6. 刻板印象在管理中的作用

在管理工作中，要注意利用刻板印象的积极方面，克服刻板印象的消极方面。要经常乐于改变或者增加信息来提高刻板印象的准确性。不能靠歪曲知觉对象，而要靠依据客观知觉修正自己心中的模式。

案例：亚轩刻板实验

李亚轩领导的亚轩研究院在2011年做过这样一次刻板实验：

试验者将一名广州市番禺区黄姓中年男人和一名福建省晋江市林姓中年女人的照片分别给三组被试者观察，黄先生蓄须且小眯眼，林女士清瘦且眼窝深陷；两张照片上的人并不相识且无任何关系。试验者向三组被试者分别介绍情况，给A组介绍情况时说“这个男人是这个女人的哥哥，这个男人是哲学家，女的是保姆”；给B组介绍情况时说“这个男人是这个女人的病人，这个男人是金匠，女的是护士”；给C组介绍情况时说“这个男人是这个女人的受害人，这个男人是小区管理员，女的是犯人”。然后，请三组被试者分别对照片上二人的特征进行评价。

三组被试者对照片上二人的特征的评价截然不同，评价结果如下：

A组被试者认为：男人蓄须表明他具有创新、求索、坚韧的个性，小眯眼表明他具有敏锐洞察力、思想深邃；女人清瘦表明她身体虚弱、营养不良、生活拮据，眼窝深陷表明她烦躁、苦恼、郁闷。

B组被试者认为：男人蓄须表明他邋遢、不求进取、得过且过、做事不踏实，小眯眼表明他小气、心胸狭隘、关注细节、缺乏格局；女人清瘦表明她精明能干、做事利索、心细如麻，眼窝深陷表明她勤奋、刻苦、善良、进取、坚强。

C组被试者认为：男人蓄须表明他勤奋而没有计划、忙碌而没有思想，小眯眼表明他迟钝、笨拙、懒惰；女人清瘦表明她凶残、狡猾，眼窝深陷表明她顽固、歹毒、邪念频频。

为什么三组被试者对同一照片的面部特征所做出的评价竟有如此大的差异？原因很简单，人们对社会各类的人有着一定的定型认知。刻板效应实际就是一种心理定式。

（五）投射效应

1. 投射效应的概念

投射效应（Projection Effect），是指个体将自己所拥有特性（感觉、倾向或动机）推而广之到他人身上的倾向，即以己度人，把自己的特质投射到他人身上并强加于他人的一种认知障碍。

投射效应，会导致对他人的知觉产生失真。人们在对他人形成印象时，有一种强烈的倾向就是假定对方与自己有相同之处，即“以己推人”。比如心地善良的人总也不相信有人会加害于他；而敏感多疑的人，则往往会认为别人不怀好意。

投射效应，使人们倾向于按照自己是什么样的人来知觉他人，而不是按照被观察者的真实情况进行知觉。当观察者与观察对象十分相像时，观察者会很准确，但这并不是因为他们的知觉准确，而是因为此时的被观察者与自己相似。因此，导致了他们的发现是正确的。投射效应是一种严重的认知心理偏差，辩证地、一分为二地去对待别人和对待自己，是克服投射效应的良方。

2. 投射效应的表现形式

投射效应的表现形式是多种多样的，主要有两种：

一是感情投射，即认为别人的好恶与自己相同，把他人的特性硬纳入自己既定的框框中，按照自己的思维方式加以理解。比如，自己喜欢某一事物，跟他人谈论的话题总是离不开这件事，不管别人是不是感兴趣、能不能听进去。引不起别人共鸣，就认为是别人不给面子，或不理解自己。

二是认知缺乏客观性。比如，有的人对自己喜欢的人或事越来越喜欢，越看优点越多；对自己不喜欢的人或事越来越讨厌，越看缺点越多。因而表现出过分地赞扬和吹捧自己喜欢的人或事，过分地指责甚至中伤自己所厌恶的人或事。这种认为自己喜欢的人或事是美好的，自己讨厌的人或事是丑恶的，并且把自己的感情投射到这些人或事上进行美化或丑化的心理倾向，失去了人际沟通中认知的客观性，从而导致主观臆断并陷入偏见的泥潭。

3. 投射效应的形成

投射效应通常会在如下两种情况下形成：

（1）对方的年龄、职业、社会地位、身份、性别等与自己相同。同一个群体的人总是具有某些共同的特征，因此，在认识和评价与自己同属一个群体的人的时候，人们往往不是实事求是地根据自己的观察所得到的信息来判断，而是想当然地把自己的特性投射到别人身上。另外，人们总是喜欢评价与自己有某些相同特征的人，总是习惯于与这些人进行比较，但是，人们又不希望在比较中自己总是落败，处于不利之地，而投射作用在此正好起了一个保护作用，把自己的特点投射到别人身上，自己和别人就都一样了，没有什么区别。

（2）当人们发现自己有某些不好的特征的时候，为了寻求心理平衡，就会把自己所不能接受的性格特征投射到别人身上，认为别人也具有这些恶习或观念。中国有一则“五十步笑百步”的寓言，自己因为临阵逃脱而觉得难堪，突然发现别人比自己逃得更远，便大肆嘲笑，以减轻自己心里的不安。这时候，投射作用也是一种自我保护措施，这样做可以保证个人心灵的安宁，但往往影响自己对人和事的正确判断。在这种时候，人们更喜欢把自己所具有的那些不好的特征投射到自己尊敬的人或者比自己强得多的人身上，这样一来，心里的不安就会大减，因为名人尚且不可避免地具有这些特征呢，何况我一个无名小卒？

案例：佛心自现

宋代著名学者苏东坡和佛印和尚是好朋友，一天，苏东坡去拜访佛印，与佛印相对而坐，苏东坡对佛印开玩笑说：“我看见你是一堆狗屎。”而佛印则微笑着说：“我看你是一尊金佛。”苏东坡觉得自己占了便宜，很是得意。

回家以后，苏东坡得意地向妹妹提起这件事，苏小妹说：“哥哥你错了。佛家说‘佛心自现’，你看别人是什么，就表示你看自己是什么。”

第三节　归因理论

一、归因基本内容

（一）归因的概念

归因，顾名思义是“因果归属”。指知觉者对别人或自己的行为进行分析，解释和推测其原因或者动机的心理活动过程。

归因作为一种心理现象在生活和工作中普遍存在。人们总是不断地对自己或他人的行为提出“为什么?”即通过对人的外部知觉来推测其内在的意图和动机。

（二）归因的内容

（1）心理活动的归因。

（2）行为的归因，即根据人的行为和外部表现，推测其心理活动，这是社会知觉归因的主要内容。行为的归因会影响对个体根本特征或特质的判断。

（3）对人们未来行为的预测。

（三）归因的过程

归因共包括三个步骤：

（1）对行为的知觉；

（2）对行为意图的判断；

（3）对个性的归因。

笔者经过十多年的实验研究发现，97.5%以上的知觉者或知觉对象在分析行为或外部表现形成的原因时已经定格、固化前设。但伴随重大事件影响、经济政治社会文化环境变化、自身素质改变、兴趣爱好调整，归因也会动态改变。

譬如，一个成功的影视明星、运动健将、企业家、学者皆将自己的业绩表现原因解读为：勤奋努力或天资异类，虽然他（她）们会强加修饰，要感谢父亲、母亲、朋友、爱人、认识或不认识的人、各个政治组织、各个媒体机构。但是，影视明星、运动健将、企业家、学者多年后看到业内新星已远超过自己的专业地位时，归因的调整便成为必然。

二、归因理论（Attribution Theory）

归因理论就是研究如何说明和分析人们行为活动因果关系的理论。

归因理论认为我们对个体的不同判断取决于我们对给定行为归因于何种意义的解释。换言之，当我们观察某一个体的行为时，我们总是试图判断它是由内部原因还是外部原因造成的，以达到解释、控制和预测行为的目的。

（一）海德的二归因论

1958 年，海德（Fritz Heider）在他的著作《人际关系心理学》中，从通俗心理学（Naive Psychology）的角度提出了归因理论，可以认为海德是归因理论的创始人。他指出人的行为原因可分为内部原因和外部原因。

内部原因（个性倾向归因），是指存在于行为者本身的因素，如能力、性格、需要、情绪、兴趣、态度、信念、努力程度等。内部原因，是把个人行为的根本原因归结为个人的自身特点。内部原因具有稳定性和高强可控性。

外部原因（情境归因），是指行为者周围环境中的因素，如自然条件（温度、湿度、海拔高度）、社会条件（如教育程度、人口素质）、经济条件（如地区或企业经济体量、居民可支配收入）、法律法规、政策政令、技术条件、装备与技术、期望、奖励、惩罚、指示、命令、工作的难易程度，等等。情境归因是把个人行为的根本原因归为外部力量。外部原因具有不稳定性和低弱可控性。

海德的归因理论认为，人们对过去的成功或失败主要归结于四个方面的因素：努力、能力、任务难度和机遇。这四种因素又可按内外因、稳定性和可控性进一步分类：从内外因方面看，努力和能力属于内因，而任务难度和机遇则属外部原因；从稳定性来看，能力和任务难度属于稳定因素，努力与机遇则属于不稳定因素；从可控性来看，努力是可以控制的因素，而任务难度和机遇则超出个人控制范围。

海德的归因理论开创了归因问题的先河，他对行为原因所做的个人—环境的逻辑分析一直是归因的基础，影响深远。

海德还指出，在归因的时候，人们经常使用两个原则：一是共变原则（Principle of Covariation），它是指某个特定的原因在许多不同的情境下和某个特定结果相联系，该原因不存在时，结果也不出现，我们就可以把结果归于该原因，这就是共变原则。比如一个人老是在考试前闹别扭、抱怨世界，其他时候却很愉快，我们就会把闹别扭和考试连在一起，把别扭归于考试而非人格。二是排除原则，它是指如果内外因某一方面的原因足以解释事件，我们就可以排除另一方面的归因。比如一个凶残的罪犯又杀了一个人，我们在对他的行为进行归因的时候就会排除外部归因，而归于他的本性等内在因素。

（二）凯利的三度归因论

美国著名社会心理学家凯利（Harold Harding Kelley 于 1967 年发表了《社会心理学的归因理论》，对海德的归因理论进行重大扩充和发展。

1. 三维度

特殊性、一致性和一贯性，是作为考察他人行为的基础，也是判断一个人行为是内因还是外因的决定因素。

（1）特殊性或区别性（Distinctiveness）：个人在不同情景中行为相似的程度。行动者是否对同类其他刺激做出相同的反应，即行动者在众多场合下都表现出这种行为还是仅在某一特定情境下表现出这一行为。

例如，杨先生在圣诞 party、春节和生日 party 中总是选择中国古典名曲《汉宫秋月》作为演奏曲目，而没有选择其他曲目，那么，这个行为就是区别性高。

（2）普遍性或一致性（Consensus）：不同人在面对相同刺激时，行为反应是否与被观察的人行为一样？即其他人对同一刺激物是否也做出与行动者相同的方式反应。如果每个人面对相似的情境都有相同的反应，我们说该行为表现出一致性。

例如，在圣诞 party 中所有的嘉宾都选择了轩尼诗（Hennessy），杨先生也选择了轩尼诗（Hennessy），那么这一行为就是一致性高。

（3）稳定性或一贯性（Consistency）：在不同时间点、不同情境中，同一行动者面对同一刺激的反应是否相同？即指行动者是否在任何情境和任何时候都会对同一刺激物做出相同的反应，即行动者的行为是否稳定持久。如果同一行动者在其他的时间和情境下也有同样的行为，那么一贯性高，否则一贯性低。

例如，杨先生在中国或国外的任何邀请演出活动中，甚至在自己组织的家人或友人聚会中都会选择中国古典名曲《汉宫秋月》作为主要演奏曲目，那么，这个行为就是一贯性高。

凯利认为这三个方面信息构成一个协变的立体框架，根据上述三方面的信息与协变，可以将人的行为归因于行动者、客观刺激物或情境。如果一名员工完成目前工作的水平，与其他类似的工作相同，即低区别性，而在这项工作中其他员工的水平总是和他的水平十分不同，即低一致性，并且他的这一工作绩效无论何时都是稳定的，即高一贯性，则他的管理者或其他任何人在判断他的工作时，都会认为他自己对这一绩效负有主要责任（内部归因）。

2. 归因中的错误或偏见

凯利还研究了归因中的错误或偏见。比如，尽管我们在评价他人的行为时有充分的证据支持，可是我们总是倾向于低估外部因素的影响而高估内部或个人因素的影响。这称为基本归因错误。它可以解释下面情况：当销售代表的业绩不佳时，销售经理倾向于将其归因于下属的懒惰而不是客观外界条件的影响；个体还有一种倾向：把自己的成功归因于内部因素如能力或努力，而把失败归因于外部因素如运气，这称为自我服务偏见。由此表明，对员工的绩效评估可能会受到归因偏见的影响。

管理者要认识到员工是根据他们对事物的主观知觉而不仅仅是客观现实做出反应的。员工对于薪水、上级的评价、工作满意度、自己在组织中的位置和成就等方面的知觉与归因正确与否，对于其潜力的发挥和组织的良好运作是有重要影响的。同时，管理者在对员工的行为进行判断和解释时也应该尽量避免归因中的偏见和误差。

3. 归因模式（见图 4–10）

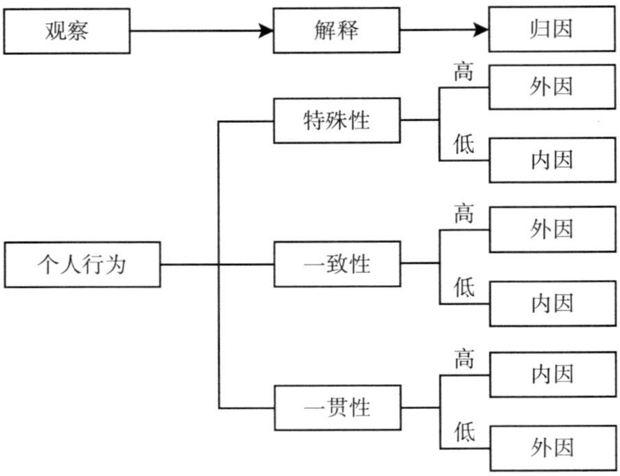

图 4–10　归因模式

4. 结论

一致性低，一贯性高，特殊性低，则归因于行动者。

三者都高，归因于行动者的对手。

一致性低，一贯性低，特殊性高，归因于环境。

案例：A 公司人力资源部批评营销部门业绩的归因

表 4-2 归因

组合/情况	提供的信息			归因类别	判断结论
	一致性	一贯性	特殊性		
1	低	高	低	归于知觉者本身	人力资源部门评估标准和能力缺失
2	高	高	高	归于知觉对象	营销部门内部运营管理亟待改善
3	低	低	高	归于情境	外部市场和同业竞争对手亟待研究

（三）韦纳的六因三向归因论

（1）美国心理学家伯纳德·韦纳（Bernard Weiner，1935）认为，人们对行为成败原因的分析可归纳为以下六个原因：

第一，能力：评估个人对该项工作是否胜任的实力。

第二，努力：反省检讨在工作过程中尽力而为的程度。

第三，工作难度：判定该项工作由各种因素形成的困难程度。

第四，运气：此项工作成败是否与运气有关。

第五，身心状况：评判个人身体及心情状况对此项工作成效的影响程度。

第六，外力因素：评价体系的公平性、公共资源的利用程度、相关部门和相关人员的协同程度。

韦纳按以上六项因素的性质，分别纳入以下三个向度之内：

第一，因素来源：指当事人自认影响其成败因素的来源，源自个人条件（内控），抑或来自外在环境（外控）。在此一向度上，能力、努力及身心状况三项属于内控，其他各项则属于外控。

第二，稳定性：指当事人自认影响其成败的因素，在性质上是否稳定，是否在类似情境下具有一致性。在此一向度上，六因素中能力与工作难度两项不会随情境改变，是比较稳定的，其他各项则均为不稳定者。

第三，可控性：指当事人自认影响其成败的因素，在性质上是否能由个人意愿所决定。在此一向度上，六因素中只有努力一项是可以由个人意愿控制的，其他各项均非个人所能为。

（2）韦纳认为，我们对成功和失败的归因会对以后的行为产生重大的影响。

如果把一场球赛的失败归因于缺乏能力，那么以后的赛事还会期望失败，这是因为能力是一个稳定的因素；如果把一场球赛的失败归因于运气和环境不佳，那么以后的赛事就不大可能期望失败，这是因为运气是一个不稳定的因素。这两种不同的归因都会对一个足球运动员产生重大的影响。

有成就需要的人会把成就归因于自己的努力，把失败归因于努力不够。不甘于失败，坚信再努力一下，便会取得成功。相信自己有能力应付，只要尽力而为，没有办不成的事。相反，成就需要不高的人认为努力与成就没有多大关系。他们把失败归因于其他因素，特别是归因于能力不足。成功则被看成是外界因素的结果，如任务难度不大、正好碰上运气等。

作为对成就需要理论的一个补充，归因理论特别强调成就的获得有赖于对过去工作是成功还是失败的不同归因。如果把成功和失败都归因于自己的努力程度，就会增强今后努力行为的坚持性。反之，如果把成功与失败归因于能力太低、任务太重这些原因，就会降低自身努力行为的坚持性。运气或机遇是不稳定的外部因素，过分地归因于这一因素会使人产生侥幸心理行为，也是具有高成就需要的人所不屑的。总之，只有将失败的原因归因于内外部的不稳定因素时，即努力的程度不够和运气不好时，才能使行为人进一步坚持原行为。

（3）韦纳进一步提出下列三个论点：

第一，个体的个性差异和成败经验等影响着他的归因。

第二，个体对前次成就的归因将会影响到他对下一次成就行为的期望、情绪和努力程度等。

第三，个体的期望、情绪和努力程度对成就行为有很大的影响。

第五章
价值观、态度与管理

第一节　价值观

一、价值观概述

“价值观”（Values）是一个使用广泛的概念。关于它在人类社会交往中的地位与作用，不少学科，如哲学、经济学、社会学、政治学、教育学、心理学、美学等，都会从不同的维度进行理论、经验或实证的研究。然而，迄今为止，仍未有一个统一的定义。哲学家更关心普遍的价值标准，这是一个至今仍在争论的问题，而心理学家则更看重个体的价值判断是如何影响其行为的。

价值观通常被视为相对稳定的个人选择，它受制于一定的社会历史条件。由于价值观是个性倾向性的核心内容，是浸透于整个个性之中支配着人的行为、态度、观点、信念、理想的内心尺度，因此，要很好地描述、解释和预测个体和群体的行为，管理心理学就必须要研究人的价值观。

尽管心理学家对价值观有各自不同的理解，但他们仍能对其提出操作性定义，并据此对人们的价值观进行测评。

（一）价值观概念

价值观，是指个体在长期的社会环境中形成的比较稳定的、持久的社会信念和价值系统，是人们用来区分好坏标准并指导行为的心理倾向系统。价值观往往容易被看作仅属于认知的范畴，其实它通常是充满着情感和意志的。价值观是浸透于整个个性之中支配着人的行为、态度、观点、信念、理想的一种内心尺度。

价值观涵盖内容和强度两个维度，如追求平等、自尊、刺激、享乐、舒适、友谊。

（二）价值观的特征

1. 主观性

人们区分好与坏的标准，包括区分得与失、荣与辱、成与败、福与祸、善与恶的标准，都可以称为价值观，是根据个人自己内心的尺度来进行评价的。虽然客体是客观存在的，但个人对客体的认知，对其好坏的评价却取决于主体自身的需要。

2. 选择性

个人的价值观是人出生后在社会环境中逐渐萌发和形成的。儿童时期的“价值观”是模仿和吸取父母和亲近的人的言行而形成的。这一阶段的“价值观”是照搬成人的价值观，具有明显的感性形式。儿童期的“价值观”称为价值感，还不能称为价值观。只有到了青年时期随着自我意识的成熟，个体才会开始主观地、有意识地选择符合自己的评价标准，形成个人特有的价值观。

3. 稳定性

个人的价值观形成之后具有相当的稳定性，往往不易改变，并在人的兴趣、愿望、目标、理想、信念和行为上表现出来。

4. 社会历史性

价值观是一种多维度多层次的心理倾向系统。处于不同历史时代、不同的社会生活环境里的人们的价值观是不同的。如军人会将忠诚、服从视为核心价值观，学者会将自由思想、独立见解视为核心价值观。

（三）价值系统的结构

价值观作为多维度、多层次的心理倾向系统，主要包含以下成分或因素。

（1）信念：价值观具有比一般看法或意见更高的层次，它是个体追求的最高目标取向，表现为有明确的人生信念。

（2）终极状态或行为：需求是价值观的基础，人对客体结构和属性意义的认识和评价取决于自身的需求。因此，从这个意义上说，价值观是关于满足人自身需求的终极状态或行为。

（3）稳定：价值观是高度概括化的观念结构，它是超越特殊情境的一般抽象物。

（4）选择：价值的基本特征是两极性，表现为好与坏、善与恶、美与丑、公正与不公正等。由于价值观的这一特点，人们往往对价值观具有选择的取向性。

（5）导向：价值观对行为有指向作用，它指导行为的选择并进行价值评估。

（6）观念的一致：个体的价值系统包含多种因素，如审美价值、道德价值、理论价值、经济价值、职业价值等，从总体上来看，这些因素并不是相互矛盾的杂乱结构，而是相互联系、相互影响的有机整体。

（7）社会制约：价值观绝不是纯个人的体验，它受当时的社会经济文化的影响。因此，不同历史时代、不同国家或地区、不同社会制度、不同宗教文化背景下的人们的价值观是有所不同的。

（四）价值观作用与功能

（1）能够直接影响个体对事物的看法（态度）和行为。

（2）支配着个体的需要、动机乃至行为。

（3）影响个体的人际关系、决策。

（4）影响对个体及组织的成功的看法。

（5）制约和调整组织行为的内在规范。

（6）激发和引动组织制度创新与经营创新。

（7）凝蓄组织活力的内在源泉。

二、价值观的类型

（一）奥尔波特价值观分类

美国人格心理学家、人本心理学先驱戈登·奥尔波特（Gordon W. Allport，1897~1967）对价值观提出如下分类：

（1）理论型（科学型）：重知识、重能力、重原则、重理性、勤思考，重视以批判和理性的方法寻求真理。

（2）经济型（实用型）：强调有效和实用，重事物的功利价值，重最终结果，以是否有利于个体或集团和社会的生存与发展作为评价事物价值的标准。

（3）审美型（艺术型）：重视外形与和谐匀称的价值。追求艺术美感，做事尽善尽美；讲究生活、学习、工作丰富多彩、和谐完美；以美感、对称、和谐的标准评价与体验事物，讨厌世俗纠纷，漠然面对周围人。

（4）社会型：重人际关系与友爱，为人处事公平正义；关心他人，乐于助人，诚实可信；喜欢民主有效的集体，建立和谐的人际关系；情谊高于一切，爱他人也希望被他人爱。

（5）政治型：关心国家与民族发展，以振兴国家与民族为己任；追求自尊与自强，责任感强；重视领导管理能力的培养，希望显示自己的能力与影响；勇敢顽强，喜欢奋斗与竞争。这类人喜欢发动组织和支配他人，认为人生就是一场战争，为了胜利可以采取一切手段，重视拥有权利和影响力，与他人交往也是达成目的的一种手段。

(6) 宗教型（信仰型）：关心对宇宙整体的理解和体验的融合。追求理想与信仰；喜欢探索人生的意义与宇宙的奥秘；注重精神生活、宗教与自然的力量。

（二）格雷夫斯价值观分类

行为科学家格雷夫斯（Clare W.Graves）为了把错综复杂的价值观进行归类，曾对企业组织内各式人物做了大量调查，就他们的价值观和生活作风进行分析，最后概括出以下七个等级：

第一级（反应型）：这种类型的人并不认为自己和周围的人是作为人类而存在的，他们依自己基本的生理需要做出反应。这种人非常鲜见。

第二级（部落型）：这种类型的人依赖性极强，服从于传统习惯和权势。

第三级（自我中心型）：这种类型的人信仰冷酷的个人主义，自私和爱挑衅，主要服从于权力。

第四级（坚持己见型）：这种类型的人对模棱两可的意见不能容忍，难以接受不同的价值观，希望别人接受他们的价值观。

第五级（玩弄权术型）：这种类型的人通过摆弄别人，篡改事实，以达到个人目的，非常现实，积极争取地位和社会影响。

第六级（社交中心型）：这种类型的人把被人喜爱和与人相处看作重于自己的发展，受现实主义、权力主义和坚持己见者的排斥。

第七级（存在主义型）：这种类型的人能高度容忍模糊不清的意见和不同的观点，敢于直言批评对制度的僵化、空挂的职位、权力的强制使用。

一般企业人员的价值观分布于第二级和第七级之间。就管理人员来说，过去大多属于第四级和第五级，随着时间的推移，这两个等级的人渐被第六、第七级的人取代。

（三）罗克奇价值观分类

米尔顿·罗克奇（Milton Rokeach）于1973年编制的价值系统调查表（Rokeach Values Survey）是国际上广泛使用的价值观问卷。罗克奇的价值系统理论认为，各种价值观是按一定的逻辑意义联结在一起的，它们按一定的结构层次或价值系统而存在，价值系统是沿着价值观的重要性程度的连续体而形成的层次序列。

罗克奇提出了两类价值系统：

(1) 终级性价值观（Terminal Values），指个人价值和社会价值，用以表示存在的理想化终极状态和结果。它是一个人希望通过一生而实现的目标。终极性价值观共 18 项：舒适的生活、振奋的生活、和平的世界、美丽的世界、成就感、平等、家庭安全、自由、幸福、内在和谐、成熟的爱、国家的安全、快乐、永恒、自尊、社会承认、真挚的友谊、睿智。

（2）工具性价值观（Instrumental Values），指道德和能力，是达到理想化终极状态所采用的行为方式或手段。工具性价值观共 18 项：雄心勃勃、心胸开阔、能干、欢乐、清洁、勇敢、宽容、助人为乐、正直、富于想象、独立、智慧、符合逻辑、博爱、顺从、礼貌、负责、自我控制。

罗克奇价值观调查（RVS）让被试按其对自身的重要性对两类价值系统分别排列顺序，将最重要的排在第 1 位，次重要的排在第 2 位，以此类推，最不重要的排在第 18 位。该量表可测得不同价值观在不同的人心目中所处的相对位置，或相对重要性程度。这种研究是把各种价值观放在整个系统中进行的，因而更体现了价值观的系统性和整体性的作用。

案例：英特尔的价值观

英特尔科技（中国）有限公司李敏达总经理认为，企业在成长过程中，要尽早确定自己的价值观，用企业的价值观来同化每一位员工，从而协调统一企业所有行动。

英特尔公司的 6 条价值观包括客户至上、纪律严格、质量为本、冒险精神、良好的工作环境和注重结果。

价值观中最核心的就是注重结果和良好的工作环境。

塑造良好的工作环境最重要的是要对员工信任和尊重。有了尊重，就会开放，就会听取员工的意见。在英特尔公司，员工随时可以找上司沟通。

随着周围社会和经济环境的不断变化，价值观也需要不断发展。英特尔公司的价值观一开始是 3 个，后来发展为 6 个，最近又在调整 6 个价值观中的具体解释条款。通过这样的调整，企业始终能在市场中保持正确的航向。

第二节　态　度

一、态度概述

（一）概念

态度，是个体对某一特定的客体做出反应时所持有的稳定性的心理倾向，包括判断、评价和心理倾向。它是心理学中一个重要的概念。

（1）态度是一种内在的心理倾向。

（2）态度总有一定的对象，它包罗万象，如人、物、事件、群体、制度、民族、国家以及代表各类事物的观念。

（3）态度具有价值判断的成分和情感色彩。

（4）态度具有一定的稳定性与持续性。

（二）态度的构成要素

态度的心理结构由三种要素构成：认知、情感和行为。态度的三种成分，是外界刺激与个体反应之间的中介因素，个体对外界刺激的反应受其态度的调节。

1. 认知

认知（Cognition），是指个体对态度对象的知觉、理解、信念和评价。它是态度形成的基础。一般人都知道香烟有提神的作用，抽烟可以缓解紧张，但我们也知道抽烟会导致癌症，并且对呼吸系统以及心肺功能有损害。抽烟同时也是一种开销不小的消费。认知成分可以呈现为直接方式，也可呈现为间接方式。例如“降低成本可以增加销量、提高竞争优势”，属于直接表明降低成本的态度；而“降低成本容易忽视质量，继而降低竞争优势”，属于间接地表明对降低成本的态度。

2. 情感

情感（Affection），是指个体对态度对象所持有的一种情感体验。如喜欢或讨厌、尊敬或蔑视、羡慕或不屑、支持或反对、热情或冷漠等，都是人们在交往活动中经常碰到的态度体验。它是态度形成的核心。比如有的人嗜烟如命，饭可以不吃，但烟不可以不吸；而有的人则极端厌恶吸烟，不仅自己不吸，而且别人在自己面前吸烟也无法容忍。要解释这些极端性的差异并不容易，需要从个人的人格特质、心理状况以及香烟的功能等多方面综合分析。

3. 行为倾向

行为倾向（Behavior），是指个体对态度对象所持有的一种内在反应倾向，是个体做出行为之前所保持的一种准备状态。

在一般情况下，人们对事物态度的三种要素是互相协调一致的。如通常某一个家庭的成员对待家长的权威、能力、作风、品德及个性的认知与评价是肯定的，对这位家长的情感则应是融洽的、亲近的，而在行为倾向上则会产生愿意去接近这位家长、愿意接受这位家长的指导和帮助的意向。

但态度的三种成分之间有时并不总是一致的，在生活中有时人们会有这样的感受，某一件事情从理智上讲应该去接受，但在感情上还难以接纳，因而导致行为上难以一下子适应。譬如，我们从对 1000 多个家庭的社会抽样调查中发现，70%的人反对强制性性交易管制；但同时，80%以上的家庭从情感上无法接受自己的家庭成员参与性交易行为。情感成分在态度中起着极为重要的作用。

虽然人的态度主要是由认知、情感和行为三种成分组成的，但在不同的态度中，三种成分所占的比重是不同的，有些态度可能认知成分占的比重大一些，人们对一些与个人利益没有明显冲突的事物的态度就表现为认知成分较高，有些态度可能情感成分占的比重较大，当涉及一些与个人利益关系较密切的态度表现时，情感成分则占主导。

（三）态度的功能

1. 社会判断

态度注入了人们强烈的感情因素，从而形成一种参照框架，在某种程度上影响了判断的客观性和准确性。

2. 学习

态度本身有一定的过滤作用，直接影响学习效果。态度积极，能激发人的学习热情，学习效果则好；反之则相反。

3. 忍耐力

人的忍耐力的大小取决于多种条件。但态度是个体忍耐力的决定性因素之一。坚定的态度，有助于忍耐力的提高。

4. 生产效率

态度端正、积极，会导致较高的生产效率。但是态度消极，则有可能产生两种后果：高生产率或低生产率。因为人的工作心理，常常受到多种因素的影响。对工作不满意，但考虑自身的生存和社会规范、群体约束等因素，也可能会产生高生产率。

5. 价值观

价值观强烈影响个体的态度与心理，它是产生个体态度与动机的基础。当个体的价值观与组织的价值观一致时，则能发挥出更大的作用。

6. 满意度

态度与个体的满意度，呈正相关关系。具体来说，个体满意度受下述因素的影响：

（1）心理挑战性工作，即提供个体发挥能力与作用的机会。特别是中等强度的挑战性工作，对人最有利。

（2）公平报酬，分配制度和晋升制度公正明确。

（3）支持性的工作环境，包括物理环境（如工作场所的安全、舒适、较少的干扰等）和社会环境。

（4）融洽的同事关系，包括上下级之间关系的协调，特别是友好与善解人意的主管。

（5）工作内容与人格匹配，能使个体发挥自己的特长，技能得到充分施展。

二、态度的形成

（一）态度形成的条件

美国人格心理学家、人本心理学先驱奥尔波特（Gordon Willard Allport，1897~1967）认为，态度形成有 4 个条件：

（1）经验的积累和整合：从各个零散的、单一的经验中形成相同类型的整合。

（2）经验的分化：开始是笼统的、缺乏特殊的，以后逐渐分化和个别化。

（3）剧烈的、外伤性经验，甚至是仅一次的经验，就可以形成永久性的态度。

（4）对社会已有态度的模仿及语言的学习。

（二）态度的形成过程

态度是人们在后天环境形成的，是个体社会化的结果。

婴儿降世时只是一个生物实体，一个自然人。后来，在社会环境和教育的影响下，才逐渐发育成长为社会人，具有了对周围世界的态度。

态度形成的过程，是从没有某种态度到具有某种态度，从简单的态度到复杂的态度，从不稳定的态度到稳定的态度的过程。

态度形成的程序与个人社会化的程序是同步的。开始父母对孩子的需要采取一种固定满足方式和教养方式，这就制约了儿童早期态度的形成。后来，随着个人社会化的发展，特别是各种教育的影响，儿童的态度对象和态度模式逐渐复杂多样，随后，在社会活动中，态度逐渐和世界观联系起来，变得越来越稳定。

态度形成后，会使个体具有一种内在的心理结构。如果形成了正确态度，就会使个体与外界取得平衡，否则，会阻碍个体在社会中的适应。

（三）态度形成的阶段

社会心理学家凯尔曼（Herbert C. Kelman）提出了态度形成的三阶段理论。这三个阶段分别为：服从、认同、内化。

1. 服从阶段

服从阶段（Obedience），又称为顺从阶段，是指个体为了获得奖酬或避免惩罚按照社会的要求、群体的规范或别人的意志而采取的表面服从行为。这一阶段人的态度和行为的特点是态度受外部压力的影响，或外力的胁迫强制，或是外力的诱惑，表面上顺从，但内心并不相信。服从行为往往是暂时的，有人监督就规规矩矩，绝对服从；没有人监督就违反纪律。从被迫服从，逐步形成习惯，就转化为自觉服从。

2. 认同阶段

认同阶段（Identification），又称同化阶段，是指个体不是被迫屈服，也不是不自觉地模仿，而是自觉自愿地接受他人的观点、信念、态度与行为影响，使自己的态度和行为逐渐与他人或某个团体的态度相接近的过程。例如，加入同盟会的成员会认识到，作为组织成员，必须遵守组织的理念、行动纲领、纪律、规范，才能维护个人在团体中的利益，于是能够自觉地遵守各种规章制度，这就是与组织成员态度同化的结果。

3. 内化阶段

内化阶段（Internalization），是态度形成的最后阶段。这一阶段是真正在内心深处相信并接受他人的观点，彻底转变自己的态度。换言之，个体把外部的新思想、新观点归于自己的思想体系之中，成为自己态度体系一个有机的组成部分。内化阶段，是人们的态度真正形成或彻底转化的阶段，也是人的态度和行为最稳定、最持久的阶段。例如，一个真正接受了同盟会理念和信仰的革命者，就可能面对清朝强大的专制机器视死如归，舍生取义。

（四）影响态度形成的因素

1. 先天遗传因素

影响态度形成的因素的主流观点是源于个体行为和社会环境。美国著名心理学家凯勒等（Fred Kelller 等，1992）尝试探讨了基因因素对态度形成的作用。他们发现，同卵双生子之间态度的相关程度要比异卵双生子之间态度的相关程度要高。这里的态度涉及从宗教态度到工作满意度等多个方面，而且，不论双生子是一起抚养，还是分开抚养，都存在这种结果。结果表明，基因对态度形成有一定的作用。但是，基因对态度形成的作用机制尚未被完全揭示出来。

2. 个体自身因素

（1）个体的需求是否得到满足：需求的满足与否是态度产生和发展的基础。个体对那些能满足自己需要的事物，或者能够帮助自己实现目标的事物，必然会产生积极的、喜爱的态度。相反，则会产生消极的、厌恶的态度。而对与自己的需要毫不相干或者关系不大的事物，人们往往产生无所谓或不置可否的态度。

（2）个体的经验：从态度形成的内在过程来看，经验的作用是非常重要的，尤其是经验的情绪效应。直接经验，对个人的态度产生强有力的影响。来自直接经验的态度比来自间接经验的态度更强烈、更执着，也更不易改变。

（3）个体的知识结构：知识在态度形成中具有重要的作用。在认知性态度中，知识的作用尤为显著。

（4）个人的价值观：人们对某一事物的态度往往不是直接取决于这一事物客观存在价值，而是取决于对客观价值的认识。人们认为某一事物越有价值，所采取的态度越强烈。

3. 社会环境因素

（1）家庭：家庭是个体社会化的第一驿站。父母是个体幼婴成长过程中的第一任教师，是儿童首先认同的对象。个体的价值观、行为习惯很多是在父母的启蒙影响下发展起来的。

（2）同伴朋友：随着个体年龄的增长，父母及家庭的影响力会逐渐减少，而同伴朋友的影响力会越来越大。个体开始把自身所持有的态度、观点与自己同伴的观点、态度作比较，并以同伴的态度、观点作为依据来调整自己原有的态度。

（3）群体参照：个体在价值取向或行为方式上认同自己所属的或所选择的群体。个人在群体中的身份和群体在大社会中的位置，是个人社会同一性的重要方面。首先，每一群体都有自己的行为规范和准则，并要求群体成员共同遵守。其次，个体会认同所参加的群体，自愿采纳群体的态度。最后，对于同一群体的隶属，由于实际上有许多共同的生活内容，使人们有相同或相近的知识、经验和社会视角，这使群体各成员的态度趋向相同或相近。

（4）文化因素：文化作为人们社会化的大背景，深刻地影响到人们态度的形成。美国著名人类学家玛格丽特·米德（Margaret Mead，1901~1978）曾对南太平洋新几内亚岛的3个原始部落进行长期研究，发现文化背景直接决定着人们对许多事物的态度，乃至整个思维方式。米德发现，在一个叫阿拉佩什的部落，男子也同女性一样高度女性化。现代社会强调男子需要有刚毅、善于竞争、敢于搏斗的阳刚之气，而在阿拉佩什部落中，这样的男子是被人看不起的。在另一个叫德昌布利的部落，男子的女性化特征更为明显——敏感、喜欢打扮、情绪容易受感染、斤斤计较、为小事生气、性行为处于被动地位。

三、态度形成的理论

（一）学习论

研究态度和信念的先驱、“耶鲁学派”鼻祖——卡尔·霍夫兰（Carl Hovland，1912~1961）于1953年提出学习理论取向（Learning Theory Approach），霍夫兰对态度改变的研究实质是一种学习理论或强化理论的取向，他相信态度是由学习得来的，并且态度改变与学习同时进行。

1. 联想

联想，就是两个或多个观念（概念）之间构成联结通道，由一个观念可引起另一个观念的活动表现。态度的形成是个体通过联想获得有关信息和情感后，进而予以评价的过程。

美国夏威夷心理学教授斯塔茨（Authur Wilbur Staats）于1958在《态度由于经典条件反射而建立》一文中说：“态度的形成是一个中性概念与一个带有社会积极或消极含义的概念重复匹配的结果。”例如“学生”一词只表明在学校中接受教育的人，是个中性词，但假若它多次与“偏激的”形容词发生联结，其结果就会产生“学生是偏激的”的偏见。如果经历一次事实的印证，这种联结便更加牢固，成为刻板印象或定型（Stereotype）。这就成为对学生所持的一种态度。

2. 强化

强化，对态度形成有相当重要的作用。当个体的态度（如厌恶吸烟、早起锻炼等）得到社会的赞许，它就受到了强化，否则就得不到强化（或称负强化）。态度的强化更多地依赖于赞许。除此之外，态度的强化还受到两种相反的强化，其作用则取决于两者相对的强度。对于青少年来说，来自于同伴的赞许（强化）比来自于父母的反对，其力量要大得多。所以要帮助青少年形成正确的态度，群体舆情导向至关重要。

3. 模仿

模仿，是通过对标杆或榜样人物形象的示范而产生的联想反应，即初级学习形式。榜样如果是强有力的、重要的或亲近的人物，引起模仿的作用更大，甚至在没有榜样言语教诲的情况下，也是如此。儿童早期的一些态度大多来自于对双亲的模仿，但随后形成的态度来自于对社会上最为亲近人物（老师、同辈好友、英雄人物、名人等）的模仿。

人不仅只模仿榜样态度的外部特征——形象、言谈、举止等，而且也吸取着榜样态度的内涵——思想、情感、价值观念、人格等。例如，父母对物质财富持自私态度的，儿童可能内化了这种态度，并会拒绝与伙伴共享玩具，甚至父母告诉他们不应这样时也还会如此待人。直到人们掌握了许多社会规范与形成评价系统，这种模仿学习才逐渐让位给鉴别学习。

美国哥伦比亚大学心理学家伊丽莎白·米德拉斯基（Elizabeth Midlarsky）进行过一项实验，研究者以小学六年级学生为被试，让受试者玩有奖子弹游戏，赢一次得一张代币（Token），积累多了可换一件更好的礼品，并请他们将每次获得的代币放入标有“我的钱”字样的罐内；而同时，在墙上张贴有丹佛儿童基金会为贫困儿童募捐的张贴画，附近放有一个标有“给穷孩子的钱”字样的罐。在玩游戏前，主试对所有被试说：“让我们使这些穷孩子知道，我们在关心他们。”控制组面临的情境大致如此。实验组除上述情境外，加上榜样的示范行为，即主试将自己赢得的代币放入“给穷孩子的钱”的罐子内。结果发现，控制组被试捐代币者极少，而实验组的被试大都能照主试的样子去行动，假如示范者对他们的实际行动报之以微笑（强化）或说“你们这样做太好了”，那么被试的捐献就会增多。研究者认为，只是口头上指点“照我说的做”，儿童不一定会按你说的去做，而教会儿童以利他主义的态度对待穷苦儿童，最好的方法是在儿童面前展示标杆以引起仿效，即造型（Modeling），并给予强化。

（二）诱因论

诱因论（Incentive Theory），指能够引起有机体定向行为，并能满足某种需求的外部条件。态度形成的诱因理论，是把态度的形成看作是权衡各种可能情况的趋近（Pros）和退避（Cons）后采取最好抉择的过程。

20世纪中期以来，许多心理学家认为，外部刺激（诱因）在唤起行为时具有重要的作用。心理学家开始用刺激和有机体的特定的生理状态之间的相互作用来说明动机。例如，吃饱了的动物在看到另一个动物在吃食，将会重新吃食物，这时的动机是由刺激引起的。人类经常追求刺激，而不是力图消除紧张使机体恢复平衡。诱因理论强调了外部刺激引起动机的重要作用，认为诱因能够唤起行为并指导行为。

当一个人感到美食具有美好享受时，他的朋友们也都喜欢这样的聚餐活动，这种考虑使他对美食产生积极的态度。然而他知道美食令他发胖而影响身材，况且与他的个人财政状况不符，这样的考虑使他对美食产生消极的态度。当两者发生冲突时，按照诱因理论，这些诱因的相对强度决定着他最终的态度。

1. 认知反应论

诱因论中对于态度的一个通俗看法是由华盛顿大学社会心理学家安东尼·格林沃尔德（Anthony G. Greenwald，1968）提出的认知反应理论（Cognitive Response Theory）。这个理论设想，人对沟通所做的反应是伴随着一些积极或消极的思想，而且这些思想依次决定着人们沟通的结果，即是否改变其态度。例如，你听到一个人民代表在电视讲话中建议政府免去部分老年人医药费的支付，如果你对自己说："为什么退休者只有很少的养老金？或者人们不能供养自己，是残疾者或穷困者呢？如果没有人能去支持他们，那么政府的方案是做这件事的唯一途径。"这种消极的认知反应意味着你不喜欢这个讲话所做的劝说。但假如你对自己说："这是对的，税已经很高，方案已尽可能地为过高的医疗费用作了恰当的支付，人们也无论如何应承担一些他们的医疗费。"这样你很可能出现对讲话者的支持。认知反应论观点的关键设想是，人是积极进行信息的加工从而产生认知反应，而绝不仅仅是对于他所遇见的任何信息的被动接受者。

2. 期望—价值论

爱德华（Ward Edwards，1954）在《决策理论》中提出了期望—价值研究（Expectancy-value Approach）。他认为，由于诱因冲突的复杂性，人在做抉择时总要对每一种情况进行评价，力图采纳达到最好效果的立场，而拒绝那些似乎会带来坏效果或未必能带来好效果的立场。而人们进行情况评估时，一般都试图通过预期后果的价值（Value）及出现这种后果成功的可能性，即概率（Probability）的估量，以取得最大的主观效用（Utility），其公式为 $U=V\times P$。如果一种情况，其后果价值高、成功概率大，则效用亦大，人就会积极对待与参与。反之，如效用较小，人就会消极对待或不参与。如果面临两件事或两种行动，成功概率相同，价值大者所得也大，价值小者所得也小。如果遇到一件事存在着两种成功的可能性，得大于失为正值，人就会采取积极态度或行动；得小于失为负值，则人会采取消极态度或不去行动。

这个理论把人的态度形成看作是有理性的、主动决策的过程，它比学习论进了一步，但它把人的态度形成都看作是个人为得失深谋远虑的表现。事实上，人所表现出来的态度并非事事都通过决策造成的。

（三）个体经验

态度的形成，是由经验的积累与分化而慢慢达成的。例如，四川人喜爱吃麻辣食品，湖南人喜爱吃辣椒，山东人爱吃大葱。

四、态度的改变

（一）概念

态度的改变，是指个体在对事物已有态度的基础上发生的转变。态度的改变分为两种：一种是一致性的改变（Congruent Change），指方向不变而仅仅改变原有态度的强度，即量变。如对某事由有点反对（或有点赞成）变得非常反对（或很赞成），或对某人由热爱（或憎恶）降为一般的喜爱（或反感）；另一种是不一致的改变（Incongruent Change），指以性质相反的新态度取代原有的旧态度，即方向性的改变，即质变。如对某事的态度由反对变为赞同，对某人由喜爱变为厌恶等。通常所谓态度改变更多是指后者，即方向性的转变。

强度的变化存在有引起方向性改变的可能，而方向性改变中也包括着强度的变化，两者是彼此关联和互相包容的。同样，态度的形成与态度的改变之间也存在这种辩证关系，因为态度形成就意味着有改变的可能，而态度改变也意味着新态度的形成。

（二）影响态度改变的因素

1. 态度系统本身的特性

（1）态度的时间长度：态度形成的时间越长，其稳定性和持久性越强，改变的强度越小；态度形成的时间越短，其稳定性和持久性越弱，改变的强度越大。

（2）态度强度：一种态度的强度越大，意味着该态度的支持力量越多，越充分，改变起来也就越困难。

（3）态度向中度：态度的向中度高，其对于个人的意义就越重要，相应地，认知与情感支持也越多，改变起来也就越困难。

（4）态度卷入度：卷入是一种动机状态，卷入度越深，态度改变越难。

（5）态度的协调度：人们总是寻求认知和感情的一致性，从而保持态度与心理之间的协调。因此，当个体认知因素和感情因素不一致时，就能提供一个改变态度的良机。

2. 态度主体特性

（1）个体差异。

第一，年龄与性别。

第二，智力。

第三，人格特征：控制点、自尊等。

第四，认知需要。

第五，自我防卫倾向。

第六，知识背景。

（2）好心情效应。

（3）承诺。

（4）自我卷入的程度。

3. 劝导说服力

（1）劝导传达者的特点。

第一，传达者的可信性。

第二，传达者的吸引力。

第三，与态度主体的相似性。

（2）说服信息的特点。

第一，信息的差异（理智的内容还是情感的内容）。

第二，信息唤起的恐惧情绪。

（3）信息呈现方式：首因与近因。

（4）重复。

（5）单方面论证与双方面论证。

4. 劝导情境的作用

（1）分心。

（2）情境的强化作用。

5. 个体所处的客观环境

（1）个体与群体的关系。

（2）个体所面临的信息源。

一般而言，如果个体在对信息源持一种消极态度（或积极态度）的同时，对信息源提倡的观点也持一种消极的态度（或积极态度），则个体处于一种平衡的心理状态，在这种条件下，态度不易改变。

（3）个体参与活动的方式：主动参与或被动参与。

6. 与群体的关系

群体对人的心理有规范作用，既能起到维护和保护个体自身利益的作用，又能为人的态度改变施加压力和影响。

五、态度改变的理论与模式

研究个体态度的改变理论，不仅有助于我们更深刻地理解人们的社会态度何以突然发生改变或维持原状，而且能使我们把握和运用其中的规律采取某些策略更有效地去改变人们的态度，或协助人们抵制态度的改变。

（一）劝说理论

这一理论是由卡尔·霍夫兰（Carl Hovland）和贾尼斯（Irving Janis）等学者在第二次世界大战后创立的，经过后期许多心理学家，管理学家的修正和发展，使劝说理论成为当今学术界和实操各界普遍接受的态度改变模式该理论指出了引起态度改变（或不改变）的过程及其所涉及的主要因素和有关变量。

1. 态度改变与抵制

任何态度的改变都是在个体的原有态度与外部产生差异时发生的。这种差异会产生压力（Pressure），引起内心冲突（Innex Conflict），称不协调（Dissonance）、不平衡（Unbalance）、不一致（Discrepency）。

为缩小这种差异，减少压力，个体具有恢复心理协调的能力，其方式之一是接受外来影响，改变自己原有的态度；方式之二是采取各种办法去否定或抵制外部影响，以维持原有态度。这些抵制的办法如下：

（1）贬损信源（Source Derogration），当人们有时无法驳倒对方的论点时，常采用贬低或损坏影响者的声誉来表明信息不可靠或降低劝说信息的价值，从而加以拒绝。比如进行人身攻击以表明对方的论说“一文不值”或“不屑一顾”，就是常见的抗拒手法。这种手法在政治斗争、法庭审判、竞选活动以及日常生活中经常可以看到。这种攻击由于使对手影响力下降，不仅排除了现有论点威胁，而且也使后继的论述变得失色无力，所以在缩小因差异而造成的压力上常常很有效。然而使用得不当，如完全不顾事实、损害对方人格，也会产生道义上的问题。

（2）歪曲信息（Message Distortion），即有意无意地或断章取义地将对方某些实质上不同于己的论点看作是和自己的看法相近或相同；或者相反，把对方的论点故意夸大到极端，失去可靠性甚至变得荒唐可笑。前者称作同化作用（Ssimilation），后者称作反向或逆反作用（Contrast）。无论是认为相近，或是认为对方论点完全不可信，都在于缩小或取消差异，因而也就不存在压力而去改变原态度。

（3）掩盖拒绝（Blanket Rejection），掩盖拒绝通常有两种方式：一种方式是以文饰或美化自己的真正看法或态度来拒绝外部的劝说或影响，如一个享受着许多不应有的特权的人面对舆论的非议时，也会偶尔去访贫问苦或标榜自己是提倡人人都享有平等权利的施政者。当人们提到贫困地区人民和他的生活水平有天壤之别时，他会回避这个问题而辩解道："我讲的平等不是平均主义"或称"我的一切都是由于工作需要"。另一种方式是不理睬，不回答对方的意见，也很少说"不"，而是毫无道理地拒绝对方的一切论据，从而继续维持自己的见解。这后一种现象极为普遍。

2. 影响态度改变的主要因素和各种变量

影响态度改变的主要因素和各种变量如下：

（1）信息源（Source of Information）。作为信息来源的劝说者，无论是劝说的内容，还是本身的许多条件都会对目标靶和劝说的成效产生不同的影响。

（2）可信性（Credibility）。可信性，通常指一个劝说者被人们所信赖的程度。可信性对劝说的效果有显著的影响。同一劝说的信息内容由几个具有不同可信性的人发出，则高可信性者比低可信性者具有更大的说服力。可信性通常包括专长性、可靠性、持续性。

第一，专长性（Expertness），专业领袖和某一领域权威对目标靶态度改变具有独特性作用。在报刊、电台、电视台上，经常请有关专家、权威人士宣布或分析某项信息，就是为了增强其可信度。但一个领域的专家能否将其影响转到另一领域，有人作肯定回答，另有人认为只在相关领域中能有作用（如诗人对戏剧作评论），而在完全悬殊的领域（如诗人对政治学、军事学上的评论）则无多大影响。

第二，可靠性（Trustworthiness），指劝说者是否公正和客观。一个传达者即使是专家、权威，一旦人们发现他发表某种见解的动机是基于私利，或常有偏袒性甚至属于偏见，即不可靠，那么其影响力就会下降，甚至比不上一个普通人发表与自身利益相违的见解所起的作用。

当罪犯提出从严主张，检察官提出从宽主张，都是与自身地位、利益相违的，因此会被认为更公正、更可靠。换言之，传达者所提出的主张越是与自身利益相反，就越具说服力，对改变人们的态度会有较大的影响作用。

第三，可信性的持续性（Continuity of Credibility），霍夫兰进行了一项"传达者在看法改变延迟测量中的恢复正常"的实验，并在其中发现了"睡眠者效应"。研究者向两组中学生被试出示了一篇"司法制度应从宽处理少年违法者"的读者来信，阅读者在甲组扮演一位知识渊博、公正无私和值得信赖的人（即高可信者，C+），在乙组扮演一个无知、有偏见和不负责任的人（低可信者，C–）。然后让被试表态，即在一份有参照点的表上确定自己对来信内容的赞同程度。结果甲组被试平均分为 50 分，乙组被试平均分为 46 分。两者相差为 4 分。这表明高低可信性信息源对被试的态度具有不同影响。三周后，再询问上述被试对来信内容所持的态度。这次只让两组中各一半被试者重复回忆信息传达者，其余一半不再提及信息传达者。结果发现：两组中回忆传达者的被试者，其赞同程度虽都有所下降（48.8∶44.8），但相差仍为 4 分，说明分歧依然存在。而两组中另一半不再提及传达者的被试者，赞同程度甲组下降，乙组上升（均为 47 分），几乎不存在分歧。研究者认为，信息源的可信性不论高低，对目标靶的影响在当时较大，三周后就消失了，这意味着人们忘记信息源比忘记信息内容更快。而当人们一旦由于提及或记起信息源，其影响依然还起作用。这里有个特殊的现象，即由于信息源的低可信性的影响使人们不能恰当地估计信息内容，从而形成否定性的态度，随后由于这种影响的消失又能对信息作出正确的估计，使否定的态度变得更肯定。这个反效果被称作“睡眠者效应”，即个体由于某种原因处于朦胧状态往往不能精准判断事物，而一旦醒来就会更好地认知这些事物。

这个实验研究结论为：低可信性对态度的影响是暂时的，个体一旦恢复理智就会比较正确地对信息做出估计。换言之，信息本身的价值是影响态度变化的主要因素。

（3）喜爱性（Likeability）。一个传达者是否受到听众或他人的喜欢，与能否引起目标靶态度改变有正相关关系。由于人们试图等同于所喜欢的传达者，进而往往采取那个人的态度、爱好、行为方式和服装样式，所以喜欢能引起态度变化。换句话说，一个人喜欢劝说者，就易接受其影响；若讨厌劝说者，就易拒绝其劝说。

是否为人们所喜爱，是由许多因素造成的，如是否有能力，是否有吸引力，是否有相似性，是否尊重别人，熟悉和互补。

第一，吸引力（Attractiveness）：亚轩研究院对牙膏产品广告效果的调查评估发现：医学专家说服接受该品牌的受众者达 27%；而影响力较大、吸引力更大的香港影视明星说服接受该品牌的受众者达 46%。所以，吸引力会加大态度改变量。

第二，尊重的得失（Gain-loss of Esteem）：人人都有受人尊重与喜爱的需要，但也不是一受到赞赏就会对奖励者产生最积极的态度。有时，一个严格的人，把批评和表扬恰当的交替反而会产生更大的积极效果。研究者认为开始的否定评价引起被试的忧虑、自我怀疑，增强了获得肯定评价的需要，而后评价者表现越来越积极时，这种评价就变得更有意义了。

如果一个人一下子就表示肯定和喜欢任何人，则会引起对这个人诚意或辨别力的怀疑。但人们对一开始持批评态度的人，虽感到不舒适，但反而认为是很有判断力和靠得住的人，因此，对它后来的肯定觉得更有分量，于是也更喜欢这个人。上述现象的解释也称“得失理论”(Gain-loss Theory)。

第三，相似性 (Similarity)：人们一般都喜欢和自己相似的人。这种相似包括民族、宗教信仰、政治主张、教育水平、价值观、态度及年龄等。在劝说中，如果劝说者表现出和目标靶有更多的相似点，往往其劝说信息更易于被接受，并引起更多的态度改变。例如，没有专长但与听者有相似性的劝说者比有专长而与听者无相似性的劝说者对听者的劝说更为有效。

(4) 沟通 (Communication)。引起态度改变，不仅有赖于传达者自身的条件，还必须通过沟通、依仗沟通的方式到达目标靶。并不是任何沟通方式都能引起目标靶对信息同样的接受，或产生态度改变的同样效果，这取决于沟通本身的许多变量。

第一，差异 (Ciscrepancy)。这是指传达者发出的态度信息（见解）和目标靶原有的态度（见解）在程度上的差别。差异会产生改变态度的压力，差异越大，压力越大，态度改变量越大；反之，差异越小，压力越小，态度改变量越小。

实验研究表明，在高可信性信源的影响下，差异度是 3，其态度改变量为 2.2；差异度是 5，其态度改变量为 4；差异度是 7，其态度改变量为 4.2。看来态度改变量将随差异度的加大而增多，呈正相关关系。

进一步实验研究发现，最高极限 (Maximum) 引起态度变化最大，随着差异度的增大，超过中等差异（最高极限）之后，态度改变则越来越困难，呈递减趋势。由于传达者的极端陈述，还可能引起对这种陈述可靠性的怀疑，以致易于产生抵制。

可信度的水平不会改变差异度与态度改变之间的基本倒 U 形的关系，但它能改变态度变化极限发生的差异点的位置。高可信性信源引起态度改变极限的差异点在适中偏高的位置上，低可信性信源引起态度改变极限的差异点在适中偏低的位置上。

第二，恐惧唤起 (Fear Arousal)。恐惧唤起，是指通过恐惧提示，引发态度改变。这是试图改变别人态度的一种通用方式。例如，母亲常对小儿子说：“你要再吃糖不刷牙，牙就会坏，拔牙可痛了！”竞选者对选民说：“要让我的竞争对手上台，你们就会遭殃，将永无翻身出头之日！”环境保护者宣传说：“人们要是再任意砍伐树木，将来绿色的森林田野都将变成荒漠，连水都喝不上！”和平主义者呼吁：“如果大家不起来反对战争，人类就会自取灭亡。”这表明，人们在劝说别人改变态度时较普遍地使用着唤起恐惧的办法，但唤起恐惧对于态度改变是否都有效呢？

亚轩研究院做过一项恐惧唤起实验，研究者对300名印刷制造业员工宣讲了苯溶剂对生产者身体和环境带来恶果的严重性、致命性，并告诉员工使用醇溶剂对预防苯溶剂带来恶果的有效性。第一组（100人）描绘非常逼真，高度恐惧情景设计；第二组（100人）描绘比较逼真，中度恐惧情景设计；第三组（100人）轻描淡写，低度恐惧情景设计。然后，让被试回答使用醇溶剂的重要性如何和他们是否想使用醇溶剂。结果如表5-1所示。

表5-1 实验结果

恐惧唤起对态度与行为的效应	
条件	使用醇溶剂的意向（%）
高度恐惧	88
中度恐惧（控制组）	74
低度恐惧	32

恐惧唤起是否能有效地产生态度改变，取决于以下三个因素之间的相互作用：①事件的有害性；②事情发生的可能性；③处理响应的有效性。

常态条件下，“恐惧唤起”可提高劝说的功效，但太强的恐惧也可能使说服的效果适得其反。但任何效果都取决于“恐惧唤起”与其他变量的相互作用。因此，在进行劝说而运用恐惧唤起手段时，一般可采用中等强度的恐惧，同时应考虑其他变量的控制。

（5）一面性或两面性论述（One-sided vs. Two-sided Arguments）。当听众与传达者（即劝说者）的观点一致或对问题不熟悉时，单面论证效果更好。当听众与传达者的观点不一致，面对的问题又熟悉，特别是又受过良好教育，双面论证的效果远大于单面论证。因为单面论证会被看作是传达者有偏见，从而增强抵制作用，即心理对抗作用（Psychological Reactance）。而双面论证则被人看作为更公正，更少偏见的讲评，于是就会减少对抗心理或防卫心理而易于被说服。

（6）新颖与重复（Novelty & Repetition）。新颖性，会使一种沟通更有吸引力，是有效的劝说策略。在许多人的心目中“新”这个词总是蕴含有“较好”和“更有趣”的意思，因而具有“暗示”作用。正因为这样，广告商与政治家都常使用这种策略。但是当一个新颖的信息与听众观点相反，这个策略也可能产生与愿望相反的恶果。

一个人不可能在第一次听到一种新观点时就被说服，增加熟悉性（重复）可提高对信息的吸引力和好感。使用一些以减少知觉防卫目的熟悉信息将有一种“累加效应”（Cumulative Effect）。所以适度地追溯以往的某些刺激将提高对它的评价。

（7）目标靶（Target）。目标靶，即被劝说者，是态度改变的主体或承载体。作为目标靶的个体是具有能动性的复杂系统。任何外部影响都要通过目标靶自身的因素而起作用，改变目标靶态度的自变量主要有如下主要因素：

第一，信奉或承诺（Commitment）。个体对某事所持有的信念和态度，若承担了义务就成为难以放弃立场的全部力量，即信奉。信奉比没有承担义务的态度更难于受外部劝说影响而改变。信奉的强度受制于两种因素：一是公开表态，即公开化；二是在上述态度基础上采取了行动。比如，一个人在内心赞同某一政治主张，他一旦发表了讲话、写过文章，或参加了实现这一主张的组织，宣过誓等，他会对自己所持的态度感到承担了更多的义务，违反或改变就会觉得为规范所不容并受到良心的谴责，或怕被人耻笑，因而更不愿改变。这种态度有更大的抗变性。相反，一种态度如未有承诺或未达到信奉的程度，则更易于受劝说而被改变。

亚轩研究院做了一项野生动物保护行为的从众实验，要求被试者对野生动物保护行为发表评价。第一组共 10 人，由小乘佛教徒组成；第二组共 10 人，由绿色和平保护组织成员组成；第三组共 10 人，由专业知识分子组成；第四组共 10 人，由社会底层人员随机抽取。在听到他人（实验助手）对目前世界野生动物濒临消亡的动态通过视频播放和标本展示后观察被试者的刺激反应。第一组所有成员都具有较强烈的反应，严厉谴责滥捕滥杀野生动物行为，30%以上的人有自愿捐助建立野生动物自然保护区的动议；第二组所有成员都具有一定的反应，认为滥捕滥杀野生动物行为是错误的，20%的人要求各国政府应该建立野生动物自然保护区；第三组 70%成员具有一定的反应，认为滥捕滥杀野生动物行为是不可取的；第四组 20%成员具有轻微的反应，80%的成员认为野兽就应该被杀掉，否则，会对人类造成伤害。

亚轩研究院的这项实验表明，态度能否改变与持有者对此事的信奉程度密切相关，态度改变度与信奉程度呈负相关关系。

第二，预防注射（Inoculation）。一个人如果没有过与病菌接触并做斗争的经历，一旦遇到病毒入侵就缺乏免疫力以致病倒或身亡。为了增强防病能力，人们通常都会采取两种办法：一是补充营养品、开展体育锻炼以增强体质；二是采取打预防针来注射疫苗，以增强其抗病力。劝说的效能也如病毒的进攻，它取决于目标靶自身的防御能力。一个人已形成的态度与看法若从未接触过相反的意见并有与之交锋的经验，就易于被人说服而发生改变；相反，人要使自己的正确看法不被说服，从而不改变态度，就应有更多论点的支援，或通过与相反观点的论争去增强抗变力。

面对攻击，通常会选择所有的防御措施，如准备论点来支持自己的看法，构思相反论点去反对对立的看法，贬抑对立论点的可能来源等。这种锻炼就会像打预防针一样，使人建立起一个强有力的防御机制，并增强战胜相反论点的信心与抗变能力。

第三，人格因素（Personality Factors）。这是人们在与生俱来的生理特点基础上受后天环境、教育等长期影响下通过个人活动形成的稳定的心理特性，它对个人理解与接受当前的信息，是否或在多大程度及速度上去改变原态度，以及以何种行为方式去表达态度都有显著影响。

在一种条件下易被说服的被试者，在另一种条件下也易被说服。这种高度可说服性的现象是与个人的人格品质相一致的。

第四，自尊（Self-esteem）。自尊，是人估定自己价值大小的表现。许多研究表明，低自尊者往往比高自尊者更容易被说服。低自尊的人并不尊重自己的看法，因此遇到压力时很容易放弃它。高自尊的人往往很看重自己已确立的观点与态度，在遇到他人的说服或攻击时常会认为是对自己价值的贬损，因此加以抵制。

第五，智力（Intelligence）。智商高的人比智商低的人难以被说服。高智商者与低智商者相比，前者很少受到阐述不一致和无逻辑论点的影响。因为高智商者一眼就能看穿说服者论点中的漏洞而认为不可信，而智商低的人由于不理解对方的论述也会不予以重视。

第六，性别差异（Sex Differences）。女人比男人对外界的影响更敏感，因而态度更易变化。但是，亚轩研究院通过近十年的性别动态实验研究后发现，男女在可说服性上的差异开始呈现缩小趋势。如果有差异，更多的是与双方各有所长的内容有关。如在欧美，从事财政、金融等事业的大多数是男性，女性在这方面可能缺乏自信，因此在财政金融上往往比男性更易于被说服，但在家政、艺术上女性却很自信，因此对来自于这方面的劝说就会比男性有更多的抵制。

（8）环境与情境（Environment & Situation）。环境与情境中的许多因素虽然不是与劝说过程直接相关的变量，但它们也是影响态度改变的间接变量，起着辅助作用。

第一，强化作用（Reinforcement）。传达者在进行说服时，周围环境中的一些因素，或有意创设一种气氛能带给人以欢愉或快感，就会使说服性信息由于这种强化而被看得更积极肯定，从而增加其影响力。

各类营销活动售楼和新项目发布会、商品推广会、学术研讨会甚至大学吸引优秀生报考的参观活动，都适当地佐以茶点招待或赠送纪念品等，无非都是通过强化作用来达到宣传的效果。

第二，预先警告（Forewarning）。在劝说时事先有人透露劝说的企图，可能产生正反两方面的作用：

一是预先坚定或动摇听众与其一致或相反的信念，使其更敏感地接受影响。预先警告能促进低卷入者的改变，是由于低卷入者对这件事本身觉得涉足不深、关联不大，也不一定对原态度有严格坚持的意图，因此预先警告似乎作为一种线索，对于推动他沿着迟早要走的路前进起着一定作用。

二是给受众创设了反对论点的机会，于是极大地增强对劝说的防御性。预先警告发生后的 10 分钟内，它足以使某些防御过程和机制发挥作用，类似预防注射引起使用各种策略与战术，如构思支持自己看法的论点，尝试去准备反对的论点，或采取贬损来源等方法。就像一个已做好战斗准备的战士，充满信心地去应战，因此更有可能去夺取胜利。

第三，分心（Distraction）。分心，就是由于额外的内外刺激干扰而分散注意力集中的现象。在劝说过程中，若情境中有某些因素（如噪声）引发听者的分心，就会影响劝说的效果。如果引起分心的刺激过强，使目标靶完全听不到信息，那么劝说就等于没有发生。

如果情境中有某些“噪声”适当地涣散目标靶的注意力，不让他们去思考或重组（Rehearse）反驳的理由，反而更易于受到劝说的影响而改变态度。所以，分心的负效应，可以在军事、营销和管理中获得有效应用。

（二）平衡理论

美国社会心理学家弗里茨·海德（Fritz Heider）认为，在人们的认知系统中存在着使某些感情或评价之间趋向一致的压力。

海德认为，人类普遍地有一种平衡或和谐的需要。一旦人们在认知上有了不平衡和不和谐性，就会在心理上产生紧张和焦虑，从而促使他们的认知结构向平衡和谐的方向转化。人们喜欢保持心理的平衡关系，而不喜欢心理的失衡状态。

平衡理论涉及一个认知对象与两个态度对象之间的三角形关系。用符号 P 来表示认知的主体，用符号 O 表示客体的人，用符号 X 表示客体事物。大量实验实证分析表明，认知主体对处于一个单元中的两个对象的态度是趋向一致的，如喜欢某人，则对某人所做的事也很赞赏，不喜欢某人，则认为该人的朋友也不是好人。这时其认知体系呈现平衡状态。当对处于同一单元中的两个对象的态度不一致时，例如，喜欢某人，但对他所做的一些事不能赞同，这时便会出现不平衡状态。因为不平衡的结果会引起人们内心的不愉快和紧张，所以要采取方法去消除不平衡或者是继续喜欢此人而对他所做的事也表示赞同，或者是对他所做的事不赞同，因而也不再喜欢此人，这就产生了态度转变的问题。

Richard（P）喜爱音乐（X），王晓晓（O）也喜爱音乐（X），于是P对O会产生好感、积极的情感评价，并有可能相互建立友好关系。这里就存在一种P—O—X封闭的三角关系模式。由于三者之间都是正向关系，即P对X、P对O以及P认为O对X都具有肯定的态度倾向或积极的情感评价，所以就P来说心理上是平衡的。

如果事情有了变化，比如Richard（P）和王晓晓（O）两人已成朋友，P支持和主张参加一个社团，而O则否定和反对参加这个社团。这时P—O—X的三角关系就出现了两正一负的模式，P就会感到心理上的不平衡，产生紧张、焦虑，不舒适或不愉快。P为了从不平衡状态恢复到平衡状态，一般可采取两种办法中的一种：一种方法是对O进行劝说，希望他改变对这一社团的看法，由负变为正的平衡态。另一种方法是改变自己对O（或对X）的态度，即疏淡或断绝和O的关系，态度上由肯定转为否定，关系上由正转为负；或改变自己对X的态度，即由赞成这个社团改为反对这个社团。

这种三角关系有许多模式，但大体上可分为平衡态和不平衡态两类。海德认为："在三个实体的情况下，如果三种关系从各方面都是肯定的，或者两种是否定的，一种是肯定的，则平衡状态存在。"

个人处于不平衡态，就会体验到不愉快，其所引起的应力将驱使人将不平衡态转化成平衡态。这种转化方式除前边提到的两种办法外，还可以采取其他一些办法。例如：①将不平衡三角中某两个因素转变为无关联，（如P对O可作如下设想，"我们认识不久，双方还不一定能成为朋友"）成为一个开放、有待再度确认的、不完全的三角体系。②把不平衡三角中某两个因素之间的关系作新的归因或解释，如设想"我的朋友不是反对这个社团，是反对社团中有一个我也讨厌的人"；或想"我只参加无讨厌者参与的社团活动，我的朋友也就不会反对了"，这时就会使整个系统恢复平衡。

海德的平衡论对态度的形成或改变的机制提供了一种新的说明线索，其平衡态与不平衡态所引发的情感体验也获得了后续研究的一些论据的支持。但人们也评论其有如下不足之处：

（1）在几种关系中只有正负的体验方向指标，而无强度指标。因而无法说明 P 在不平衡态时何以会对某一方（如 X）而不是另一方（O）采取改变态度去恢复平衡状态。这里很可能存在着强度原则，即从薄弱处着手解决问题。

（2）人际关系和态度的形成是一种很复杂的过程和体系，绝不会只是个孤立的三角模式。两个人对一件事持有不同意见时可能发生不快或影响关系，但也可能不觉得不平衡，更不会影响到双方友谊。因为友谊关系和爱慕态度是和双方对许多事，特别是对重大事件的共同看法有关联，它绝不会因为一件小分歧、小争执而产生动摇。因此，P—O—X 模式作为一种“细胞”模型是有意义的，而作为一种整体模型则还有待于深化研究。

（三）认知失调论

这是 20 世纪 50 年代发展起来的关于人们在相互作用中其认知因素由失调到协调，从而引起态度或行为变化的理论。最重要的代表人物是美国社会心理学家、国家科学院院士利昂·费斯廷格（Leon Festinger，1919~1989）。费斯廷格认为，任何人都有许多认知因素，如自我、行为、信念、看法或知觉等。它们之间存在三种情况：

（1）相互一致和协调的（如“饮酒危及我的健康”和“我不饮酒”）。

（2）相互冲突和不和谐的（如“饮酒危及我的健康”和“我饮酒”）。

（3）无关的（如“饮酒危及我的健康”和“我偶尔游泳”）。

当人们的两个认知因素 X 和 Y，处于第二种情况，即从 Y 推出的是非 X 时，人就会感受到不舒适或紧张，并力求减缓（Reduction）。这种由于认知冲突（更多的是心理上的不一致，而非逻辑上的不一致）引起内心不自在的状态，就叫“认知失调”现象。

人出现了认知失调，就会不由自主地驱使自己去减少这种矛盾，力求恢复或保持认知因素之间的相对平衡和一致性。它通常采取以下几种途径：

（1）改变或否定两个认知因素中的一个（如否定 Y，将“我饮酒”改为“我不再饮酒”，这将是行为意向或行为的改变；或否定 X，将“饮酒危及我的健康”改为“如果停止饮酒将会使我思路闭滞”，这将是一种对饮酒的看法与态度的改变）。

（2）对两个认知因素重新评价，减弱其中一个或同时改变两者的重要性或强度（如降低 X 的作用，改原认知为“饮酒对我的健康可能有一些影响”，或降低

Y 的作用，决心“要少饮些酒”），由于强度的减弱，不协调的程度相应变低，人会感到舒坦一些。

（3）在不改变两个认知因素的情况下，增加一个或几个能弥补鸿沟的新认知或理由（如插入一种理由“饮酒可以让智慧喷薄而出，个人安危是次要的”，或想“世界上饮酒而长寿健康者不乏其例，我可能就属于这种人”等），以这种方式减少不协调，可以不改变 X 与 Y，但会出现辩解性理由。有些理由常以歪曲事实为代价，所以往往有害。

基于认知失调理论的维持和改变态度设计：

（1）要想巩固人的原有态度，应力避使他做出与态度不一致的行为（包括言语表态）；假如已经发生了这种行为，最好使他找到产生这种行为的外部原因和充足的辩解性理由。

（2）如果要想改变人的原有态度，最好是引发他做出与原有态度相矛盾的行为（包括表态），同时防止或减少他从外部找到为这种行为辩解的理由或原因。

认知失调论还有许多具体的研究，其方法设计的巧妙与严谨给人以不少启发，其总体理论从一种认知角度探索了态度维持与改变的机制，且可以对态度变化的原因做出局部的解释，颇有新意。然而态度的形成与改变还有许多更深层、更复杂的社会原因与理性原因（如人的价值取向和人对各种态度及其信念依据的评价等），仅凭一种内部认知方面的动力倾向性的理论是无法揭开其全部奥秘的。

六、态度改变的方法

1. 劝说改变法

（1）劝说者须具有专家资格、可靠性、受欢迎特质，有公信力的人（如一些拥有明显专长的人）比缺乏可信度的人更具有说服力；有吸引力的人（不论是外表上或是个性上的特征）比没有吸引力的人更具有说服力。

但是，劝说者的可信性的影响在其信息刚刚传递后的效果最大，时间一久，就逐渐变小，而原来低可信性的传达者的效果却随时间的推移而上升，即“睡眠者效应”。

（2）劝说的方法：

第一，态度的差距：在某一限度内，态度改变随着差异的增加而增加，超过这个水平后，如果差异继续增加，态度改变开始减少。但是如果说服者的可信度高，他能改变态度随差距改变的极限值。

第二，信息唤起恐惧感：随着信息唤起的恐惧感的增加，人们改变态度的可能性也增加，但是当信息唤起的恐惧感超过某一个界限之后，人们的态度反而不发生改变。

恐惧唤起提高了信息的影响力，但唤起太大的恐惧会适得其反。如果需要人们立即采取行动转变态度的话，唤起较强烈的恐惧其效果较好。在一般的情况下，可采用中等强度的恐惧唤起。

第三，信息的呈现方式：在说服信息非常复杂的时候，书面的信息效果较好，而当信息简单的时候，视觉最好，听觉次之，书面语最差。在此还需要弄清楚单面与双面说服的问题。

单方面论证，强调自己的立场；双方面论证，对比、比较。

首先，对文化程度低的人而言，单方面宣传的效果较好；而对文化程度高的人来说，双方面的宣传效果更好。

其次，目标靶原来的态度和宣传者所强调的方向一致时，则单方面的宣传比较有效；若目标靶原来的态度与宣传者强调的不一致时，双方面的宣传效果较好。

（3）被说服者。

第一，被说服者的人格：包括个体的可说服性、智力和自尊。

第二，被说服者的心情：心情好的人在争论出现时卷入较少，不愿去进行较深入的考虑，所以易被说服。

第三，被说服者的卷入程度：卷入是一种动机状态，它指向与自我概念相联系的态度，卷入越深，态度改变越难。

第四，被说服者自身的免疫情况：过多的预先说服会使被说服者产生免疫力，从而使态度改变变得困难。

第五，个体差异：包括认知需求、自我检控和年龄。

在沟通过程中分心的听众比未分心的听众更容易被说服；智商低的人通常比智商高的人更容易受到影响；自尊程度中等的人比自尊程度高或低的人更容易受到影响；18~25岁的人更易于改变，25岁以上的人的态度较稳定，不易于改变。

2. 角色扮演法

角色扮演法，是通过情景模拟，要求其扮演指定行为角色，并对行为表现进行评定和反馈，以此来帮助其发展和提高行为技能最有效的一种方法。

自我是通过学习、扮演其他人的角色发展起来的，是各种角色的总和。在不同场合，人们所扮演的角色是不同的，这就要求人们根据社会环境的变化，适当地调整自己所扮演的角色。每个人所扮演的角色是在人际互动中实现的。

通常，角色扮演法适用营销管理、领导行为、沟通、冲突、合作等态度改变。

3. 团体影响法

（1）规范改变。运用群体的规范、制度、规章与说服教育相结合的方法，是态度改变的有效方法。

（2）强迫改变：隔离、囚禁、洗脑可以快速转变态度，使被劝说者产生无助感，如生理或心理的虐待、睡眠剥夺、侮辱和隔离而感到精疲力竭，无法继续承受压力和恐惧，就会抛弃原有信念，态度发生改变。通常洗脑导致的态度转变速度很快，但持续时间较短。

案例：斯德哥尔摩综合征

1973 年 8 月，瑞典首都的一家银行发生抢劫案，两名劫匪劫持了 4 名人质，在地下金库把他们关押了 131 个小时，最后劫匪向警方投降。

令人费解的是，危机结束后，所有的受害者都声明并不痛恨歹徒，他们感谢歹徒对他们的照顾，一名被绑架的女子甚至还爱上了一名劫匪并与其订婚。相反，他们对警方倒很有敌意，甚至在警方采取营救措施时还对抗警方。

人质会对劫持者产生一种心理上的依赖感。他们的生死操控在劫持者手里，劫持者让他们活下来，他们便不胜感激。他们与劫持者共命运，把劫持者的前途当成自己的前途，把劫持者的安危视为自己的安危。于是，他们采取了“我们反对他们”的态度，把警察当成了敌人。

年轻的、比较容易相信人的和比较天真的人质相对而言容易患上这种心理上的怪病。

4. 活动参与法

个体态度的改变依赖于他参与群体活动的方式。个体在群体中的活动方式，既能决定他的态度，也会改变他的态度。

个体在群体中的活动可以分为两种类型：一种是主动型的人，这种人主动参与群体活动，自觉地遵守群体的规范；另一种是被动型的人，他们只是被动地参与群体活动，服从权威和已制定的政策，遵守群体的规范等。

个体态度的改变依赖于在群体中参与活动的方式。

5. 全面宣传法

（1）全面宣传法，指通过传播手段，把信息传递给接收者（被宣传者、目标靶、受众），以改变原有态度的方法。全面宣传法分为单向宣传和双向宣传。单向宣传，只讲有利或不利的一面；双向宣传，既讲有利又讲不利。对于文化程度高的接收者（被宣传者），双向宣传有效；对于文化程度低的接收者（被宣传者），单向宣传容易改变其态度。当员工与管理层的观点一致，或者对问题不熟悉时，单向宣传效果更好；如果员工与管理层的观点不同，对问题又比较熟悉，双向宣传效果好。

（2）宣传手段和效果。

宣传是一种信息传递过程，宣传效果的好坏在人们态度改变过程中起着重要作用。整个宣传过程中，信息发布者、传递过程，以及信息接收者需要有机配合。

第一，宣传者（信息传递者）：

个性特征（品格、能力、仪表、风度、形象等）决定宣传效果。

权威效应（是否是专家或名人）：因宣传者的威望而产生的使受宣传者无保留地接受宣传信息和观点的影响力与效果。

组织与表达能力决定宣传效果。

与被宣传者之间的关系（心理距离大小）直接影响宣传效果。

第二，宣传方式：

有效运用口头的、文字的、形象化宣传。

单面与双面、正面与反面的宣传。

交替运用宣传中情绪与理智因素，强化宣传的真实感和冲击效果。

名片效应：在交际中，如果表明自己与对方的态度和价值观相同，就会使对方感觉到你与他有更多的相似性。恰当地使用“心理名片”，可以尽快促成人际关系的建立。

“自己人”效应：宣传者与宣传对象之间任何相似之处都会增强宣传效果。相似之处会使人产生认同取向，把对方看作“自己人”，从而缩短心理距离。

七、态度的测量

态度是可以测量的。在设计态度测量方法时首先必须明确态度对象。态度对象可以是比较具体的，也可以是比较抽象的，但必须能与其他概念清楚地区别开来。态度的主要属性是评价性，亦即对一定态度对象的积极或消极的反应倾向。

态度与个人的基本价值观和基本需要有联系，这会造成自我卷入程度上的差别。态度不是直接观察到的，它的存在是通过可见反应显示出来的。可见反应可区别为三类，即认知反应（同意或不同意）、情感反应（喜欢或不喜欢）和行为反应（支持或反对）。评价倾向可以通过上述任何一种反应来估量。信念方面通常只能通过认知反应来估量。

（一）态度测量的内容

态度测量的内容主要包括态度的方向和态度的强度。

态度的方向：指人们对客体的肯定或否定的指向性反应。

态度的强度：指人们对客体的认知、情感表现出的程度，即态度的力量或深度，可以用尺度标示出来。

（二）态度测量的分类

态度测量按组织程度分类，大致可区分为无组织测量和有组织测量两大类。无组织的测量方式是由被试自由表达对某事的看法；有组织的测量方式则给被试提供多项选择项目，供其选择。二者各有其用途，前者可以取得较多信息，了解到事先未想到的问题；后者则易于记分，不易发生歪解，使反应集中于主要问题上，并适用于较大群体。

（三）态度测量方法

态度量表，是最常用的态度测量方法。态度量表使用的前提是假定被试者意识到并愿意表达他的态度，但在某些敏感问题上被试者可能不愿意表达自己的态度，这时就需要用间接方法补充。间接方法是评价者使被试者不意识到自己受到评价，或者虽然意识到但不知道评价的是什么，可以假借评价其他方面如逻辑思维能力的名义评价态度。

1. 直接法——自陈法

直接法——自陈法，直接从研究对象获取资料，是态度测量的直接方法。主要包括等距法——瑟斯顿量表、累加法——李克特量表、语义分化法。

（1）等距法——瑟斯顿量表。等距法——瑟斯顿量表，一个早期的态度量表，因美国著名的心理计量学家瑟斯顿（Louis Leon Thurstone）首创而得名。

首先收集一系列有关所研究态度的陈述语句，一般应在 100 条以上，包括对主题不利的、中立的和有利的语句，并将其分别写在特制的卡片上。

而后邀请被选定的 20 人以上的评定者，将这些陈述按从最不赞同到最赞同方向分为十一类。第一类代表最不利的态度，依次递推……第六类代表中立的态度……第十一类代表最有利的态度。

经过淘汰、筛选，形成一套约 20 条意义明确的陈述，沿着由最不赞同到最赞同的连续分布开来。要求参加态度测量的人在这些陈述中标注他所同意的陈述，所标注的陈述的平均量表值就是他在这一问题上的态度分数。

瑟斯顿量表法迄今仍是多数量表设计的基础。该量表语句是根据各评定人员的标准差确定的，有一定的科学性；其缺点是量表确定费时、费力，评定人员的选择有一定的差异性，因此，当评定人员态度和实际被调查者态度发生较大差异时，会使这种方法失去信度。

（2）累加法——李克特量表。累加法——李克特量表，是对瑟斯顿量表的简化和发展，是评分加总式量表最常用的方法，称之为累加法。李克特量表因由伦西斯·李克特（Rensis A. Likert）创立而得名。

李克特选择态度对象不是赞成就是反对的陈述，然后分给被试者中的少数审定者，将其排列成五个等级。

它不需要收集对每个项目的预先判断，只是把每个项目的评定相加而得出一个总分数。李克特量表基本步骤如下：

第一，收集大量（50~100）与测量的概念相关的陈述语句。

第二，研究人员根据测量的概念将每个测量的项目划分为“有利”或“不利”两类，一般测量的项目中有利的或不利的项目都应有一定的数量。

第三，选择部分受测者对全部项目进行预先测试，要求受测者指出每个项目是有利的或不利的，并在下面的方向—强度描述语中进行选择，一般采用五点或七点量表让被试做出反应。

五点量表是从强烈赞同、赞同、中性、不赞同到强烈不赞同。

七点量表则分为强烈赞同、中等赞同、轻微赞同、中性、轻微不赞同、中等不赞同、强烈不赞同。每个被调查者的态度总分就是他对各道题的回答的分数的加总，这一总分可说明他的态度强弱或他在这一量表上的不同状态。

第四，根据受测者的各个项目的分数计算代数和，得到个人态度总得分，并依据总分多少将受测者划分为高分组和低分组。

第五，选出若干条在高分组和低分组之间有较大区分能力的项目，构成一个李克特量表。如可以计算每个项目在高分组和低分组中的平均得分，选择那些在高分组平均得分较高并且在低分组平均得分较低的项目。

李克特量表易于设计和操作，使用范围广，可以用来测量其他一些量表所不能测量的某些多维度的复杂概念或态度，比同样长度的量表具有更高的信度。所以，李克特量表应用效果较佳，尤其在市场营销研究实务中应用非常广泛。

（3）语义分化法。语义分化法，又称语义分析法、语义差异法、双极形容词分析法，是由美国心理学家奥斯古德（Charles E. Osgood）和其同事所创立的。语义分析法是运用语义区分量表来研究事物的意义的一种方法，通过人的感觉和联想，运用语义区分量表来研究某一事物或概念的意义的一种方法。该方法以纸笔形式进行，要求被试者在若干个七点等级的语义量表上对某一事物或概念进行评价，以了解该事物或概念在各被评维度上的意义和强度。等级序列的两个端点通常是意义相反的形容词，如诚实与不诚实、强与弱、重要与不重要。

第一，语义分析法是根据人的感觉和联想建立起来的。例如，当看到红色时，人们常常产生温暖的感觉，而看到黑色时，人们则产生寒冷的感觉；人们总是将声音响亮与大的联想在一起，而将声音柔和与小的联想在一起；好的总是和"光明的""温暖的""快乐的""无上的"结合在一起，而不好的总是和"黑暗的""寒冷的""地下的"结合在一起。在不同民族、文化中，人们常常存在这种相同或相似的感觉或联想，这表明人类许多语言的意义是相同的、普遍的。根据这一特点，就可以设计出七点等级的语义区分量表，用其研究人们对不同事物或概念的意义的不同理解，对社会或某一问题的不同态度，或根据被试前后两次在寓意区分量表上反应的变化，研究被试态度的改变。

第二，语义分析法的设计与评价。它是以形容词的正反意义为基础，标准的语义区分量表包括一系列的形容词和它们的反义词，在每个形容词和反义词之间有 7~11 个区间，我们对观念、事物和人的感觉可以通过我们所选择的两个相反形容词之间的区间反映出来。语义区分量表创制的基础基于以下假定：人类的行为主要由事件本身的意义决定，由事件的内在属性决定的成分比较少；任何概念的意义都是多元性的，由许多成分构成；大多数情况下，人们使用形容词来描述事物的特征和自己的观点。所以，语义区分量表用于评价、测量受试者个人对概念的内涵、意义的主观评价。这种量尺的编排，是由一个极端到另一个极端，两个极端之间被区分为多个量度，最中间的量度代表中性意义。

研究人员对语义区分量表中所使用的意义描述进行了统计，总结出了量表中所使用概念的三个维度：

性质（Evaluation）：事物价值的评定。正面的意义有好、美、有益、和平、成功等；负面的意义有坏、丑、无助、战争、失败等。

力量（Potency）：能力状态和预期能力状态。正面的意义有强、大、硬、重、勇猛等；负面的意义有弱、小、软、轻、柔和等。

行动（Activity）：指个体对于各种活动的参与性。正面的意义有主动、积极、活泼、兴奋、吵等；负面的意义有被动、消极、呆板、迟钝、静等。

每一个评价维度下面都设置若干个子项目或者量尺，子项目即确定了评价维度后，在每个维度上选择的具体的评价指标，又称量尺。这些量尺是由两个相对的形容词构成的，这两个形容词分别放在量尺的两端，其间分为 7 个等级。比如性质维度上可选好与坏、善与恶、喜欢与憎恶。

第三，语义区分量表的编制。

完善的语义区分量表前面应有详细的说明（或者指导语）和如何填写实例，以保证评价者真正理解完成语义区分量表的要求和实际做法。

编制时将意义相反的两个形容词列于等级序列的两边，中间留出代表 7 个等级的线段供评价者选择。但是，不要将性质方向相同的形容词放在同一边（如将重要的、好的、善良的、强的都列在同一边），以防产生心理反应效应，影响研究结果。

案例：以下是一个语义区分量表的形式：

（被评人）

性质维度：好 __ __ __ __ __ __ __ 坏

力量维度：小 __ __ __ __ __ __ __ 大

活动维度：慢 __ __ __ __ __ __ __ 快

力量维度：强 __ __ __ __ __ __ __ 弱

性质维度：敌对 __ __ __ __ __ __ __ 友好

活动维度：活跃 __ __ __ __ __ __ __ 沉闷

语义区分量表的计分有两种方式：

一种方式是将七点等级按性质维度从坏到好、按力量维度从弱到强、按活动维度从慢到快的顺序分别计为 1~7 分。

例如：善良 7 6 5 4 3 2 1 邪恶。

另一种方式是将七点等级量表的中间等级计为 0 分，而两端分别计+3 和−3 分，但这种方法在处理时不方便，采用者很少。

语义分析结果的处理与分析。被评价对象在某一具体评价子项目上的得分，对其既可以单独进行某些比较分析，也可以将其与其他同维度的子项目得分合并起来，算出某一概念或事物在某一因素（或维度）上的得分，然后进行某些比较分析。

语义分析法可以用数值的形式评分，也就是把各个尺度集合为一个分数，用以表明回答者总体的态度强度。

第四，语义分析法的评价。语义分析法实施方便，易于被试了解与合作；可适用于较大年龄范围的被试；量表客观统一，易于计算机处理；实施程序与计分程序标准化，信度高；节省人力、时间和经费；可灵活地应用于各类研究，根据研究的具体目的、内容、对象确定被评价的概念、事物和评价的维度与子项目。

语义分析法提出之后，在心理学各研究领域得到了较为广泛的运用。它可以用于检验某些理论，也可以用于文化的比较研究，个人及群体间差异的比较研究，以及人们对周围环境或事物的态度、看法的研究等。还可以用于诊断，这在儿童心理学领域取得了有意义的成果，值得特别提出的是，语义分析法在跨文化研究中具有独特的作用。

但是，语义区分量表的设计有一定的难度。一方面，当被评价的事物或概念数目较多时，不易选择对它们都有意义的评价项目与维度。另一方面，确定语义区分量表两端的形容词存在一定的难度，多国研究时形容词无法准确翻译，难以对复杂问题进行深入的探讨和研究。

2. 间接法——内隐测验法

内隐社会认知，是指在社会认知过程中虽然个体不能回忆某一过去经验，但这一经验对个体的行为和判断依然具有潜在影响的认知现象。它是一种深层的、复杂的社会认知活动，是认知主体不需努力、无意识的操作过程。

内隐社会认知，是指在无意识情况下发生的一种自动化的过程。正是由于其无意识、自动化的特征，脱离了意识的监控，很难通过传统的自陈式的测外显态度的方法来进行直接测量，为此，内隐社会认知研究所采用的是间接测量的技术和方法。

早期的投射测验法是研究内隐社会认知较为有效的方法，而后内隐联想测验以其创新性和有效性迅速奠定了作为内隐社会认知研究新范式的地位。

(1) 投射法。

一个多世纪以来，心理学家们研究发现，人们在日常生活中常常具有把自己的心理特征（如个性、好恶、欲望、观念、情绪等）不自觉地反映于外界事物或者他人身上。例如，一个讲故事的人总有一种将自己的个性特征投射于故事主角的心理倾向。

当将一些材料呈现给大家的时候，我们会发现，即使呈现同样的材料，不同的人会说出不一样的观点。原因在于，我们对外界事物的看法，往往受到自己的心理特征的影响，这种现象被称为投射效应。通过分析被测试者对这些材料的解释，便可以探究其内心深处的心理特征。

投射法最常用、最成熟的测验是主题统觉测验。

第一，主题统觉测验的内容和实施。主题统觉测验（Thematie Apperception Test，TAT）是由美国心理学家亨利·默里（Henry A. Murray）于1935年设计研究幻想的一种方法。该测验几经修改，与其他同性质的测验一起成为心理测验的一个新门类——投射测验，是现在通用的人格测验。

全套测验有 30 张黑白图片和一张空白卡片。图片内容多为一个或多个人物处在模糊背景中，但意义隐晦。施测时根据被试的性别以及是儿童还是成人（以 14 岁为界），取统一规定的 19 张图片和一张空白卡片，每张图片为一题，最正规的测验应分两次进行，因为每一组图片的后 10 张都比较奇特，容易引起被试的情绪反应。被试的作业是看一张图片，然后据以讲个故事，故事的叙述应该包含三个基本维度：

图片上的情境是怎么造成的。

图片中的情境表示在发生什么事件，并描述其中角色的情绪表现。

结果会怎样。

被试叙述故事时眼看空白卡片，它起着集中被试的注意和刺激想象的作用。

第二，主题统觉测验范例。当受试者坐入设定的位置后，测验者给出指导语：我要将一些图片给你看，你要根据每一张图片讲一个故事，你要告诉我图片说明了什么情况，此时发生了什么事，图片中主人公内心有何感触，结局如何。每张图片讲大约 300 字的故事。

如一图片上是一位老年妇女和一位青年的半身像。甲可能解释为母亲慈祥地看着他的儿子，乙可能解释为一早年丧夫的老妇幻想着自己丈夫年轻时的英俊形象。当然还会有更多其他的解释。

另一张图片是两个中年人在谈话，甲可能解释为这两个人在研究公司的重大决策，乙可能解释为这两个家伙在做什么交易，丙可能解释为两个特务间谍在接头。

一个妇女把上述图片解释为母子俩，她的生活可能是幸福的；一个男人把上述另一图片解释为研究公司决策，是进取的；而解释成地下交易或接头，则被测者是偏执型的人，一般难以相处。

第三，主题统觉测验原理与分析。TAT 的原理是让被试给意义隐晦的图片赋予更为明确的意义。表面上看，这一赋予意义的活动是绝对自由的，比如在指导语中，主试就鼓励被试者无拘无束地想象，自由随意地讲述，故事情节越生动越戏剧性越好。但是，默里相信被试在这一过程中会不自觉地根据自己潜意识中的欲望、情绪、动机或冲突来编织一个逻辑上连贯的故事，这样，研究者就可以对故事内容进行分析，捕捉蛛丝马迹，从而了解被试特定的内心世界。这一整个过程就是分析过程。

默里还提出了六个方面作为这种分析的指导：

故事的主角身份：被试者往往会认同故事中的主角（故事人物中总有一个与被试的年龄、性别、身份地位相似），进而把自己的内心欲望或冲突等人格特征投射在主角身上。所以，研究者可以凭借故事主角是隐士还是领袖，是个有优越感的人还是一个罪犯之类的信息来探测被试的人格特征。

主角的行为倾向：分析时应注意主角的行为若有非常的特点，甚至仅仅是提到的次数多，就可能反映某种动机倾向十分强烈。默里曾指出，行为中反映出像屈辱、成功、控制、冲突、失意之类的特征，几乎都可以按叙述过程中的强烈性、持续性、重复次数以及在故事内容中的重要性，标识在一个五点量表上。

主角的环境力量：人与事关系的力量，或者是图片上本没有的、被试者自己想出来的人和物。在故事中，这些环境力量的表征物对主角的影响作用，如拒绝、伤害、失误等，也可以根据其强度而标识在五点量表上。

结局：指主角的力量和环境力量经过相互作用，经历了困难和挫折之后的成乎、败乎、乐乎、悲乎之类的结果。

主题：主题是故事主角的内部动机力量，欲求与外部环境力量的相互作用及其结局。主题可以是简单的，也可以是复杂的，但每个具有特定意义的故事的主题是解释的主要依据。

趣味和情操：指故事人物的喻指，如老妇喻指母亲，主角为正面人物还是反面人物，诸如此类。

默里的分析方法意在评估个体的人格特征，而一次全面的分析费时甚长，往往需要 4~5 个小时才能评定一份记录，这是典型地把 TAT 当作一个测验来使用的情况。有的研究人员实际上是把 TAT 当作采集当前研究所关心的个人资料的工具，因此若想考察个体的攻击性倾向，则主要留意故事中攻击性行为的表征，若想考察个体的焦虑，就主要捕捉故事中与焦虑有关的迹象，此时采用的图片也就不一定限于 TAT 所提供的了。但是不论怎么使用，基本的原理仍是一样的。

第四，主题统觉测验的事实依据。主题统觉测验所依据的事实是：当一个人解释一个含义模糊的社会情境时，他很容易像他所关注的现象一样暴露出他自己内心状态来。他完全倾心于解释那个客观的现象，变得非常天真，没有意识到他自己，也没有想到别人正在仔细地看他，这样一来，他也就毫无戒备，没有平日那么有警惕性，参与者暴露出了自己内心深处的一些愿望而丝毫没有察觉。主题统觉测验，目的都是为了诱导出被试者的生活经验、情感、个性倾向等。

第五，主题统觉测验评价：TAT 是人格测验，不能作为诊断工具，但可以发现被测者一些病理特征：如情绪不稳的人看图以后情绪反应过分，任意编造故事，或因情感而中断故事；抑郁者讲故事时表现抑郁，观念性活动受阻，回答问题言辞简短；强迫观念者描述图时详细得出奇、古怪，出现过多的解释，卖弄学问；偏执者见到的主题常常是猜疑、特务、偷偷摸摸，推断主测者和动机者，解释图片过于道德化；精神分裂症患者讲故事时常有妄想性内容、荒诞的幻想、脱离社会现象、前后矛盾、内容过于推敲、象征化或模糊不清，或将违禁的侵犯内容介绍到故事中。

（2）内隐联想测验。

第一，内隐联想测验的原理。内隐联想测验（Implicit Association Test，IAT）是华盛顿大学社会心理学家安东尼·格林沃尔德（Anthony G. Greenwald）于1998年提出的测验法，内隐联想测验是一个通过测量概念词和属性词之间评价性联系，从而对个体的内隐态度等内隐社会认知进行间接测量的新方法，其采用的是一种计算机化的辨别分类任务，以反应时为指标，通过对概念词和属性词之间的自动化联系的评估进而对个体的内隐态度等进行间接测量。

由于所呈现的刺激多具有复杂的社会意义，其必然引起被试心理的复杂反应，这些刺激可能与内在需要或内隐态度相一致，也可能与之相矛盾，刺激所暗含的社会意义不同，被试的加工过程的复杂程度就不同，从而反应时的长短就不同。在快速反应条件下，被试对刺激的反应形式是很难有意识控制的，在这种条件下所获得的社会认知结果通常被认为是内隐的。

内隐联想测验在生理上是以神经网络模型为基础的。该模型认为信息被储存在一系列按照语义关系分层组织起来的神经联系的节点上，因而可以通过测量两概念在此类神经联系上的距离来测量这两者的联系。在认知上，内隐联想测验以态度的自动化加工为基础，包括态度的自动化启动和启动的扩散。

对评价性的语义内容的加工是一种在视觉基础之上的自动化过程。内隐联想测验是通过一种计算机化的分类任务来测量两类词（概念词与属性词）之间的自动化联系的紧密程度，继而对个体的内隐态度进行测量。它也是以反应时为指标，基本过程是呈现一属性词，让被试尽快地进行辨别归类（即归于某一概念词）并按键反应，反应时被自动地记录下来。概念词（如国产、进口）和属性词（如喜欢、不喜欢）之间有两种可能的关系：相容的（国产——喜欢，进口——不喜欢）和不相容的（相反的，如国产——不喜欢，进口——喜欢）。所谓相容，是指二者的联系与被试内隐的态度一致，或对被试而言二者有着紧密且合理的联系，否则为不相容或相反。当概念词和属性词相容，即其关系与被试的内隐态度一致或二者联系较紧密时，此时的辨别归类在快速条件下更多地为自动化加工，相对容易，因而反应速度快，反应时短；当概念词和属性词不相容，即其关系与被试的内隐态度不一致或二者缺乏紧密联系时，往往会导致被试的认知冲突，此时的辨别归类需进行复杂的意识加工，相对较难，因而反应速度慢，反应时长；不相容条件下的与相容条件下的反应时差即为内隐态度的指标。这样，概念词和属性词关系与内隐的态度一致程度越高，联系越紧密，辨别归类加工的自动化程度就越高，反应时越短；而不相容条件下，认知冲突越严重，反应时自然会更长，表明内隐态度越坚定。总之，内隐联想测验的基本原理是当两个概念相似或者在被试的记忆中有联系的时候，比两个概念不相似或在记忆中没有联系的时候反应快。

第二，内隐联想测验程序。

第一阶段：呈现目标词，比如国产品牌和进口品牌，让被试归类并做出一定的反应（看到国产品牌按 F 键，看到进口品牌按 J 键）。

第二阶段：呈现属性词，比如喜欢和不喜欢，并让被试做出反应（喜欢 F，不喜欢 J）。

第三阶段：联合呈现目标词和属性词，让被试做出反应（国产品牌或喜欢 F，进口品牌或不喜欢 J）。

第四阶段：让被试对目标词做相反的判断（国产品牌 J，进口品牌 F）。

第五阶段：再次联合呈现目标词和属性词，让被试做出反应（进口品牌或喜欢 F，国产品牌或不喜欢 J）。

这五个阶段分别做 20 次，各阶段之间可以进行短暂的休息。

第六阶段：数据处理分析。只选取两个测试阶段的数据；删除联合任务测试中前两次测试的数据；将短于 300 毫秒的反应时记为 300 毫秒，长于 3000 毫秒的反应时记为 3000 毫秒。不对错误试验反应时进行任何处理，也不删除任何极端被试的数据；对反应时进行自然对数转换；求两个测试阶段反应时的均值；相容和不相容的联合测试反应时的均值相减即为所求得内隐联想测验效应。

第三，内隐联想测验的应用。由于诸多社会认知现象均涉及评价性联想，故内隐联想测验一经提出，便在内隐态度、内隐刻板印象、内隐自尊等领域迅速得到运用。Greenwald 等率先运用内隐联想测验对黑人、白人种族刻板印象进行了研究。他们以一些典型的黑人姓氏及白人姓氏和包括积极及消极词在内的形容词作为材料，设计了一个内隐联想测验。结果发现不相容部分的反应时明显长于相容部分，这说明人们更易于将白人和好的属性连在一起，而将黑人和坏的属性连在一起，证实了种族内隐刻板印象的存在，还发现种族内隐刻板印象和相应的外显态度测量之间是相对独立的。

Greenwald 等还研究了日裔美国人和韩裔美国人对各自民族的态度，发现了明显的内群体—外群体效应，即他们更容易把快乐的词语与具有他们自己民族特征的名字相连，不快乐的词语与具有对方民族特征的名字相连，并且内隐态度间的差异比外显态度间的差异要大。

亚轩研究院于 2005 年还运用内隐联想测验研究企业投资人和职业经理人对企业运营及管理的态度，发现企业投资人更偏好近期和利润，职业经理人更偏好战略和责任；企业投资人更关注效果，职业经理人更关注流程。

笔者还运用内隐联想测验研究了组织内部管理链相邻的平行部门对于协同的态度，发现组织内部管理链相邻的平行部门把“我部门”词和积极的词汇——“正确的”词相联系时比与消极的词汇——“错误的”词相联系时要快得多，把“与我相关部门”词和消极的词汇——“错误的”词相联系时比与积极的词汇——“正确的”词相联系时要快得多。

第三篇

群体心理与管理

第六章
群体心理分析

第一节 群体心理概述

一、群体概述

（一）群体的基本概念

群体，对于这一概念难以达成统一的定义。在英文中，“群体”称为“Group”，日文中叫“集团”，我国学界更多表达为“群体”“团体”或“集体”。虽然名称不一，但所表达的内容大致是相同的。

群体并不是个体的简单集合，从纽约到上海航班上的乘客、从中国香港到马尼拉游轮上的游客、在洲际酒店用餐的食客、在音乐大厅欣赏交响乐团演出的观众，都不能称为群体。

所谓群体，是由两个以上个体基于共同目标和利益，并通过某种纽带相互联系、相互影响、相互依赖、相互制约，规范成员行为的人群聚合体。

（二）群体的特征

第一，群体目标：各成员间具有某个共同的特定目标和利益，即群体目标。任何一个群体必须具有群体目标，群体内每一个成员有着共同的方向和利益，并为实现群体目标而做出自己的努力。群体的目标是单个个体无法独自实现的，只有群体内成员协同达成。

第二，群体意识：群体中各成员在心理上相互作用、相互依赖、彼此感知，处于直接地无间隙联系。群体中每个成员都意识到自己是群体的一员，意识到其他成员的存在，并与他们相互影响，建立起相互依存的关系与情感，群体成员之间经常进行必要的交流、沟通、互动。群体的成员资格有助于建立积极的社会认同，有利于形成一体化的自我感觉。

第三，群体凝聚：群体凝聚，又称群体内聚力，是指群体对成员的吸引力和成员对群体的向心力以及成员之间人际关系的紧密程度综合形成的，使群体成员固守在群体内的内聚力量。内聚主要指群体内各成员排斥其他群体倾向的团结和凝聚。

第四，群体归属：群体具有满足各成员的感情归属需要的功能，群体内各成员在心理上有依存关系和共同感。有了这种情感，个体就会以这个群体的目标为准则，进行自己的活动、认知和评价，自觉地维护群体的利益，并与群体内其他成员在情感上产生共鸣。

例如，一个士兵在社会上表明自己身份时，总是说我是某个部队的，到了部队，则强调自己是某个营的，到了营里，又表明是某个连的，这种表现部队、营、连身份的意识，就是归属感的一种具体表现。群体的归属感，由于群体内聚力的高低不同，表现的程度也不同。群体内聚力越高，取得的成绩越大，其成员的归属感也就越强烈，并以自己是这个群体的成员而感到自豪。所以，优越群体成员的归属感比低劣群体成员的归属感要强烈。

第五，群体分工：群体内部有着基于分工的组织架构，各成员有一定的权利和义务，即群体分工。群体中的每一个成员都在群体内占有一定的地位或岗位，扮演一定的角色，执行一定的任务，做到各司其职。

在一个群体中，无论角色是如何获得的，人们都倾向于使之内化，并把所扮演的角色与自我概念相联系，都会在行为中体现角色的期望和特征。

第六，群体规范：每一个群体都有成员行为的标准、规定、方式、工具、规避内容，即规范。遵守这些规范往往是获得在群体中的地位和其他利益的必要条件。

（三）群体的维度

群体，是一个多维度的综合体。不同维度下的群体具有各自的特色，而决定群体特色的维度，主要有以下几种：

1. 年龄维度

指构成群体的年龄因素，每个群体的存在，都是由具有各种年龄特征的人组成的。群体的这一维度，直接决定着群体的活动个性和活力指数。如青年群体活力指数最高，中年群体活力指数偏弱，稳定指数最高。

2. 知识维度

指构成群体的知识结构。知识维度决定着群体的层次，但是这种层次是不稳定的，因为知识维度是一个活动性很大的因素，知识维度发生变化了，群体的层次也就随之发生变化。如某车间员工平均文化程度为初中程度，由于 3 名员工离开该群体而调整进入 3 名大学生（或者有 3 名员工通过刻苦学习获得了大学学历），该群体的知识维度就发生了升级变化。

3. 能力维度

能力维度具有相对的稳定性，它决定着一个群体活动的质量。能力维度高，群体活动质量就高；反之，群体就没有多高的活动质量，这种群体，充其量也只能达到中等水平，不是一个理想的群体。比如，有的企业管理团队能力水平不高，结果，企业没有活力，产品的数量、质量上不去，工人的积极性调动不起来。这种群体如不及时调换，会导致企业的倒闭。

4. 专业维度

这是群体维度中的特殊因素。专业维度合理的群体，有着特别强大的活力，这种群体，能进行创造性的活动。

群体的维度很多，还有性格、信念、观念等。所谓群体的维度，是指由这些多种多样的维度进行有机组合，使不同的群体各具特色。群体的维度对群体的活动效率有很大影响。群体的维度组合适当，会使群体成为一个凝聚力很强的活动体，这样的群体活动效率非常高。否则，群体只能是一个涣散的、冲突不断的、纠纷不绝的、活动效率非常低的组合体。

二、群体的分类

群体的种类很多，可以按照不同的标准划分。

（一）大型群体和小型群体

根据群体的规模可将群体划分为小型群体和大型群体。

小型群体的成员之间具有直接的、面对面的接触和联系，是成员之间能够直接在心理上相互沟通，在行为上相互接触和影响的群体。这种群体一般为上限不能超过 40 人的群体，如部队的班排、学校的班级、工人的班组、机关的科室、行政领导班子等。

大型群体，是通过群体的共同目标，通过各层次组织机构，以间接方式联系在一起。在这种群体里，人与人之间关系的维系，社会因素占的成分比心理因素大。具体来说，大群体可以大到国际组织、区域组织、民族（部落）群体、政党组织、政府组织、阶层群体、多元化集团、公司、工厂等。

（二）假设群体和实际群体

根据群体是否实际存在可把群体划分为假设群体和实际群体。

假设群体，指虽有其名，而无其实，在实际中并不存在的一种群体。它是为了某种需要，人为地将人群按不同的方式加以划分。例如，一般同种经历的人相遇，就觉得亲近几分。这些群体都属假设群体，因为这些人从没有自觉地聚集在一起，也没有直接交往，甚至根本就不认识，只是因为他们在某些方面具有共同点而已，如共同的经历，共同的年龄特征、职业特征，典型的社会心理特征等。由此可见，这些群体实际并不存在，只是为了研究的方便而创设的，故称之为假设群体。

实际群体则是现实生活中实际存在的，其成员之间有着各种各样的联系。如工厂中的车间、班组，行政机构中的科室等，都是实际群体。

（三）一般群体和参照群体

按照群体在人的心目中的形象可以分为参照群体和一般群体。

参照群体，亦称标准群体或榜样群体，指这类群体的行动规范和目标，会成为人们行动的指南，成为人们所达到的标准。个体会自觉地把自己的行为与这种群体的标准相对照，如果不符合这些标准，就会立即修正。这种群体对人的影响很大，这种群体的行为标准和行为目标会成为个人的心理中心。例如，某些先进的班组、科室和连队，它们的规范自然而然地变为每个成员的行为准则。在现实生活中，各人所参加的群体不一定是心目中的参照群体，往往有这样的情况，一个人参加了某一群体，但在他心目中却把另一群体作为自己的参照群体。在这种情况下，如果处理不好，往往会造成对自己所处的群体感情淡薄，有的甚至会走向反面。当今社会上青少年犯罪率之所以增高，和这些不无关系。要改造他们，就要设法使他们置身于参照群体。

参照群体以外的群体则是一般群体。

（四）正式群体与非正式群体

根据群体建立的不同方式或构成形式可以划分为正式群体与非正式群体。

正式群体，是指由官方正式文件明文规定的群体。群体的规格严格按官方的规定建设，有固定的成员编制，有规定的权利和义务，有明确的职责分工。为了保证组织目标的实现，有统一的规章制度、组织纪律和行为准则。正式群体是由于目标、任务的需要，通过上级组织或职能部门决定成立并组建的群体。

非正式群体则是未经官方正式规定而自发形成的群体。它是人们在共同的活动中，以共同利益、爱好、友谊及“两缘”（血缘、地缘）为基础自然形成的群体。它没有人员的规定，没有明文规定各个成员的职责。它追求的是人与人之间的平等，活动的目的是为了使每个成员的社会需求得到满足。它的“领袖”人物是自然产生的，他们的行为受群体的不成文的“规范”来调节。例如，“棋友”“球友”“宗亲会”“同乡会”“校友会”等皆属非正式群体。某种具有反社会倾向的团伙等也属于非正式群体。非正式群体在某种情况下具有特殊的作用，有时甚至比正式群体的作用还大。

（五）平面群体和立体群体

根据参加群体人员的成分可以划分为平面群体和立体群体。

平面群体，是指参加这一群体的人员，在年龄特征上、知识结构上、能力层次上以及专业水平上，基本上大同小异，属于同一类型。这样的群体，活动比较单一，服务面也比较窄。

立体群体，则是由四种基本维度水平相差较大的成员所组成，他们虽有差异，但却各有所长，这既可以做到各展其才，又可相互弥补，使群体成为一个可以进行复杂活动且服务面也非常宽的群体。这种群体有着强大的活力。例如：有的单位，由于人员专业多元，各具所长，当业务或活动需要转型时则显示了此类群体强大的生命力，很容易就能转过去，而且很快就能站住脚，此类群体属立体群体。

（六）同质结构群体和异质结构群体

按群体人员的构成可以分为同质结构群体和异质结构群体：

同质结构群体，指群体成员在年龄、知识、能力、专业与个性上的相同或接近。适合简单性、相似性、临时性的群体。

异质结构群体，指群体成员在年龄、知识、能力、专业与个性上存在着较大的差异。适合复杂性、长期性、创造性的群体。

（七）松散群体和紧密群体

按照群体成员的相互关系的紧密程度可以划分为松散群体和紧密群体。

松散群体，是指人们仅在空间与时间上结成的群体，成员间的关系并不以共同活动的目的、内容、意义和价值为中介的共同体。例如，在某一酒店就餐的食客和餐厅服务员所组合而成的群体，音乐厅中的听众和演员所组合而成的群体都可被看作是松散群体。

紧密群体，即集体，是群体的高级形式，成员间的关系以群体共同价值、目的、内容、规范组成的共同体。群体成员不仅认识到群体活动对个人的价值，而且还认识到其对整个群体乃至社会的意义。

笔者在群体研究中还发现，松散群体和紧密群体之间存在着一个过渡带，即联合群体或合作群体，是指通过共同活动而逐渐凝聚成为有组织的集合体，建立起成员之间带有各种情绪色彩的人际关系的群体。各个成员认识到彼此都属于同一个社会共同体，群体内部互相吸引。在这样的群体中，情绪等心理关系占主导地位。联合群体或合作群体是松散群体与紧密群体之间的过渡群体。

三、群体的功能

（一）聚合功能

作为基于共同的目标和利益而相互联系、相互依赖、相互制约、规范成员行为的群体具有单体（独自一个人）进行活动时所没有的优越性。

群体为了共同的奋斗目标，各成员相互影响和竞争，相互促进和补缺，协同运作，有机地结合成一种新的力量，将个体的力量汇合成一股新的更大的力量，使群体产生巨大的几何倍增动力。

所以，群体目标、群体意识、群体行动、群体利益不是组成群体的个体简单的叠加关系，而是化学反应的聚合关系，即“1+1>2”。

（二）目标任务功能

（1）作为一个群体，只能在活动中生存，它的活动，就是为了完成设定的任务。群体是一个由若干人组织起来的有机组合体，成员之间为了共同的奋斗目标，互相协作，互展所长，互补不足，使群体产生巨大的动力，促使活动顺利进行，圆满地完成任务。

（2）在群体活动中，借助于成员的相互影响，可以激发成员的积极性、创造性，产生更多的新思想、新观点、新方法，从而达成目标任务的完成。

（3）目标任务需要群体成员共同参与、协同行动，因而能够集思广益，容易避免和减少决策的失误。

（4）群体能够在彼此有一定连接性的部门之间起到关键性的联络与协调作用，从而有利于各个部门之间的信息交流和活动中的配合，减少组织内部的冲突。

（三）维持功能

群体的维持功能，是指群体对个体而言的。群体形成后，其成员的各种需要，就以其为依托而得以满足。而群体本身也正好具备这一功能。

（1）群体能使成员获得归属感和安全感。作为个体，只有当他属于群体时，才能免于孤独的恐惧感，获得心理上的安全。

（2）群体能满足成员的成就感和自尊需要。在群体中，随着群体活动成功的增长，成员的成就感也得到了相应的满足，并从成就感中勃发出新的动力；与成就感相伴随的，人们还有自尊的需求。而在群体中，各人有各人的位置，处于各种不同位置的人，都会彼此尊重，所以说，每个人在群体中的自身活动，都是满足自尊的一种最好的形式。

（3）群体能增强成员的自信心和力量感，这是群体活动的动力来源。作为一个群体，一方面它表现出自己的能量，另一方面也积蓄着供自己活动的动力，只有这样，群体才是一个健康的群体。在日常生活中，有些群体之所以由盛到衰，很大程度上是因为群体自己不再拥有“造血”的功能。

（4）群体能使成员个人产生亲和和认同感。群体是社会的基本单元，人们在群体中的社会需求可以得到满足。群体给人提供了相互交往的机会，通过交往，可以促进人际间的信任和合作，并在交往中获得友谊、关怀、支持和帮助。

第二节 群体形成与发展

一、群体形成的原因

为了实现组织目标和利益，个体无法独立完成，必须由若干人组织起来形成有机组合体，这个组合体内的各成员之间为了共同的奋斗目标，互相协作，互展所长，互补不足，使群体产生巨大聚合动力。

人们在群体中可以获得如下需要和满足，此需求和满足是群体形成的动因：

（1）安全需要。

（2）自信、自尊、认同的情感性需要。

（3）完成任务的目标性需要。

（4）个体行为“1+1>2”的聚合性需求。

二、群体发展的阶段

群体发展的五个阶段分别是组建期（形成期）、激荡期（震荡期）、规范期（规则期）、执行期、休整期（中止期）。所有五个阶段都是必须的、不可逾越的。

（1）组建期（形成期），这是群体发展的启蒙阶段。群体在此阶段的目标、结构、领导方面存在着大量的不确定特点。当群体成员把自己视为群体的一分子思考问题时，这一阶段就结束了。

该阶段处于酝酿期，形成测试。测试的目的是为了辨识群体的人际边界以及任务边界。通过测试，建立起群体成员的相互关系、群体成员与群体领导之间的关系、各项群体标准等。

群体成员在该阶段的行为具有相当大的独立性。尽管他们有可能被促动，但普遍而言，这一时期他们缺乏团队目的、活动的相关信息。部分群体成员还有可能表现出不稳定、忧虑的特征。

群体领导通常以劝导式领导和管理群体度过组建期（形成期），此阶段要确保群体成员之间建立起一种互信的工作关系，与群体成员达成共识。

（2）激荡期（震荡期），这是获得群体发展的信心、理念，同时形成人际竞争、冲突、碰撞、分化时期。群体成员虽然接受了群体的存在，但却抵制着群体对个体所施加的控制，存在由谁控制群体的问题上发生冲突。这一阶段完成时，群体内部就会出现比较明朗的领导层级，群体成员在发展方向上也达成了共识。

群体成员充分展示自己的观点、见解，具有充分展现个人性格特征。对于群体目标、期望、角色以及责任的不满和挫折感会凸显出来。

群体领导通常以教练式领导和管理群体度过激荡转型期。此阶段强调团队成员的差异，相互包容是至关重要的。

（3）规范期（规则期），这是群体价值、目标、规则、制度、流程、行为、方法、工具完全建立阶段。群体在此阶段进一步发展了密切的群内关系，同时也表现出了内聚力。当群体结构比较稳定，群体成员也对那些正确的成员行为达成共识时，这阶段就结束了。

该阶段群体效能提高，团队开始形成自己的身份识别。

群体领导通常以参与式领导和管理群体度过规范期。群体领导在此期间允许群体成员具有更大的自治性，成员动机水平提高，自觉调适自己的行为，以使得群体发展更加自然、流畅。有意识地解决问题，实现群体和谐。

（4）执行期，这是执行任务阶段。此时群体结构发挥着最大作用，并得到广泛认同，群体的主要精力从互相了解认识进入到了完成当前的工作任务上。人际结构成为执行任务活动的工具，团队角色更为灵活和功能化，团队能量积聚于一体。

群体在此阶段运作如一个整体，工作顺利、高效完成，没有任何冲突，不需要外部监督。

群体领导通常以委任式领导和管理群体度过执行期。该阶段群体成员自己执行必要的决策，群体成员对于任务层面的工作职责有清晰的理解，达成没有监督下的自治，即便在没有监督的情况下自己也能做出决策，协同运作。

（5）休整期（中止期），是群体休整和中止阶段。任务完成，群体解散。群体成员已不关心工作业绩而是善后事宜。

群体在此阶段也可以描述为“哀痛期”，反映了团队成员的一种失落感。成员动机水平下降，关于团队未来的不确定性开始回升。

群体领导通常以分离式领导和管理群体度过休整期。为了形成新的发展阶段，群体领导有必要介绍关于新目标或新任务的蓝图。

群体发展轨迹通常是依上述阶段线性推进，有时也会呈现循环式更替。当群体从一个阶段跨向另一个阶段的时候，群体成员的行为特征变化并不明显，也很有可能会发生交叠。

三、群体结构

（一）群体结构概念

群体结构是指群体成员的组成成分。群体结构塑造着群体成员的行为，使我们有可能解释和预测群体内部大部分的个体行为以及群体本身的绩效。

（二）群体结构变量

群体结构变量主要包括领导、角色、规范、地位、群体规模、群体构成。

1. 领导

每一个群体都必须、必要、必然有一个正式领导。他们的头衔可以是部门长（总经理、总监、经理、主管），行政首长（镇长、乡长、区长、村主任），项目负责人（项目总经理、经理、项目组长），专业组织领导（专家委员会主席、专业委员会主席、专家组长、专业组长），等等。群体领导对群体绩效具有巨大影响。

2. 角色

角色，是指在社会中拥有一定职位的人所期望的一系列行为模式。如果我们每个人都只选择一种角色，并可以长期一致地扮演这种角色，对角色行为的理解就简单多了。但是很不幸，不管上班时，还是下班时，我们都要被迫扮演多种不同角色。正如我们看到的，要理解一个人的行为，关键是弄清他现在扮演什么角色。

群体中的个体都需要扮演多种不同的角色，个体行为随其所扮演的角色的不同而不同。也可以说，不同的群体对个体的角色要求不同。

案例　王一阳的角色

王一阳是中国石油股份有限公司（简称中石油公司）广东阳江分公司一名经理。

在工作中，他扮演着多种角色：中国石油股份有限公司的雇员，公司的中层管理人员，广东阳江分公司的经理。在家里，他也扮演着多种角色：丈夫、父亲、佛教教徒、中国烹饪专业委员会成员、网络歌手。

王一阳的许多角色是相互兼容的，有些则是相互冲突的。譬如，王一阳的宗教信仰，会不会影响到他作为一个管理人员去作出裁减雇员的决策？会不会影响到他向政府部门提供基于信仰偏见的信息？假如将他异地任命到粤北韶关公司，但其家人却非常希望他留在阳江，他的工作角色和家庭角色已经出现冲突，他将如何选择？

（1）角色同一性。角色同一性，是指对一种角色的态度与实际角色行为的一致性。人们如果清楚地认识到环境条件需要他们做出重大改变，他们就能够迅速地变换自己所扮演的角色。在员工中提拔使用有突出能力的人任基层管理者时，你会发现，被提拔者的态度在随后的几个月中会发生显著变化，从被管理者转向亲近公司的管理阶层。但如果后来形势发生变化，他们又降到原来的位置，那么他们的态度也会快速复归。

（2）角色知觉。角色知觉，是指一个人对于自己在某种环境中应该做出什么样的行为反应的认识。我们做出某种行为反应，是以我们对于别人希望我们怎样做的解释为基础的。

认知来自于周围的多种刺激：我们的朋友、书本、电影、电视。现在的许多刑警、侦探人员是通过阅读约瑟夫·沃姆巴夫（Joseph Wambaugh）的小说或者观看《肮脏的哈瑞》（*Dirtyharry*）之类的电影而学会他们的角色行为的。

在贸易和专业领域设立学徒制度，目的就是让初学者观察一位专家，从而学会按照别人所期望的方式行动。

（3）角色期待。角色期待，是指别人认为你在一个特定的情境中应该做出什么样的行为反应。你的行为方式在很大程度上由你做出行为反应的背景所决定。例如，我们认为美国参议员地位优越、举止高贵，而橄榄球队的教练则富有进取精神，灵活机动，善于激励自己的球员。在同样的文化背景中，如果我们听说邻居的牧师在酒吧兼做招待员，或听到一个歌手晋升为少将军衔，我们肯定会非常惊讶，因为无论是牧师和酒吧招待员，还是歌手与将军的角色期待差别太大了。

当角色期待集中在一般的角色类别上时，就成为角色定式或角色刻板印象了。

“心理契约”（Psychological Contract）这个概念，有助于我们更好地考察角色期待这个主题。在雇主和雇员之间，存在一种不成文的约定。这种心理契约规定了双方的期待，也就是雇主对雇员，以及雇员对雇主的期待。事实上，正是这种心理契约规定了每个角色的行为期待。一般来说，雇员期待雇主公正地对待雇员，给他们提供可以接受的工作条件，清楚地表达工作任务，对员工的工作好坏给予反馈。雇主期待雇员工作态度认真，听从指挥，忠于组织。

如果心理契约中蕴含的角色期待没得到满足，会发生什么事情呢？如果是雇主没能满足雇员的角色期待，雇员的绩效和工作满意度就会受到消极影响；如果雇员没能满足雇主的角色期待，雇员可能受到某种形式的纪律处罚，甚至被解雇。

（4）角色冲突。角色冲突，当个体面临多种角色期待时，就可能会产生角色冲突。如果个体服从一种角色的要求，那么就很难服从另一种角色要求，这就产生了角色冲突。在极端情况下，可能包含这样的情境：个体所面临的两个或更多的角色期待是相互矛盾的。

我们前面讨论的王一阳所扮演的多种角色中，就有一些是相互冲突的。王一阳试图调和他作为丈夫和父亲的角色期待与作为公司区域经理的角色期待。一方面，前者强调家庭稳定，关心妻子和孩子，希望留在当地的愿望很强烈。另一方面，中石油公司期望员工服从公司的需要以及满足他所担任的区域经理的角色要求，需要他到外地去履职。这样，他作为丈夫和父亲的角色期待与他作为公司经理的角色期待就发生了矛盾。虽然从王一阳的职业发展规划来说，他愿意服从公司的需要而同意调往别处，但现在他面临的问题是家庭角色期待和事业角色期待之间的冲突。几乎所有的人都经历过，而且还要继续经历角色冲突。

当然，角色冲突会增强个人内部的紧张感和挫折感。面对角色冲突，个体可以做出多种行为反应。比如退却、拖延、谈判或不协调时重新定义事实或情况而趋于一致。

案例：津巴多（Zimbardo）的模拟监狱实验

斯坦福大学心理学家菲利普·津巴多（Philip Zimbardo）和他的同事在心理学系办公大楼地下室里建立了一个“监狱”，津巴多雇用了24名学生来参加实验。这些学生情绪稳定，身体健康，遵纪守法，在普通人格测验中，得分属正常水平。实验者对这些学生随意地进行了角色分配，一部分人为“看守”，另一部分人为“罪犯”，并制定了一些基本规则。

两个礼拜的模拟实验刚刚开始时，被分配做“看守”的学生与被分配做“罪犯”的学生之间，没有多大差别。而且，做“看守”的人也没有受过专门训练如何做监狱看守员。为了更真实地模拟监狱生活，“罪犯”可以像真正的监狱中的罪犯一样，接受亲戚和朋友的探视。但模拟看守8小时换一次班，而模拟罪犯除了出来吃饭、锻炼、去厕所、办些必要的其他事情之外，要日日夜夜地待在他们的牢房里。

“罪犯”没用多长时间，就承认了“看守”的权威地位，或者说，模拟看守调整自己，进入了新的权威角色之中。特别是在实验的第二天“看守”粉碎了“罪犯”进行反抗的企图之后，“罪犯”们的反应就更加消极了。不管“看守”吩咐什么，“罪犯”都唯命是从。事实上，“罪犯”们开始相信，正如“看守”所经常对他们说的，他们真的低人一等、无法改变现状。而且每一位“看守”在模拟实验过程中，都作出过虐待“罪犯”的事情。例如，一位“看守”说：“我觉得自己不可思议……我让他们互相喊对方的名字，还让他们用手去擦洗厕所。我真的把‘罪犯’看作是牲畜，而且我一直在想，‘我必须看住他们，以免他们做坏事’。”另一位“看守”补充说：“我一到‘罪犯’所在的牢房就烦，他们穿着破衣服，牢房里满是难闻的气味。在我们的命令面前，他们相对而泣。他们没有把这些只是当作一次实验，一切好像是真的，尽管他们还在尽力保持自己原来的身份，但我们总是向他们表明我们才是上司，这使他们的努力收效甚微。”

这次模拟实验相当成功地证明了个体学习一种新角色是多么迅速。由于参加实验的学生在实验中表现出病态反应，在实验进行了6天之后，研究人员就不得不终止了实验。应该注意，参加这次实验的人都是经过严格挑选的神智正常、情感稳定的人。

我们从津巴多监狱模拟实验中会发现，现实生活中的个体如同这些参加这次实验的学生，能够快速进入到与我们原来的人格迥然不同的假设角色中。人格正常、没经过新角色要求训练的人，也会非常极端地表现出与他们所扮演的角色一致的行为方式。

3. 规范

规范是指群体为达到共同目的所确立的行为标准，是规定成员的行为可以接受和不能容忍的边界。群体规范让群体成员知道自己在一定的环境条件下，应该做什么，不应该做什么。就个体层面而言，群体规范是在某种情境下群体对个人的行为方式的期望。

群体规范被群体成员认可并接受之后，它们就成为以最少的外部控制影响群体成员行为的手段。所有的群体都有自己的规范，但不同的群体，群体规范也不同。

（1）群体规范特征如下：

第一，它是在暗示、模仿、顺从的基础上所形成的一致性，规范不同于规章，更强调自律与默契。

第二，群体规范对群体有维护性功能。

（2）群体规范的类型如下：

第一，绩效导向规范：此类群体规范大多与群体绩效方面的活动有关。群体通常会明确地告诉其成员：他们应该达到什么样的产出水平，应该怎样实现工作绩效。这类规范对员工个人的绩效有巨大的影响。他们能够在很大程度上调整仅仅根据员工的能力和动机水平所作出的绩效预测。

第二，个体形象规范：此类群体规范是群体成员仪表、仪容、仪态的标准化界定，譬如规定群体成员如何着装、如何修饰、如何言谈、如何微笑、如何举止，以体现群体或组织的文化和价值特征。

第三，社交约定规范：此类群体规范为非正式的社交约定。这类规范来自非正式群体，主要用来约束非正式群体内部成员的相互作用。比如，群体成员应该与谁一起吃午饭，上班时和下班后应该与谁交友、进行社交游戏等，都受这些规范的制约。

（3）群体规范的形成。群体规范是在群体有效运作所必需的行为过程中逐步形成起来的。群体中的一些关键事件可能会缩短这个过程，并能迅速强化新规范。大多数群体规范是通过以下方式中的一种或几种形成起来的：

第一，群体成员所做的明确陈述。陈述者通常是群体的领导或某个有影响力的人物。例如，群体领导可能具体地强调，在上班时不得打私人电话或者喝咖啡，休息的时间不得超过 10 分钟。

第二，群体历史上的关键事件。这种事件通常是群体制定某种重要规范的起因。比如，一个旁观者离机器太近而受了伤，自此以后，群体就有了这样的规范：群体成员应时时注意，除操作者之外，任何人不得进入离机器 5 英尺之内的范围内。

第三，私人交谊。群体内部出现的第一个行为模式，常常就为群体成员的期望定下了基调。比如，学生中的友谊群体的成员在第一次上课时，就坐在一起。

如果以后上课时，有人坐了“他们”的位子，他们就会感到恼怒。

第四，过去经历中的存储行为。来自于其他群体的成员在进入一个新群体时，会带来在原群体中的某些行为期望。这就可以解释，为什么工作群体在添加新成员时，喜欢吸收那些原来的背景和经验与现在群体相近的成员，因为这种新成员所带来的行为期望，与现在群体中已存在的行为期望可能比较一致。

我们在研究中发现，群体并不是为每一种可能出现的情境都制定规范，群体主要制定一些对自己很重要的规范。换言之，群体规范制定者会做出有关重要或必要的选择。譬如，当某一因素能够促进群体的生存，或某一因素能够体现群体价值和战略行为，或某一因素能增加群体成员行为的可预测性。

（4）从众。作为群体成员，具有渴望被群体接受的心理诉求，这一需求倾向于按照群体的规范做事。大量实验和实证研究表明，群体能够给予其成员巨大压力，使他们改变自己的态度和行为，与群体标准保持一致。

个体是不是接受所在群体给予他们的从众压力呢？答案是否定的。因为人们通常参加多个群体，而这些群体的规范是不相同的。这些规范甚至还可能互相矛盾。个体会选择遵从自己认为重要的群体的规范，这些群体可能是他们现在已经参与的，也可能是他们希望以后能够参与的。这种个体认为很重要的群体，是参照性群体，其特点是：个体了解群体中的其他人；个体认为自己是这个群体的一员或者渴望成为这个群体的一员；个体感到群体中的成员对自己很重要。

案例：阿希从众实验

心理学家阿希（Solomon Asch）把七八个被试者组成一个小群体，并让他们都坐在教室里，要求他们比较实验者手中的两张卡片。一张卡片上有1条直线，另一张卡片上有3条直线，3条直线的长度不同。这3条直线中有1条线和第一张卡片上的直线长度相同。直线的长度差异是非常明显的。在通常条件下，被试者判断错误的概率小于1%，被试者只要大声说出第一张卡片上的那条直线与另一张卡片上3条直线中的哪一条长度相同就可以了。但是，如果群体成员开始时的回答就是错误的，会发生什么情况呢？群体要求从众的压力，会导致不知情的被试者改变自己的答案，以求与群体其他成员一致吗？阿希想知道的就是这一点。为此，他做了这样的安排：让群体其他成员都作错误回答，而这一点是不知情的被试者所不知道的。而且，阿希在安排座位时，有意让不知情的被试者坐在最后，最后做出回答。

实验开始后，先做了几套类似练习。在这些练习中，所有被试者都做出了正确回答。但在做第 3 套练习时，第一个被试者做出了明显错误的回答，下一个被试者也做出同样错误的回答，再下面的人都是如此，直到不知情被试者为止。

阿希所获得的结果表明：在多次实验中，大约有 35%的被试者选择了与群体中其他成员的回答保持一致，也就是说，他们知道自己的答案是错误的，但这个错误答案与群体其他成员的回答是一致的。

阿希实验的结果表明，群体规范能够给群体成员造成压力，迫使他们的反应趋向一致。我们都渴望成为群体的一员，而不愿意与众不同。我们可以把这个结论进一步展开：如果个体对某件事情的看法与群体中其他人的看法很不一致，他就会感到有很大的压力，驱使他与其他人保持一致。

4. 群体规模

群体规模能够影响群体的整体行为，但其影响力和影响方式不同。一般人对群体的刻板印象是，群体精神会激励其成员更加努力地工作，从而提高群体的整体效力。群体作为一个整体而形成的效力，至少等于群体成员个体的总和。这是我们经常遭遇到的群体规模的逻辑挑战。事实上，小群体完成任务的速度比大群体快。但是，如果群体参与了解决问题的过程，则大群体比小群体表现得好。我们研究发现，12 个人以上的大群体更善于吸收多种不同的观点。因此，如果群体的目标是调查事情的真相，那么应该是大群体更有效；相反，成员在 7 人左右的群体在执行任务时，效率更高。

20 世纪 20 年代末，德国心理学家马克斯·瑞格尔曼（Max Ringelmann）在拉绳实验中，比较了个人绩效和群体绩效。他原来认为，群体绩效会等于个人绩效的总和，也就是说，3 个人一起拉绳的拉力是 1 个人单独拉绳时的 3 倍，8 个人一起拉绳的拉力是 1 个人单独拉绳时的 8 倍。但是，研究结果没有证实他的期望。3 人群体产生的拉力只是 1 个人拉力的 2.5 倍，8 人群体产生的拉力还不到 1 个人拉力的 4 倍。

其他一些用相似的任务重复瑞格尔曼的研究基本上支持了他的实验结果。群体规模的增大，与个人绩效是负相关。4 人群体的整体效力大于 1 人或 2 人的效力，但群体规模越大，群体成员个体的效力却降低了。

这正验证了中国的一则寓言：一个和尚挑水吃，两个和尚抬水吃，三个和尚没水吃。

以上现象称为社会惰化（Social Loafing）效应。所谓社会惰化，是指一个人在群体中工作不如单独一个人工作时更努力的心理倾向。是什么原因导致了这种社会惰化效应呢？其一，同比效应，即群体成员认为其他人没有尽到应尽的职责。如果你把别人看作是懒惰或无能的，你可能就会降低自己的努力程度，这样你才会觉得公平。其二，责任扩散效应，因为群体活动的结果不能归结为具体某个人的作用，个人投入与群体产出之间的关系模糊了起来。在这种情况下，个人就会降低群体的努力。换言之，当个人认为自己的贡献无法衡量时，群体的效率就会降低。

有关群体规模的研究可以让我们得出另外两个结论：

其一，成员为奇数的群体比成员为偶数的群体更受欢迎。群体成员为奇数，在投票时就能降低发生僵局的可能性。所以，国家、政治组织、企业组织核心管理机构或管理团队多遵循其组合数字。

其二，5 人或 7 人群体在执行任务时，比更大一些的群体或更小一些的群体都更有效。而且，由 5 个人或 7 个人组成的群体足以形成大多数，允许发表各种不同意见。同时，又可以避免大群体积弊。

5. *群体构成*

群体活动需要具备多种技术和知识的多元组合才能顺利进行。所以，异质群体（由不同的个体组成的群体）更可能拥有多种能力和信息，运行效率会更高。有关研究支持和证实了这个结论。如果一个群体在性别、个性、观点、能力、技能和视野方面是异质的，群体冲突加大，由于设置了多种职位，可能不太容易随机应变。但事实证明，在执行任务时，这种异质群体比同质群体更有效。

军队、民族、国家差异带来的多样性也会带来高效运行效果吗？

研究表明，这种多样性在短期内或局部范围内会干扰群体的相互作用过程，新形成的文化多元化群体的绩效比新形成的文化同质群体要差，表现出群体创建初期同质群体的优越性。一个统一思想、统一文化的工厂化、军团化的国家可以快速举国家之力完成个体或异质群体无法完成的事业或项目。但是，同质群体高效运行的效果是短期的、脆弱的。

异质群体在学习相互合作和解决问题的过程中，会遇到更多困难。但此困难会随时间的推移呈渐减直至消失。企业、项目、社会组织、军事集成组织等群体这种差异大约在 3 个月后即消失，部族、民族、国家、国际联盟和合作组织等群体这种差异在 6~24 个月后即消失。异质群体通过一定时间学习、整合、融通、互补，其所遭遇到的困难和低效就消失了，继而形成生机活力、高效运行的优势。如企业组织：IBM、苹果、国际化后的华为。

第三节 群体动力理论

一、群体动力理论概述

（一）群体动力理论的定义

群体动力理论，是论述群体中的各种力量对个体的作用和影响。库尔特·勒温（Kurt Lewin）认为，一个人的行为（B），是个体内在需要（P）和环境外力（E）相互作用的结果，函数式为：

B=f（P，E）

（二）群体动力的存在形式

（1）群体领导方式动力：群体的领导方式不同，表现为专制型、民主型、自由放任型，其成员的行为表现也不同。试验研究表明，在专制型群体中，成员的攻击性言行、引人注目的出风头行为，使用“我”而非“我们”的频率、推卸责任、做给领导看的行为、对群体活动缺乏满足感，都显得很突出；在民主型群体中的表现则相反，而且同一个成员一旦从专制型群体调入民主型群体，其行为就立即起变化。

（2）群体组织形式动力：在欧洲战场上被德国俘虏的美国士兵，反抗情绪和逃跑率都很高；而在朝鲜战场被中国俘虏的美国士兵，反抗情绪和逃跑率都很低。

心理学家埃德加·薛恩（Edgar Schein）于1956年对此进行过研究，认为这种行为反差是由群体组织形式造成的。在中国战俘营中，看守人员与战俘的伙食、医疗条件平等，战俘经常调动而组成新的战俘群，有意识地让被俘士兵管理被俘军官，战俘被提审后不再回原来的战俘群。在纳粹德国的战俘营中，组织管理方法与中国的恰好相反，因此导致了战俘行为的不同。这一现象在管理领域也有借鉴意义。

（3）群体结构性质动力：亚轩研究院选取了中国郑州、上海和广州三地生产同一产品、同类型的6家电子制造业公司分组进行试验。结果表明，设备操作能力娴熟，但文化、性别、年龄、经验同质化明显的公司活力和革新能力偏低而产出效率最高；设备操作能力一般，但文化、性别、年龄、经验异质化明显的公司产出效率偏低而创新能力最佳。

(4) 群体公约动力：群体的公约规则，比一般性的宣传说服，更能改变群体成员的行为。

(5) 群体多数动力：美国社会心理学家所罗门·阿希（Solomon Asch）博士于20世纪50年代通过多次试验证明，如群体中只有一个成员故意给出错误答案，就会产生群体压力，被试者接受错误答案的次数达13.6%；若由3个成员故意答错，被试者接受错误答案的比率就上升为31.8%。

二、群体动力理论的发展阶段

（一）理论形成期

群体动力理论应该追溯到20世纪30年代，社会心理学家慕柴弗·谢里夫（Muzafer Sherif）是最先进行这方面研究的专家。1936~1937年，他一直研究人的行为规范的形成过程。这里说的规范，就是“群体往往共同遵守的某种原则或标准”。50年代，所罗门·阿希继续进行群体动力理论的研究。他的研究集中在“群体压力”方面。他认为：“有人即使在本人感受到的信息与群体处于完全对立的情况下，仍然会追随群体。”为群体动力学（The Group Dynamics）理论奠定了科学的基础。

库尔特·勒温（Kurt Lewin）在1939年发表《社会空间实验》一文，首开对群体中各种潜在动力的交互作用、群体对个体行为的影响、群体成员间的相互依存关系的探索研究，宣示群体动力理论正式诞生。1945年，勒温在美国麻省理工学院创办了“群体动力学研究中心”，群体动力学作为一种专业和学科得以建立。

（二）快速发展期

1945~1955年，是群体动力学的繁荣时期。各种形式的群体动力学研究机构纷纷建立，行动研究和敏感性训练被普遍应用，勒温的心理学思想得到了广泛传播。社会心理学中的实验由诺曼·特里普利特（Norman Tripplet）首开先河，美国实验社会心理学的重要代表弗劳德·亨利·奥尔波特（Floyd Henry Allport）都曾为此做出过贡献，而穆扎弗·谢里夫（Muzafer Sherif）对社会规范的实验研究构成群体动力学的重要组成部分。

阿尔文·赞德（Alvin Zander）在回顾这一时期群体动力学的发展时指出：“当时对群体的研究是社会心理学中最生动和最富有创造性的工作，并成了整个社会科学所关注的中心。”

（三）瓶颈发展期

从20世纪60年代开始，群体动力学的发展进入了“高原期”。群体心理学的研究在某种程度上被人类潜能运动所取代，社会的注意力转到了个体行为和个体成长上。1960~1980 年，群体动力学基本上处于一种停滞状态，勒温几近被学术界淡忘。

（四）复兴发展期

美国社会心理学家、国家科学院院士利昂·费斯汀格（Leon Festinger，1919~1989）于 1980 年主持编著《社会心理学的回顾》（*Retrospections on Social Psychology*）一书，正式启动群体动力学理论的系统、整合、复兴工作，该书的基调……

三、群体动力理论基础

（一）勒温场论

勒温分析了人的心理承受力和人的行为的动机，提出“心理紧张系统论”“生活空间”概念，为他以后的拓扑心理学奠定了基础。他阐述了情景或人与环境的交互作用决定人的心理事件和行为意义的观点，这就是他的场论的雏形。在战场上，人性和良心要重新定义，人的个性和个人的善恶都不起作用了，每个人都随着他所属的群体而被定性：是敌方的，便是坏的；是己方的，便是好的。个人的性格和品行都被这简单的好与坏所取代。这种体验和对这种体验的思考，深深地影响了他以后的社会心理学和他的群体动力学研究。

（二）格式塔心理学

场论是勒温一手创建的。由于他早期深受德国心理学家、心理机能学派创始人斯顿夫（Carl Stumpf）的影响，又长期与德国著名的心理学家及格式塔心理学派的重要代表人物沃尔夫冈·苛勒（Wolfgang Kohler）、马科斯·惠特海默（Max Wertheimer）、考夫卡（Kutr Koffka）三人一起工作，所以基本上秉承了格式塔心理学的传统。但他从一开始就特别注意动机与意志方面的问题，对精神分析理论有独到的见解。他把心理学中的整体观和动力观在新物理学世界观的基础上做了有机的结合，形成了素有“心理学中相对论”之称的场学说。

（三）拓扑心理学

在群体动力学中，研究者一般都倾向于把小群体作为研究对象，把它看作是一个基本的实体。从场论的观点出发，可以把所研究的群体区分为结构和功能两个层次。结构方面适用于拓扑心理学的描述，把群体作为研究对象时直观获得的一些印象，如群体内个体的位置、个体间的邻接或依存情况、外界的影响以及群体的核心人物等。区域、疆界、阻碍等概念都可以应用在群体的结构性描述上。

动力方面则主要涉及群体的潜在生活，常用移动、向量、紧张、目标和力场等概念，这些概念都可以用来解释群体的变化，而变化则被认为是群体生活的根本特征。勒温曾提出一种“解冻—流动—重冻”的社会变化模式，认为所有的群体生活都只能是一种准稳态平衡，如同一条河流，即使其速度与方向未变，河流中的所有元素却无时无刻不在发生变化。

四、理论体系

（一）基本观点

群体动力理论，就是要论述群体中的各种力量对群体的作用和影响。群体不是人们的简单集合，而是一个动力整体，是一个系统，其中某一部分的变化也会引起其他部分的状态发生变化。因此，不能借助于分析群体中的个体情况来达到对整个群体的分析。

虽然群体的行动要看构成群体的成员本身，但已经建立起来的一个群体有着很强的纽带，使个体成员的动机与群体目标几乎混为一体，难以区分。所以一般说来，引起社会群体变化而间接改变其个体要比直接改变个体容易得多。这就是整体比部分重要得多的场论的基本思想。

（二）主要内容

群体动力学主要包括五个方面的内容（五大组成要素）：群体内聚力、群体压力和趋同、个人动机和群体目标、领导者和领导方式、群体的结构性。

1. 群体内聚力

群体内聚力，是作用于所有成员并促进其参与群体活动的各种力的组合。群体动力学家一般将具有内聚力的群体描述为其成员为了一个共同的目标而一起工作，每个成员都愿意为群体分担责任，一致反对外来的攻击等；赋予群体的共同的任务，在成员中营造一种友好的合作氛围，各成员具有相同的目标和态度，经常的接触和交往，拥有共同的遭遇或不幸，都是形成群体内聚力的因素。一般来说，提高群体内聚力可以产生如下效果：

（1）群体成员的责任行为；

（2）成员之间的相互正向影响；

（3）价值取向的一致性；

（4）成员安全感；

（5）群体效力的提高。

2. 群体压力和趋同

群体压力，是指群体对其成员的一种心理威慑或劝导影响力。当群体成员的思想或行为与群体意见或规范发生冲突时，成员为了保持与群体的关系而需要遵守群体意见或规范时所感受到的一种无形的心理压力，它使成员倾向于做出为群体所接受的或认可的反应。

群体压力形成的影响力的直接表现为从众行为（趋同行为），即个人在群体中受到群体的影响和压力，使其在知觉、判断及行为上倾向于与群体中多数人一致的现象。

从众（趋同）行为产生的原因包括两方面：一是信息压力。人们是通过别人获取信息，就容易产生遵从别人的意见或效仿他人的行动。二是规范压力。群体成员都要遵守群体规范，因恐惧孤立或受惩罚，而愿意与群体规范相一致，与群体中其他成员保持相同的看法。

群体压力和趋同心理的积极意义：无论从社会功能的执行，还是从社会文化的延续角度而言，多数人的观念与行为保持一致都是必要的。一个社会需要有共同的语言、共同的价值观与行为方式。从群体角度讲，群体压力使得个人保持与群体的联系，维护群体的完整性，维持群体的生存和发展，可以保证群体行为的一致。目标一致，有利于群体目标的实现。从个体角度看，一个人只有在更多的方面与社会的主导倾向取得一致，他才能够适应其赖以生存的社会，否则他将困难重重。另外，个人的知识和感知的范围是有限的，因此个人需要用从众的方式，在最大可靠程度上使自己迅速适应原来未知的世界。这样，从众就是一种个人适应生存的必要方式。

群体压力和趋同心理的消极影响：阻滞了个体自由思想和创新创造的激情和行为；易于将异质群体结构同构化，进而形成群体惰性化现象，群体活力和发展内生元素缺失。

3. 个人动机和群体目标

任何一种群体都会有一个目标，一种存在和行动的理由。被群体所选定的目标，在很大程度上决定着该群体的行为、群体作用的发挥、成员对群体的依赖程度、成员的态度和信心等。研究表明，群体目标与成员的个人动机是密切相关的，尽心接受群体目标的成员会表现出最为强烈的需求动机，并努力为使群体实现目标而工作。

4. 领导者和领导方式

在群体动力学中，一般把领导作为群体的一种功能来研究，这涉及群体性能的发挥以及群体效力的高低。领导者，是群体的核心且是最有力量的人，他的想法影响重大，群体成员都因他而改变。能力更高的领导者可以协助保持群体的内外关系，促进成员的互动，以实现群体目标。他能提供计划、组织、协调、沟通、指导、激励、团结、考核等多项功能。

对群体有三种不同的领导方式：专制的领导方式、民主的领导方式、自在的领导方式。由于领导方式不同，其效果也不一样。一般而言，在专制的领导方式下，群体成员的自主性很小，成员之间的和谐度比较低，效绩取决于领导现场存在度和现场管理能力，因而只能取得中等的效率。民主的领导者通过讨论和征求意见、吸收群体中各成员的看法和建议，鼓励成员参与决策。领导者的主要职能是协调，即在成员之间进行调解和仲裁。在这种方式下，即使领导者不在，工作仍能平稳地持续前进。在自在的领导方式下，领导者的作用与情报交换站相似，其控制职能得不到发挥。在这种群体中，非生产性的活动很多，工作的进展不稳定，效率不高，成员之间存在过多的无原则的争辩和讨论。但这三种方式并不相互排斥，而是在不同的情况下可以选择不同的方式。

5. 群体的结构性

当一个群体成员之间的关系进入稳定状态时，就拥有了一定的结构。群体结构变量包括：领导、角色、规范、地位、群体规模、群体构成。群体结构塑造群体成员的行为，使人们有可能解释和预测群体内大部分的个体行为以及群体本身的绩效。群体中包含正常成员、非正常成员、领导成员和孤立者。其中，正常成员接受并遵守群体的绝大多数规范；非正常成员接受其中的某些规范而拒绝其中的一项或几项规范，但仍是群体成员之一，领导成员在保持群体的团结方面做出最大的贡献；心理上基本游离于群体之外，向往另外一个群体。

五、群体的社会助长和社会抑制作用

（一）社会助长作用

1. 社会助长作用

社会助长作用又称社会促进现象，是指个体在群体中参与群体活动时，个体行为效率有提高的倾向。

1897 年，美国印第安纳大学心理学家诺曼·特里普里特（Norman Triplett）做了一项社会助长作用的实验报告。他让被试在三种情境下，骑车完成 25 英里的路程。第一种情境是单独骑；第二种情境是让一个人跑步伴同；第三种情境是与其他骑车人竞赛。结果表明，在单独骑时，平均时速为 24 英里；有人跑步伴同时，平均时速为31英里；在竞赛的情况下，平均时速为32.5英里。这个报告引起了社会心理学家极大的兴趣。1916~1919年，实验社会心理学的创始人——弗劳德·亨利·奥尔波特（Floyd Henry Allport）进行了一系列这方面的实验。结果证实，一个人单独做一项工作往往不如一群人一起做同样的工作效率高。也就是说，个体在群体中活动有增质增量的倾向。他把这种现象称为社会助长作用。

2. 社会助长作用产生的原因

奥尔波特认为，社会助长作用的产生原因有三点：

（1）多数人在一起活动，增强了个人被他人评价的意识，从而提高了个人的兴奋水平。

（2）与他人一起活动，增加了相互模仿的机会和竞争的动机。

（3）减少了单调的感觉和由于孤独造成的心理疲劳。

（二）社会抑制作用

1. 社会抑制作用

社会抑制作用，是指与社会助长作用相反的状态，即个人和别人一起做一项工作时，做得又慢又差，比个体单独行动效率低。这种由于他人在场或与他人一起活动，而造成行为效率下降的现象被称为社会抑制作用。

社会抑制作用，取决于活动的性质和个体技能熟练的程度。在复杂的脑力活动中，群体情境对个人有干扰作用；在简单机械活动中，群体情境对个人有助长作用。但即使在简单活动中，也只有在个体已经十分熟练地掌握了活动技能的情况下，群体才有助长作用，否则也有阻抑作用。

2012年，亚轩研究院做了两项关于社会抑制作用的实验：

第一项智力型人员的社会抑制实验，将同起点、同能力的一批博士生分成四组，以不同的数量组合分别安排到四个办公室工作：1人被单独安排到了独立办公室（A组）、3人组成的办公室办公（B组）、5人组成的办公室办公（C组）、11人组成的办公室办公（D组），然后布置一项难度一般的常态性项目，并宣讲方案实施中完成每一节点的时间、内容和标准，要求整个项目完成时间为10天。结果表明，A组在第6天完成该项目，质量全部达标；B组在第9天完成该项目，质量全部达标；C组在第10天完成该项目，有一个节点不合格，未全部达标；D组在第10天完成率为60%。亚轩研究院重复进行了47次不同职业、不同内容的智力型人员的社会抑制实验，结果大致相同。亚轩研究院的这项实验表明，智力型占主导的群体，群体情境对个人有干扰作用或抑制作用，社会抑制作用成为主导地位。

第二项简单操作型人员的社会抑制实验，将经过培训上岗、可以熟练操作的6名员工2人一组分成3组，同时分派到同一车间的三个班组：A组员工工作积极、心态稳定，是该车间绩效最佳的班组；B组员工工作热情程度一般、员工流动性一般，是该车间绩效一般的班组；C组员工工作情绪低落且对公司有抵触心理、员工流动性最大且时有群殴现象发生，是该车间绩效最差的班组，然后要求被试员工进入该班组工作，并宣布其是该班组的正式员工。被试一个月后的结果显示：A组的2位新人在班组内完成绩效偏低于班组的平均水平，高于被试各组的绩效水平；B组的2位新人在班组内完成绩效在班组的平均水平以上；C组的2位新人在班组内完成绩效在班组的平均水平以下，也是被试各组绩效水平最差的。亚轩研究院的这项试验表明：简单操作的工作环境下，由于群体结构、群体情境的差异影响，可能会形成社会助长，也可能会形成社会抑制。

2. 社会抑制作用产生的原因

通常情况下，别人在场时提高人的一般动机水平，而动机水平的提高会加强优势反应。由于简单而熟悉的行为，正确反应占优势，别人在场时加强这种反应，从而提高了行为效率。而个人在完成复杂、困难、生疏的任务时，不正确的反应占优势，他人在场提高动机水平的结果是强化不正确的反应，妨碍任务完成，所以有阻抑作用。

在现实生活中，我们应该根据活动的内容、工作的性质，以及个人的特点来安排工作和学习的环境，利用群体情境的社会助长作用，避免阻抑作用，从而提高活动效率。

第四节　群体的内聚力（凝聚力）和冲突

一、群体内聚力概述

（一）群体内聚力的概念

群体的内聚力，也称为群体的凝聚力，指群体对其成员的吸引力或群体成员对其所在群体的向心力，是群体成员合力于群体或组织目标活动的心理结合力。

群体内聚力包括两个方面：一是群体对成员的吸引力；二是成员彼此之间的吸引力。

（二）内聚力的心理表现

（1）认同感：这是个体在认知和态度上与群体保持一致的情感倾向。内聚力较强的群体，各成员对一些社会事件与原则问题，都持有一致的认识与评价，即认同感。这种认同感往往会相互影响，并且这种影响是潜移默化的，特别是个体对社会刺激束手无策时，此时认同影响会更大。

（2）归属感：这是个体自觉地归属于所参加群体的一种情感倾向。体现群体内聚力最重要的形式，就是每个成员在情感上加入群体。作为群体的一员，他们以群体的规范为准则，进行自己的活动、认知和评价，自觉维护群体的利益，并与群体产生情感上的共鸣，即归属感。必须指出的是，每个人对自己所从属的某个最主要的群体怀有最为强烈的归属感，以此实现自己的安全感。我们进一步研究发现，人们对家庭的归属感要比对工作群体和学习群体的归属感更为强烈。

（3）强化感：在群体内聚力较强的前提下，当一个成员表现出符合群体规范、符合群体期望的行为时，群体就会给予肯定性评价，以支持其行为，从而使其行为得到进一步强化，使该成员信心更足，意志更强，即为强化感。

群体内聚力表现为知、情、意三方面。认同感给予个体认知上的支持，归属感给予个体情感上的依靠，强化感给予个体意志上的力量，从而使群体与个体的相互作用持续恒久。

二、内聚力的作用和影响因素

（一）内聚力的作用

群体内聚力对群体及其成员发挥的作用，主要表现为增强群体的稳定性，提高群体成员的自尊感、自信心与安全感，影响群体的工作效率等方面。

1. 增强群体的稳定性

在内聚力较强的群体中，各成员之间的人际沟通更多，大家都愿意留在自己所属的群体中，害怕被群体排斥或拒绝，因此，容易接受群体的监督与控制，遵守群体的规范，参加群体组织的活动，完成群体规定的任务，从而保证该群体的稳定性。

群体成员为了保持与群体的一致，在遇到群体压力时，容易产生从众行为和服从行为。内聚力越强的群体，各成员的从众性和服从性越高。

2. 提高群体成员的自尊感、自信心与安全感

在内聚力较强的群体中，各成员之间目标一致，意见统一，相互支持，从而在心理上增强了自信心与安全感。各成员对于自己所属的群体和自己的评价也会

随之而提高，自尊心也会提高，从而会更加热爱自己所属的群体。

3. 影响群体的工作效率

社会心理学家在20世纪30年代就意识到，由于内聚力是群体各个成员的“心理结合力”，因而内聚力的高低，对群体的工作效率必定有影响。然而，群体的内聚力与群体的生产率之间的关系并不十分明显。研究表明，群体内聚力与群体工作效率并不总是呈正相关。

针对上述问题的研究，美国社会心理学家沙赫特（Stanley Schachter）所做的实验结论：沙赫特将被试分为五个组，控制不同的实验情境：

（1）强内聚力+积极诱导；

（2）强内聚力+消极诱导；

（3）弱内聚力+积极诱导；

（4）弱内聚力+消极诱导；

（5）对照组。

其中，内聚力的强弱由指导语的控制而产生，积极或消极的诱导是用群体其他成员的名义写的纸条递给被试者，积极诱导要求增加生产，消极诱导要求减少生产。各组的生产任务是制作棋盘。对照组是在没有上述两种控制的条件下从事生产劳动。

实验分两个阶段进行，第一阶段共16分钟，对实验组被试都不进行诱导，只给以中性纸条；第二个阶段共16分钟，每个实验组被试都受到6次诱导。结果表明，实验的第一阶段，各组成绩并无差异，而在实验的第二阶段，内聚力的强弱和不同的诱导产生了两种明显不同的效应，从而使群体生产率产生明显的差异。积极诱导能提高生产率，尤其是对强内聚力组的作用更大，该组成绩最好；而消极诱导则会降低生产率，其反作用也很大，尤其是对弱内聚力组，该组成绩最差。

此实验表明，要提高一个群体的工作效率，除了提高群体的内聚力外，还必须对群体成员加以正确的引导。即不能仅仅加强群体成员之间的情感联系提高内聚力，只有双管齐下，才能有效地提高生产效率。相反，如果引导失误，群体内聚力越强，本位主义倾向越严重，群体的工作效率越低。

（二）影响群体内聚力的因素

群体内聚力会受到很多因素的影响。影响群体的内聚力主要有以下几个方面：

1. 群体的领导方式

群体的领导方式，首先，在于领导者自身的素质与影响力；其次，在于领导作风（民主式、专制式、自在式）与心理特征。

2. 群体成员的地位和相似性（同质性）

群体中地位越高的人，他们的内聚力越高；成员的同质性（目标、价值、信仰、兴趣、爱好），即群体中成员与其他成员相类似的程度越高，该群体的内聚力越强。

3. 进入群体所付出的努力和激励机制

个人进入群体，付出努力越多，内聚力越高；群体为其成员所提供的奖励（如尊重、经济报酬等）越多，内聚力越高。

4. 外界的威胁和激烈竞争

这种威胁会提高成员对群体的亲和力与责任感。群体与群体之间处于竞争状态时，各自的群体内部就会产生压力与威胁，迫使所有的成员自觉地减少分歧，统一意见，一致对外，提高忠诚度和向心力，对群体目标的承诺程度也提高了，以避免所属群体受到损失。亚轩研究院实验研究表明，有竞争的小组比没有竞争的小组结合得更紧密。

5. 群体规模

小群体比大群体内聚力更高。小群体成员间直接接触和交流的机会更多，他们之间交往频繁，共同活动，因而凝聚力自然提高了。高内聚力的群体具有作为群体成员的自豪感、对群体其他成员的喜欢和群体帮助个体实现其理想与目标等特征。

三、群体冲突

（一）群体冲突的概念

群体冲突，指个人与群体之间、群体与群体之间两个或两个以上主体所发生的具有对抗性质的互相交往的心理，冲突者互不相容、相互排斥、相互干涉。从消极层面分析，冲突妨碍甚至破坏现有群体和组织的运转；从积极面分析，冲突也能转化为推动组织运行的助力，这就是现代冲突观。现代冲突观主要包括：

（1）冲突会成为群体变革的催化剂，它会促使群体或个体重新评价群体目标或对优先顺序重新做出排列，迫使管理者发现一直被忽视的重要问题，并对这些问题做出高质量的决策。群体冲突往往会给群体带来冲击，使群体不满足于现状，从而走向革新。

（2）压制所有冲突会导致更消极的后果。因为，如果对所有冲突都进行压制，人们就开始暗地里互相拆台而不是直接对抗。群体把精力花在企图削弱对手而不是努力去解决与对手的问题上。作为解决冲突的一种策略，对抗有时比压制更为有效。

（3）冲突是不可避免的，国家、地区、政党、企业、社会组织，时时有冲突，处处有冲突，不发生冲突实际上是不可能的。另外，国际或国家的政治经济社会形势一年中可能会多次发生变化，这些变化常常造成新问题的凸显和新矛盾的生成，由此引起的冲突并不易预见或并不总能避开。

（二）群体冲突的产生

1. 工作协调

部门之间、群体上下游之间、群体与群体的母体之间的工作协调是导致群体冲突的主要动因。

（1）纵向依赖：一个工作群体为了完成其任务必须依赖上下游群体的依附性配合，一个群体的产品（产出）是下游群体的原材料（投入）。例如，生产丙烯酸丁酯的石化厂的产品输出则是建筑或包装乳液厂的原料输入；市场研究职能部门进行的消费者调查结果成为广告部门促销活动设计的原始数据；建筑师设计的规格参数成为工程部门活动的起点。一个群体的活动对另一群体的绩效影响越大，群体冲突的可能性就越大。直线和职能群体常常由于序列工作的相互依赖而互相冲突。

（2）横向依赖：一个工作群体为了完成其任务必须依赖相关群体的依附性配合，生产部门和质量保证部门之间的关系也许是说明相互工作依赖的最好例子，生产部门生产出来的产品由质量保证部门来检验安全性和其他标准，而质量保证部门则把那些不合标准、需要修正的产品送返生产部门。相互工作的依赖也存在于生产部门和销售部门之间，生产部门为销售人员提供要推销的产品，而销售人员的订单和估算则有助于生产部门决定产量。由于相互工作的依赖而产生的群体冲突在于群体对绩效的差异，每个群体都对接收来自其他群体的工作的质量或数量感到不满意。采购部门和工程师也常常因为任务依赖性而发生群体冲突。采购部门承担在符合质量要求的前提下以最低成本为组织获得原材料的责任，采购人员特别不希望工程师告诉他们应该购买什么特定牌子的物品，他们只要得到所采购物品的功能性规格，以便他们能够更有效地和许多供应商讨价还价。然而，采购人员的这种要求却会造成工程师工作量的增加，因为如果那样的话，工程师必须在材料订单中提供更详细的情况，而且还必须测试多种牌子的产品，以确定哪些能够符合他们的规格要求。工程师和采购人员双方都认为对方侵犯了本属于自己管理的职责范围。

（3）群体责任模糊：如果不明确规定哪个群体应对某项活动负责，那么群体冲突也可能发生。这种对工作职责缺乏明确规定的情况称为群体责任模糊或群体边界不清。群体责任模糊常常引起工作群体间的相互敌视。因为群体责任模糊往往使得重要的工作责任模棱两可，处于群体之间谁也不负责的真空之中，而每个群体却因为它所认为的是对方的缺点而感到义愤填膺。群体责任模糊导致群体冲突的一个很好的例子便是新员工的录用。公司的人事部门和特定的职能部门（如营销、生产、财务）双方在招收新员工时都负有责任：鉴定应试者，面试候选人，做出录用决策并商定工资。但有时在谁最终有权决定和执行录用的决策上双方发生冲突，正是由于公司没有明确规定所造成的群体责任模糊，致使人事部门和其他的职能部门各自宣称自己有决定权，从而最终使公司不得不推迟答复。群体责任模糊在组织迅速扩大或组织环境显著变化时常常发生。

（4）职能的差异：群体中的员工进行工作和与别人交往的方式随职能不同而各有差异。

第一，不同职能群体目标时间差异。例如，研究与开发部门人员比制造人员的目标要长远得多，评价制造部门是根据它生产高质量产品的速度，而对研究与开发部门人员的评价只能等到很长一段时间的产品开发和试验之后。

第二，不同职能部门的目标内容差异。制造部门的目标要比研究和开发部门的目标来得更具体、更明确，制造部门在产量、成本节约上都有很精确的目标，而研究和开发部门的目标要笼统得多且不容易衡量，如研究基础科学知识以及开拓潜在的市场应用。

第三，不同职能部门人员的人际关系是有差异的。研究与开发部门需要和鼓励群体的松散性、社团性和非正规性，而这些如发生在制造部门中，将会造成组织功能失调。两个工作群体的目标、时间和人际关系差异越大，在他们不得不协调他们的工作时，两个群体就越容易发生冲突。这些职能上的差异使各群体对其他群体的行为感到失望或不可理解。

2. 群体的奖赏制度

群体奖赏制度设计，也是产生群体冲突的主要动因。

群体的奖赏制度的设计造成这样一种情形：一个群体只能通过牺牲其他群体的利益来实现自己的目标。例如，职能部门可能会由于削减成本和人员而获得奖赏，而销售部门则因为出售的产品数量或提供的服务增加而获奖。为了增加产品销售量，销售部门可能不得不更加依赖于职能部门，如广告部，然而职能部门因为降低了成本和削减了人员正在受到表彰，如此可能会导致销售部门不能完成目标（成本和人员的削减）。可见，奖赏制度不可避免地会导致群体间关系的恶化。

（三）冲突的分类

1. 按冲突的形式分

（1）目标冲突：目标与方向上的不一致，一般由工作性质、地位和利益不同而引发的冲突。

（2）认知冲突：看法与观点上的不一致，一般由价值观不同而引发的冲突。

（3）感情冲突：感情与态度的不一致而引发的冲突。

（4）心理冲突：心理上的互不相容，一方的心理不为另一方所接受而引发的冲突。

2. 按冲突的层次与规模划分

（1）个人冲突：包括个人心理冲突与人际冲突。

（2）群体冲突：包括群体内和群体之间的冲突。

（3）组织冲突：可以细分为组织内（纵向、横向、直线与联合）的冲突，以及组织间（企业间、民族间、国家间的冲突）的冲突。

3. 按冲突的群体本质及产生的结果划分

（1）建设性冲突：处理得当，可以明辨是非，促进群体、组织的改革与创新，带来积极的后果。

（2）破坏性冲突：矛盾加剧，造成系统的混乱，给群体、组织运营造成极大的破坏作用。

四、冲突的后果和解决策略

（一）冲突的后果

1. 对群体内部的影响

内部凝聚力增强，分歧减少。管理方式逐渐由民主式转向专制式。

2. 对群体间的影响

（1）孤立主义与排外观念，减少相互间的沟通。

（2）对其他群体增加认知上的偏见（晕轮效应、定型作用）。

（二）冲突的解决策略

1. 竞争方式

坚持抗争，维护己方利益，寸步不让，一般认为自己完全正确。通常在道义上、实力上占有绝对优势时，采用此种方式。

2. 回避型方式

淡化掩盖和退出冲突，不激化双方矛盾，不满足任何一方的利益。一般在认为冲突本身是枝节问题，或者认为彻底解决冲突会造成严重破坏时使用。

3. 体谅型方式

忍让为怀，息事宁人，不坚持自身的利益。通常当自身确有不正确之处，和谐和稳定更有价值时，可以采用这种解决方法。

4. 合作型方式

满足双方利益，相互吸取对方合理化的建议，强调建设型的处理方式方法。当冲突和矛盾有利于工作的改进和开展时，通过协商和仲裁方法能够解决问题时，可采用此方法。

5. 妥协型方式

采用中庸的解决方法，双方都做出一定的让步，当双方势均力敌，应对成本过大的情况下采用此方法。

第七章
群体中的人际关系

第一节　人际关系概述

一、人际关系概念

人际关系，指社会人群在相互交往的过程中产生、发展和确立的人与人之间的心理关系。主要表现在人们心理上的距离远近、个人对他人的心理倾向及相应的行为等。

二、人际关系产生、发展和作用

(1) 人际关系是在人际交往的基础上产生并通过人的活动这个中介实现的。人们在共同活动中开始了相互交往，有了语言和情感的交流，这使他们之间发生了联结，结成了一定的关系，即在个人之间、个人与群体之间结成了复杂的人际关系。

(2) 人际关系在人际交往过程中不断发展。人们在交往过程中相互促进相互了解，有更多的共同经验与感受，就会促进双方之间的心理相容，使双方的关系更加密切。同时，人际关系的性质、亲密程度只有在交往过程中才能表现出来，人际关系的性质和亲密程度也会影响人际交往的内容和交往的频率。

(3) 人际关系反映了在社会生活中个人或群体寻求满足交往需要的心理状态。人际关系的发展与变化取决于双方需要的满足程度，如果人际双方在交往过程中各自获得需要的满足，就会发展并保持接近的心理关系；反之，就会使双方关系疏远、中止甚至产生敌对的关系。

（4）人际关系的状况如何，对一个人的工作、学习和生活，对群体、组织和社会，都有着深刻的影响。人际关系的作用主要表现在：

1）良好的人际关系可以强化群体合力。

2）良好的人际关系可以提高群体士气、工作情绪、劳动效率。

3）良好的人际关系有助于人的内聚力与群体成员的满意度。

4）良好的人际关系有助于提高人们的心理健康，在人际关系中控制、包容感情的需要是人的一种本能。

三、影响人际关系的因素

影响人际关系的两大基本因素：时空接近和人际吸引状态。

（一）邻近律（时空接近定律）

人们生活空间上的距离越小，双方越容易接近，彼此之间越容易相互吸引，并继而成为知己，建立和谐的人际关系。

人们彼此之间在时空上的接近是友谊形成的重要因素。影响人际吸引的因素固然很多，但基本上都是以时空的接近为先决条件的。

（二）人际吸引的一致律

人际吸引的一致律是指人们交往中的年龄、性别、职业、社会地位、文化程度，尤其是认知态度上具有某种一致性或相似性时，就容易产生相互吸引，并成为“同窗”“同门”“同事”“同行”“同道”。

试验结果表明，彼此相似的人一般都相互喜欢，而且最后成了好朋友。在相似性中最有吸引力的大概是态度和价值观的一致性。

（三）人际吸引的互补律

人际吸引的互补律是指人际互动的双方尽管彼此的态度、性格大相径庭，但是，当双方的需要和满足途径正好成为互补关系时，也会产生强烈的互补吸引力。简言之，当一方所具有的品质和表现出的行为正好可以满足另一方的心理需要时，前者就会对后者产生吸引力。

（1）相互需求的满足。当一方的行为正好能够满足他方的心理需求时，就会产生相互间的吸引。比如，一个大姐型的女性，自小在家中扮演母亲的角色（如照看弟妹、操持家务），往往以被人依赖、需要为满足，这样的女性十分适合一个依赖性较重、自我生活能力较差的男性。在非婚姻关系中，这种由于相互需求满足而产生的人际间的吸引也十分常见。

（2）合乎自我理想者的仰慕心理。自我理想往往是一个人努力追求而又无法实现的个人愿望。如果有一位友人正巧是这一理想的化身时，自然会引起此人的仰慕和敬爱。在婚姻和非婚姻关系中，这种现象都随处可见。

相似性和互补律表面上看是自相矛盾的，其实是一致的。比如，一个普遍的认知是，支配性强的男子和顺从性强的女子是天造地设的一对。表面上看起来，他们的结合是互补律的结果，但仔细分析看，却是相似前提下的互补。因为只有当男女双方都一致认为，在婚姻关系中男性应起支配作用，女性应处服从地位，这种婚姻关系才能维持下去。否则，这一家庭必然会充满矛盾和危机。

（四）人际吸引的对等律

对等律充分体现了人际吸引的强化原则，即喜欢那些同样喜欢自己的人。这种心理机制，我们可以在恋爱关系、婚姻关系、同事关系、朋友关系中获得佐证。但在父母与子女关系和专制制度下的上下级关系中，人际吸引的对等律事实上是不存在的。

第二节　人际关系基本倾向分析

一、人际关系的行为模式

人际关系的状况是通过行为表现出来的，一方的行为会引起另一方相应的行为反应，一定的人际关系往往会表现出一定的人际行为模式。正常条件下，一方表示积极的行为，会引起另一方相应的积极反应；一方表示消极的行为，会引起另一方相应的消极反应。

个体在长期的社会活动中，会逐步形成相对稳定的人际反应的基本倾向，即对待他人和人际关系的基本态度及行为方式。这是个体个性化的人际反应倾向。

二、人际关系倾向分析

人都有交往的需要。交往的需要是人类的基本需求之一，它是推动人们去建立和发展人际关系的内在动机。

根据交往需要中包容需要、控制需要、感情需要，以及满足需要的行为倾向（主动、被动），把人际反应倾向分为以下六种类型。

（1）主动包容型：主动与他人交往，希望与他人建立并维持相互容纳的和睦关系，他们的人际行为特征是待人宽容、忍让，主动大胆地交往、沟通、参与等。现代国际关系中国家与国家之间、企业关系中企业对下游客户之间多采取此类形式。

（2）被动包容型：这种类型的人虽然希望与他人交往并保持和谐关系，但在行动上表现为只是被动地期待别人接纳自己，缺乏主动。

（3）主动控制型：总想控制、支配别人，将自己摆在交际活动的中心或左右局势的位置。其人际行为特征是运用权力和权威，超越和领导别人。

（4）被动控制型：这种类型的人易追随他人，愿意受人支配，与他人携手合作。

（5）主动感情型：喜欢主动与别人建立感情，主动与人表示亲密、友好、热情、照顾，并乐于向别人表达自己的感情。

（6）被动感情型：这种类型的人虽希望与别人建立情谊，但在行动上只是期待他人对自己表示亲密，却不能主动大胆地吐露自己的感情。

三、人际反应方式

人们在长期的社会交往过程中，会形成各有特色的人际反应方式方法。人际反应方式，可以从不同角度划分出不同的类型。了解这些人际反应的方式和类型，不仅有助于我们分析人际交往中的各种人际行为，也有助于管理者预测、诱导、控制人的行为，为人际交往创造有利环境。

人际反应的方式可从以下两个方面来划分：

（1）根据人际反应的外部表现，可分为外露型、内涵型、伪装型。

（2）根据在交往中处理人际关系的不同，可分为合作型、竞争型、分离型。

第三节　人际关系的动力、类型

一、人际关系的动力

繁衍、生存、精神是人际关系的三大驱动力，这三大动力相互结合、补充，构成人际关系的动力系统，是人际关系形成和发展不可缺少的。

（一）繁衍的需要

繁衍生命，生产出人际关系的主体，保证了人类的种族延续和发展，也保证了人际关系的发展和丰富。

人类在生产人的同时，也生产出了人与人之间的关系——人际关系，如家庭关系、婚姻（夫妻）关系、父母关系、儿女关系、兄弟姐妹关系，当一个生命诞生，与其父母兄弟姐妹便结成血缘关系，也与同父母兄弟姐妹有血缘关系的人结成亲属关系，这是家庭关系的外扩。进一步外扩，则产生社会关系，如朋友关系、邻居关系、同事关系、商务关系。

（二）生存的需要

人类建立人际关系，是为了生存的需要。人们为了生存，需要解决衣食住行的问题，为了获取维持生命的物质资料，人类要同自然界发生一定的关系，向自然界索取物质成果。凭借个体改造自然、征服自然的力量十分脆弱，必须建立一定的人际关系，以“群”的力量，才能对付险恶的自然环境和凶猛的野兽。即使到了现代，人类为了生存，获取生活资料也很难凭借个人的力量，而必须结成一定的人际关系，才能顺利地进行必要的生产，满足人类生存和发展的需要。

（三）精神的需求

文化、艺术、科学、技术随着物理世界的发展而发展。人们为了精神的需要，结成了新型的人际关系，以推动精神生产，丰富人们的精神生活，提高人类自身的质量，提高物质生产的质和量。但是探索大自然的奥秘靠个人的力量是难以完成的，必须结成一定形式的人际关系，在一定的集体内进行。精神生产影响和制约着人际关系产生的规模、质量和发展水平。人际关系需要精神生产来支持与维系。

二、人际关系的类型

人际关系根据不同的分类标准，可划分为如下几种类型：

（一）趣缘关系

趣缘关系就是因人们的兴趣相同而结成的社会交往关系，它也是社会发展的产物。如围棋、桥牌、音乐、舞蹈、书画、运动等社会活动群体。这种人际关系的特点是其结构较松散，活动的时间也较分散，一般活动在节假日、周末及其他闲暇时间进行。

（二）志缘关系

志缘关系是因人们的共同志向或信仰进行社会交往而结成的人际关系，如社区基督会、修禅会、道友会等。

（三）业缘关系

业缘关系是人们从事共同的、关联的工作结成的人际关系，是以在社会组织中所从事的职业活动为构成媒介。它有上下级关系、同级关系、服务关系、师生关系，师徒关系、同学关系、同事关系等。

（四）亲缘关系

亲缘关系是以姻缘关系为基础，以血缘关系为纽带建立的关系，是人类社会早期出现的一种人际关系，有婚姻关系、家庭关系、亲属关系等。

（五）地缘关系

地缘关系是以居住地域联结的关系，主要是邻里关系、同乡关系。

第四节　人际关系的中介因素分析

一、人际关系的语言因素

语言，是人际关系约定俗成的符号系统。在语言这一符号系统中还可以分出两个亚系统，即发声的语言（口头语言）和不发声的语言（书面语言）。在语言这一符号系统中有有声和无声之分，在非语言的符号系统之中同样有有声和无声之分。由此，作为人类交际工具的符号系统就可以分为四大类，即有声的语言符号（语言）和无声的语言符号（字形）；有声的非语言符号（如怪叫、呻吟、呜咽等）和无声的非语言符号（手势、身势、眼神等）。

（一）语言的交际功能

语言有两种基本功能：一是思维功能，是在表象、概念的基础上进行分析、综合、判断、推理来反映并认识客观现实的一种能动过程；二是交际功能，它是沟通不同个体之间交流的桥梁，是不同的个体心理活动彼此发生影响的最有效工具。

语言在交往中的作用，不但体现在它能够使人们进行思想的交流，而且，更为重要的是，人们还可以通过语言功能实现事物态度和情感体验的交流，并由此把交往推向更高的层次，使人们能在此基础上形成良好的人际关系。

（二）语言的交际过程模式

1. 构成语言行为的因素

（1）言者（讲话者）：言者通过语言表达的感情是特定的，即表达的是对自己所谈的事物的感情。对听话者来说，讲话者的感情仅仅是提供信息，但当人们把这些感情状态同他们所谈的具体内容联系起来以后，即弄清了讲话者的喜、怒、哀、乐、惧的缘由时，便构成了交际行为。

（2）听者（听话者）：讲话者是“信息输出者”，而听话者则是“信息接收者”。

（3）交际者的接触：交际者的接触，最能体现语言的交流感情的功能，因为此刻言语的功能在于建立、维持这种联系，促进友好合作的感情。

（4）话题：话题最能体现语言的交流思想的功能。因为讲话者的话题是讲述他是如何理解事物的。

（5）语言代码。

（6）信息。

（7）背景：人们的交际行为总是发生在特定的时间和空间之中的，也就是说都是在特定的经济技术和社会文化的背景中进行的。

2. 拉斯韦尔模式

著名的社会学家和传播学奠基人哈罗德·拉斯韦尔（Harold Dwight Lasswell）于 1948 年发表了《传播在社会中的结构与功能》论著，明确提出语言交际过程（传播过程）五个基本构成要素，即：谁传播，传播什么，通过什么渠道传播，向谁传播和传播的效果怎样，后人称之为“拉斯韦尔公式”。

（1）谁？（谁传递信息）——沟通者。

（2）什么？（传递内容）——表达。

（3）怎样？（怎样完成传递）——渠道。

（4）对谁？（传递对象）——听众。

（5）有何效果？——效果。

二、人际关系的非语言因素

群体人际关系活动除语言因素外，还常常借助于能够直接打动人感觉的器官，如视觉，用以修饰、加强、修调，甚至于替代语言的运用。因此，非语言因素在人际关系交往中具有非常重要的作用。

成功的信息传递 = 7%的语言 + 38%的语音 + 55%的表情。

人际交往的中介因素中的非语言因素，不但扩大了交流范围，而且也使交往的层次进一步深入。非语言因素，是除语言之外的躯体各部位发出的中介因素——身势语。

最早提出“身势学”（Kinnsics）概念的是美国学者雷·L. 伯德惠斯戴尔。他认为，人体的大部分动作像组成歌的字母和音意一样，是意思表达的组成部分。他把这些组成部分称之为“身势语的最小表述单位”，由这些身势语的最小表述单位进一步组成“身势语词素”，它由一系列动作组成，用来表达某一具体的含义，故可以看成是身势话语。这些身势语词素按句法结构原则进一步扩大了的互相联系的行为组织，即复杂的身势形式结构，而这些结构具有许多口语句法的特点。身势语是和人类语言十分相似的，只不过表现形式不一样罢了。

研究发现，仅脸部，就能做出大约 25 万种不同的表情；仅明确区分的手势达 7777 个之多。人类无以计数的动态无声的交际活动，也就是由非语言因素起作用而进行的交际行为，可以分为以下几个大的类别。

（一）手势

手势在人类的非语言交际中具有十分重要的作用。当语言不通的人在一起交流时，往往借助手势来表达自己的意思。聋哑人主要以手势为交流工具。手势按其功能分为三种，即情绪的、指示性的和描述性的。手势在人们的社会活动中可以起着以下作用：

（1）有时可以代替说话，如聋哑人的交谈。

（2）可以用来强调某一问题，或通过这种非语言的方式描述事物。

（3）手势还可以给说话者提供缓解紧张的机会，也就是说手势象征着说话者的情绪状态。

通常使用的手势：右手掌向前推出，表示前进、勇敢、目标、计划、实施、可实现；手掌弧形外摆，表示不屑、无所谓、不在乎、不可能、一切尽在掌控中；握拳于胸或举拳，表示愤怒、仇恨、报复、承诺、一定实现、宣誓、必须的。

（二）体态

体态是指运动性体态，又称说明性身姿。说明性身姿一般都与语言相伴使用。研究表明，一个人的体态往往反映着这个人对他人所持的态度。

如果和一个他所厌恶的人相处，他会表现出过于随便或轻蔑，呈现水平外扩方向的体态特征；如果和一个他所崇敬和膜拜的人相处，他会表现出过于拘谨，显得手足无措，呈现水平内敛方向的体态特征；如果和一个他所追求的异性或争取成功而尚未成功的客户相处，他会表现出异常的激情，热情飞扬，呈现纵向向上方向的体态特征；如果他因目标未达成或计划未实现，他会表现出沮丧、落魄、无精打采，呈现纵向向下方向的体态特征。此外，以婚姻关系为例，女人心情不舒畅时，往往表现得懒散。而和自己不喜欢的女人结婚的男人，总显得呆板拘束，毫无生活情趣。

（三）面部表情

面部是人际关系中最常用也是最有效的交往区域。面部是情绪沟通的主要区域，人们在互动过程中注视着这一区域，它清晰明了地标志着一个人的情绪状态，具有某种固有的情绪模式。人们在接触时，是微笑、是憎恨、是厌恶、是冷漠等，都很容易从面部表露出来。

面部微笑让交往中的人与人之间距离急速拉到0点，使之成为与自己建立良好的人际关系的始点。微笑，可以给对方以谅解、鼓励、释然、相信、信心、理解等心境信息；面部阴沉、布满不快，则易使对方敬而远之，或易让对方理解为对其不满的猜忌和情绪的连锁传递。可见面部表情的不同显示，对建立不同的人际关系，起着重要的影响作用。

（四）眼神

眼神是人际关系中最常用也是最有效的交往区域，它精准传递和标志着一个人的情绪状态，具有某种固有的情绪模式。眼睛，是心灵的一扇窗户。人的很多心理活动，都是通过眼神表达出来的。

“两眼喷火”，表示愤怒、恫吓、威胁、报复；“含情脉脉”，表示喜欢、讨好、示爱、满意；“双目如炬”“目光炯炯”，表示刚毅、智慧、思想、信心、勇敢；“两眼无神”“暗淡无光”，表示失败、信心尽失、心力交瘁、生理和心神已至暮年膏肓。这些不同的眼神，都是人与人交往中不同情境下的特定产物。在生活中，有些人之所以能一见钟情，其最初的交往是从互换眼神开始，而当两双眼睛撞击到一起产生火花时，双方就会动情，由此，引导交流向纵深发展。

在实际交往中，眼神往往是向人发出的最早标志，人们从这些标志里，既可以捕捉到继续交往的信息，也可以寻找到绝交的“通牒”，从对方的眼神里可以把握其对交往的满意度，以便于及时调整自己的交往方式，掌握了这一点，对我们进行顺利的交往至关重要。

（五）姿态

姿态即人的静止的体态。人的静止的体态和运动的体态一样能够作为非语言的交际方式，用来表达种种不同的信息和内心的情绪状态。无论是直挺挺地站着，还是斜倚着门窗或桌椅，无论是正襟危坐，还是随随便便地跷着二郎腿，身体的各种不同姿态都表达着一定的信息，可以理解成局促不安，或者麻木不仁，或者自由散漫，或者满不在乎，等等。

姿态也可以成为群体内一般倾向的指示器。例如：在开会时，由于意见不一致而发生了激烈的争吵现象，而当争吵过后出现暂时的平静时，人们就各自用自己的姿态来表示其态度。赞同的人多跷着二郎腿，一副自信的样子；反对者双手抱胸，叉腿而立，大有不甘退让之势；中立者，则袖手旁观。这时如有谁突然改变了姿态，很有可能表明他对讲话人持有异议，或者表示他正改变着原有的立场。此外，人们在不同的情境同不同的对象交往，也都有不同的姿态。而从不同的姿态上，也可以看出交往双方达到什么样的程度。例如，交往较深，双方在一起时就比较随便，但若交往不深，双方则显得拘谨，姿态比较生硬、别扭等。

三、距离与交往

（一）距离是交往的第一要素

人际关系的交往，距离是首因。一般来说，距离与交往的深度呈正相关关系，换言之，距离越近，越易产生交往，交往越深；距离越远，越难产生交往，交往越浅。譬如，一个人身居非洲南部内陆津巴布韦的加布里埃尔与另一个深居中国东北鄂伦春族的乌娜吉汗，两个人远隔重洋，素不相识，自然就谈不上交往。而距离越近，越容易自然发生人际交往。例如，住在相邻地方的邻居，教室里座位靠近的学生之间，同车间的工人之间，在机关办公位置邻近的同事之间，彼此接触的机会多，自然而然就容易建立人际关系。

互联网时代的世界，拉近了人际交往的空间距离。身居非洲南部内陆津巴布韦的加布里埃尔与另一个深居中国东北鄂伦春族的乌娜吉汗，两个人虽然远隔重洋，但通过互联网工具也可以认识，但交往厚度较低。以乌娜吉汗为原点，空间半径距离越近的群体的语言、风俗、文化、气质、兴趣、习性越接近，乌娜吉汗人际交往的可能性越强、交往的厚度越高；与乌娜吉汗空间半径距离越远的群体的语言、风俗、文化、气质、兴趣、习性差异越大，乌娜吉汗人际交往的可能性越小、交往的厚度越低。乌娜吉汗与非洲南部内陆的津巴布韦的加布里埃尔在互联网时代或许可能交往，但交往的厚度极低，甚至会快速淡忘。

（二）距离是交往亲密程度的一种标志

人与人在交往时，两者相距的空间反映了一个人同他人已有的或者希望形成的人际关系的心理认知，两者距离空间的大小，往往可以是交往亲密程度的一种标志。美国的人类学家爱德华·霍尔（Edward T. Hall）在《近体行为的符号体系》一文中提出了“近体学”（Proxemics）的概念，用以概括对人类交往的空间距离的研究。霍尔认为人们交往时互动双方的空间由近及远可以分为以下四区：

1. 亲昵区

（1）非常接近（3~6 英寸），昵喃低语，绝密状态。

（2）接近（8~12 英寸），轻轻低语，秘密状态。

2. 个人区

（1）近（12~20 英寸），宅内低声，秘密；室外正常声音，秘密。

（2）中度（20~36 英寸），低声，个人事情。

3. 社会区

（1）中度（4.6~5 英尺），正常声音，非个人信息。

（2）公开距离（6.5~8 英尺），正常声音，让他人知道公开消息。

4. 公众区

（1）房屋跨度距离（8~20 英尺），大声地告知一个群体。

（2）超过距离限度（20~24 英尺、室外达 100 英尺），欢呼和启程时的欢送。

（三）距离的补充研究

一般来说，当人与人进行交往时，间隔多少距离取决于具体的情境以及交往双方的关系。但是，文化及习惯因素对人际交往的距离也有所影响。将这些因素综合起来，可以归纳为以下几个方面：

（1）亲密和了解程度。一般说来，夫妇、恋人处于亲昵区，朋友间的正式互动处于个人区，熟人交往处于社会区，而一般的公开的正式交往处于公众区。

（2）历史文化背景。在不同的国家、不同的种族中，人际交往的距离往往不同。根据有关研究证明，这种交往距离上的差异往往和人们对“自我”的理解不同有关。例如，北美人理解的“自我”包括了皮肤、衣服以及体外几十厘米的空间；而阿拉伯人的“自我”则仅仅局限于心灵，以至于他们把皮肤都当成是身外之物。因此，如果一个北美人和一个阿拉伯人交往，往往会出现这样的令人忍俊不禁的局面：阿拉伯人步步紧逼，他总嫌对方过于冷淡；而北美人却连连后退，接受不了对方的过度亲热。

（3）社会地位差别。在交往中，社会地位的差别使交往距离各异，一般来说，社会地位相差较大的人相互间的交往比较正式而人际距离也较远。而社会地位相近的人交往距离则较近。

（4）性别的差异。一般来说，男性的“个人圈”较大，而女性则相反。亚轩研究院做过这样的实验：让相同数量的男性或女性同处在一间小房子里待上一段时间。结果发现，时间稍长男性就会感到焦虑不安，脾气暴躁，冲动性和侵犯性都有所增强；但同等数量的女性待在一起却能融洽相处，亲密无间。

造成这种差异的原因有二：一是与男性相比，女性更善于表达柔情和友爱，因此她们在交往时，具有较小的人际距离；二是女性的独立性较男性差，互相依赖的诉求强，因此，交往时人际距离较小。

第五节　竞争与合作

一、竞争与合作的概念和功能

（一）合作的概念

合作是指人们为了实现某个共同目标而进行相互配合的协同活动。一般来说，合作有两种形式：多个人合作完成一件事，每人承担一部分工作，这叫分工；几个人相互补充，共同完成一项活动，这叫互助。分工和互助是合作的两种主要形式。

建立合作必须具备两大基本条件：一是合作者必须有共同的目标、利益、兴趣和爱好等；二是必须具备一定的物质技术基础，这就是说，合作之所以能够进行，必须具有相互协调一致的专业、技术和工具。

（二）竞争的概念

竞争是指与合作相对立的行为，是人们为了实现有利于自己的目的而进行的超越别人的活动。个人在竭力实现自己目标的同时，力图阻止而不是支持别人接近目标。

在人们的相互作用中，属于合作一类的行为还有顺应、协调、联合等；属于竞争一类的行为还有冲突、反对、分裂等。合作与竞争是人们彼此间相互作用的多种形式之中的两种基本形式。

（三）竞合的概念

竞合（Co-opetition）是基于合作与竞争结合的人际关系行为，竞合建立在博弈论之上，是零和游戏。

人际关系有竞争，也有合作，是一种合作竞争的新理念。它强调合作的重要性，有效克服了过分强调竞争的弊端，同时，利用博弈理论和方法制定合作竞争战略。合作竞争战略管理理论的核心逻辑是共赢性，反映了以博弈思想分析各种人际关系和互动关系，建立起公平合理的合作竞争关系。

（四）竞争的功能

一个社会若缺乏良好的竞争环境，或不能有效地组织竞争，就必然会走向没落。竞争既是群体所面临的巨大压力，也是群体活力的源泉。

（1）竞争可以调动群体成员的积极性。没有竞争，就没有压力，没有动力，也没有活力。

（2）竞争可以增强凝聚力。在群体间产生竞争时，群体内的每个成员都会感受到外部巨大的压力，对切身利益有威胁，群体就会在一个目标下团结起来一致对外。因此，在群体之间进行竞争，会增强群体凝聚力，改善群体内部的人际关系。

（3）竞争能促进技术进步。竞争的压力会迫使群体从战略高度出发，发展科学技术，培育人才，培植核心竞争力。同时，竞争也会强化群体成员的学习观念。

（4）竞争可强化群体成员的主人翁意识，激发创造性。

（5）竞争能改变人们的传统观念。市场经济条件下，只有在竞争中才能生存，才能发展。

二、合作与竞争的形成

人与人之间之所以合作或竞争，主要是由他们之间的相互依赖关系的性质所决定的。

（1）利害一致或共同利益关系。具有利害一致的关系的人们，由于目标相同，利害与共，通常都会表现出合作行为。

（2）冲突或利益矛盾关系。一个人的所得，有赖于他人的所失，他人得的越多，自己失的越多。处于利害冲突关系中的人们，通常都会采取竞争的行为。

（3）利害共存或混合利害关系。既有共同的又有分歧的利害关系的人，就可能同时表现出合作与竞争的倾向，这就形成了混合利害关系。在这种情况下，人们的行为会表现出两面性。

合作的特点不仅在于合作各方有着对于实现共同目标而相互依赖、相互帮助的心理需求，而且还在于每个人都对他人采取积极友善的态度、具有喜欢的感情。竞争的特点在于，有关各方都清楚地知道自己实现目标就妨碍他人实现目标；每个人都对自己的竞争对手采取消极冷淡的态度，具有不喜欢的感情。

三、影响合作与竞争的因素

（一）动机

一个人在需要、动机方面的特点对他的行为方式的选择与确定具有决定性的作用。成就需求强、成就动机高的人，时时处处要与别人进行比较，要超出别人，这种人在工作中往往表现出更强的竞争倾向。而交往需求强、交往动机高的人则容易与别人相处，更倾向于合作行为。

在现实生活中，任何人对于别人究竟是合作或是竞争，都不完全是由他自己的动机特点所决定的。他总要考虑对手的情况。对方打算怎么做，对方的意图是什么，对一个人的行为选择有重要影响。

（二）威胁

威胁是迫使对方答应自己要求或进行合作的一种手段。对于解决冲突、达成合作，确实有一定的效果。但是，威胁达不到目的，反而会导致冲突升级。事实上，双方都没有威胁手段，比一方拥有威胁手段时实现合作的可能性更大；一方拥有威胁手段比双方都拥有威胁手段时，更容易实现合作。

（三）信息沟通

交往双方相互之间的信息交流和沟通，有利于双方的相互了解和认识，对于正确理解对方的意图会有促进作用。对方各自说明自己的意图和目的，主动解释自己的动机，就可以减少对方作出错误判断的机会，增加相互信任。相反，如果交往的双方各自隐瞒自己的意图，不进行沟通，就难以避免胡乱猜疑，从而导致误解。遗憾的是，在现实生活中，人们之间一旦出现分歧或发生冲突，往往是减少甚至是取消沟通的机会，不再来往了，甚至不再说话了。互不沟通的结果是导致双方更加不信任，更容易产生误解。因此，信息的沟通与交流，是增加合作的有效途径。

为了增加合作行为，上下级之间的沟通尤其重要。如果管理者能够主动与下属和员工进行沟通，可以在很大程度上减少冲突的根源，促进合作的行为。

（四）个性特征

一个人的个性特征，对于他对别人采取行为的方式具有决定性的作用，其中性格和能力的影响最为明显。

在性格方面，好胜的人倾向于在各种活动中与别人竞争，富有自制力的人容易与别人合作，多疑的人难以与别人合作，自信的人更容易与人合作。

能力的差异是导致相互竞争的原因之一。研究表明，人们倾向于与自己能力大致相当的人竞争。在由能力高低不同成员组成的团队里，更容易产生合作和友好的行为。

（五）组织文化

组织气氛和文化是影响合作与竞争的重要因素。如果一个组织鼓励成员之间相互竞争，以个体的业绩作为评价成员的唯一指标，则成员之间就可能展开激烈的竞争。相反，如果组织制度鼓励团队业绩，则更容易导致合作行为。组织内部信息畅通、沟通及时，就可以避免很多不利的误解和偏见，更容易诱发合作行为；反之，如果组织内部沟通不畅，信息闭塞，相互之间不了解，就可能导致更多的竞争。

四、群体内的竞争与合作

群体内的工作有的适于竞争，而有的必须合作才能完成。在一个群体内，哪种情况适合竞争，哪种情况又适合合作呢?

（1）工作比较简单，群体中每个成员都能独立地完成全部工作程序，则竞争优于合作。

（2）工作较复杂，群体中的成员不能独立完成全部工作程序，则合作优于竞争。

（3）群体成员的态度与情感属于群体定向而有明确的目标，则群体合作成绩优于个人竞争的成绩。

（4）群体成员的态度与情感属于自我定向而工作本身又缺乏内在兴趣，则个人竞争的成绩优于群体合作成绩。

第六节　人际关系的测量

影响群体行为诸因素中最主要的因素，是群体内人与人之间的关系，以及人们对工作、对群体、对他人的感情。因此，一个群体力量的大小并非取决于该群体成员数量之多少或财物之多寡，而取决于群体内的人与人之间关系如何。群体内人际关系的状况直接影响群体行为和个体行为。由此可见，搞好人际关系的测量，有助于了解群体内部的心理结构并揭示其内部存在的规律，更好地发挥个体的作用和群体的力量。

一、社会测量法

社会测量法是美国心理学家莫雷诺（Joseph L. Moreno）在20世纪30年代首创的一种测量群体中人际关系的方法。它主要用于研究群体（特别是小群体）内成员之间人际关系和人际相互作用的模式，通过社会测量，人们可以了解人的人际知觉方式、团体凝聚力等团体特征。他认为人际关系是人与人之间的吸引与排斥的力学张力体系，用图示或指标可以测量其吸引与排斥的频率或强度，从而可以进一步分析群体成员之间的关系、成员的地位及群体的结构。这种方法采用问卷的形式来确定群体中人与人之间的好感、反感、喜欢、不喜欢等情感关系，从而用图表或数学公式表示人们之间的相互关系。

（一）社会测量法的特点

社会测量法具有以下特点：

（1）涉及社会性的变量。它主要研究人际关系及人际结构特征，强调人与人之间的相互作用。

（2）社会测量是对人的某种评价，因此，它容易引起被测人较强的兴趣与动机。

（3）测量结果特别适合于小群体研究。在研究团体效率和凝聚力等方面具有很强的应用性。

（二）测量标准的选择

（1）在确定标准时，需要考虑标准的性质、数目以及可以选择的数目。标准的多少根据研究的要求而定，一般情况下不宜太多。因为太多、太严的标准将会给被试的选择带来困难，如找不到可选的对象。

（2）如果按标准的重要性，可以将它们分成强标准和弱标准。强标准是指对于工作或生活有重要意义和长期影响的标准，例如一起工作、一起学习等；弱标准往往是临时和短期的活动或任务，比如，让受测人选择与谁在一起参加某次活动。

（3）选择标准时，应注意使标准尽可能具体，让受测者充分了解标准的内容，如说明一起参加什么工作或活动，避免由于理解不同而导致的偏差。

（4）标准可以用积极方式提出，也可以用消极方式提出。积极方式如："你喜欢与谁一起讨论工作计划？"消极方式如："你不希望与谁一起参加某一活动？"消极方式容易引起受测者的焦虑和不安，因而要谨慎使用。

（5）每次测量一般使用一个标准，只有在有特殊需要时，才用多个标准和更多选择。

（三）测量实施方式

（1）等级排列法：将群体成员按喜爱程度排出等级顺序，然后对等级顺序进行加权记分。例如，给“最好”的同伴记 3 分，给“第二好”的同伴记 2 分，给“第三好”的人记 1 分。再以这些分数乘以被选次数，得出每个人的等级分数。

（2）靶式社会图：这种方式以靶图方式标出被选频次，靶心为频次最高的人，越向外周，被人选择的次数越少。

（3）“猜测”技术：这种方法给受测人呈现一些有关积极或消极特征的简短描述，让他们列出与这一系列描述相匹配的人，然后根据这些选择做出分析。

（四）社会测量法的结果分析

1. 矩阵分析

将成员以某些代号表示（见表 7–1）。横行（J）表示被选者，纵列（I）表示选择者，“1”表示选择，“0”表示不选择，自己不选择自己。最后，可以计算出团体中每个成员被选的次数。

表 7–1 不同成员相互选择的结果

成员		J				
		①	②	③	④	⑤
I	①	0	1	0	0	1
	②	1	0	0	0	1
	③	0	0	0	1	1
	④	0	1	0	0	1
	⑤	1	1	0	0	0
合计		2	3	0	1	4

这种分析方法主要适用于小群体，当群体增大时，很难从数目差异中综观整个人际关系。在这种情况下，社会测量图更有效果。

2. 图解分析

上例结果也可以用图解分析表示，如图 7–1 所示。

在图 7–1 中，成员⑤处于选择中心；①、②、⑤相互选择（双向箭头表示），他们在团体内很可能是一个非正式小群体；⑤位于中心，被选次数最多，而③和④则处于边缘。当然，用图解分析法时，团体也不宜过大，一般应少于 20 人，否则，结果将难以解释。

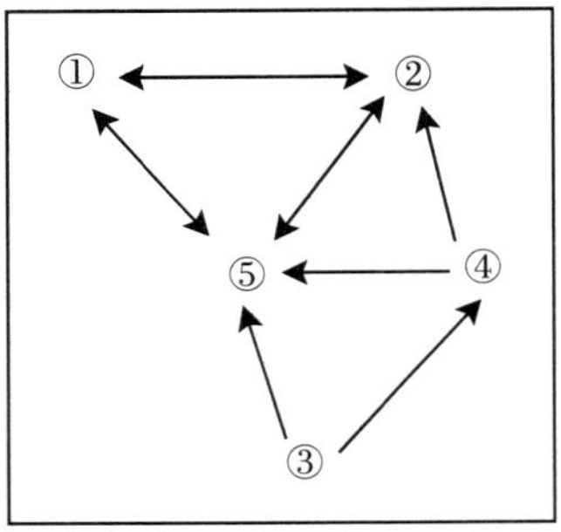

图 7-1 不同成员相互选择的图解分析

3. 指数分析

指数分析是指以一个综合指数表示团体的社会结构关系，它能够更精确地表示团体不同特性。指数分析的计算公式如下：

个人社会测量指数=个人被选次数/(n-1)

式中，n 为团体成员人数，分母用 n-1，是因为每个人不能自己选自己。

运用这一公式，可以估算出团体中每一成员的社会测量指数，了解每个人在团体结构中所处的位置。在矩阵分析中，成员①和⑤的指数分别为：

成员⑤的测量指数=4/(5-1)=1.00

成员①的测量指数=2/(5-1)=0.50

成员之间相互选择，表明了团体内聚力的程度，因此，可以运用团体社会测量指数作为整个团体的内聚力指标，计算公式如下：

群体社会测量指数=相互选择数目/所有可能的互相选择总数

其中分母“所有可能的互相选择总数”即从 n 个成员中选取两个所有可能的次数。

（五）社会测量法的应用

社会测量法主要可以了解群体内部三个方面的问题：群体中最受欢迎的人；群体中有无非正式小群体；群体内部的人际关系整体状况。

这种方法，可以把群体成员心理上的结合加以数量化，而且揭示出的群体内的人际关系状况是不被当事人所觉察的，比如成员之间的好感或情绪方面的联系等。

另外，运用这种方法了解一个群体内的人际关系状况相对比较节省时间，因而，社会测量法一经问世，就受到许多心理学家、社会学家的广泛关注，被广泛运用于工厂、机关、学校等团体的各个方面的人际关系测查和人员选拔、人事推荐等。大量的研究者还为社会测量法的发展做了很多工作，提出了一系列测量方法的改进措施，如现在被广泛运用于儿童群体人际关系测量的“同伴提名法”，用于测查群体成员选择动机和被成员所重视的人员范围的“参照测量法”和“关系测量法”等。

（六）对社会测量法的评价

社会测量法是一种简单、经济和自然的研究方法，可用于各种团体方面的研究。它比较灵活，已被广泛应用于教育、儿童、管理、人事、消费等许多领域。一般情况下，在使用强标准进行社会测量时，其结果比弱标准的测量结果稳定。随着团体成员年龄增长，测量的稳定性提高，当保密程度较高并且不记名时，测量可靠性比较高。

社会测量法的局限性最为突出的是：选择模式并不能说明选择的理由与原因，选择数据只表明表面性的关系，不能解释其中的因果关系。选择同样的人，可能出于不同的考虑，选择某成员，并不一定表示偏爱或者吸引。因为人际间的相互作用关系非常复杂，它还受到许多其他因素的影响，如群体压力、个人的人格特征等。

二、社会距离尺度法

社会距离尺度法是由社会心理学家埃里·布加达斯（Emory S. Bogardus）创立的，用以衡量人们对某个事物的态度。

该测量方法是由研究者设计出一套能反映不同社会距离的意见，请被测人员根据自己的实际看法在相应的意见项内打上记号，然后把一个群体的所有成员的态度距离加以统计，制成曲线图。曲线图反映了一个群体对某个对象所持态度的距离分布。不同的群体对同一事物的态度的距离分布可以做比较，同一群体对几个事物的态度的距离分布也可以做比较。

例 1：有人对美国人和加拿大人的社会距离进行测量，问卷形式如下：

（1）愿意通婚。

（2）愿意让加拿大人参加社团活动。

（3）愿意和加拿大人做邻居。

（4）愿意和加拿大人做同事。

（5）愿意接受加拿大人为美国公民。

（6）只允许加拿大人来美国观光。

（7）拒绝加拿大人。

要求受试在上述七项中选出自己认可的一项并做上记号。对于其他民族如西班牙人、希腊人都采用以上七项内容给以测定，并将几次调查所得的结果加以综合处理，然后绘制成曲线图。处理结果表明，美国人对加拿大人怀有较好的民族相容性，而对西班牙人和希腊人则怀有排斥心理。这一社会距离表明了美国人对三个民族的不同态度。

例 2：对于某个成员甲的社会距离调查表。

（1）愿意和他做知己。

（2）愿意请他参加自己所在的群体活动。

（3）愿意和他做同事。

（4）和他保持一定距离（例如最一般的社交）。

（5）和他少来往。

（6）和他绝交。

要求被测人员从以上六个项目中选符合自己态度的一项并做上记号。

上述是介绍社会测量法的具体做法，它同样也能用来测量群体的人际关系。具体做法是，首先对每一社会距离尺度加以数量化。例如，最喜欢为 5 分，较喜欢为 4 分，一般喜欢为 3 分，较不喜欢为 2 分，最不喜欢为 1 分。其次请全体成员对群体中每个成员进行评判。最后统计每个人所得的分数，这个分数表示了社会距离，得分越多表示与别人的距离越近；反之，越远。

例如，UMA 公司生产管理部八位主管组成的管理班子群体（A、B、C、D、E、F、G、H），全体成员对成员小王（织染车间主管 E）与其他成员的社会距离进行评判，并将评判结果汇总如表 7–2 所示。

表 7–2　评判结果汇总

距离	最喜欢	较喜欢	一般	较不喜欢	最不喜欢
分数	5	4	3	2	1
其他成员					
A	√				
B			√		
C		√			
D					√
F		√			

续表

距离	最喜欢	较喜欢	一般	较不喜欢	最不喜欢
G	√				
H		√			
合计	10	12	3	0	1
平均值	E 的社会距离平均数 = (10 + 12 + 3 + 0 + 1)/7 = 3.7				

第四篇

组织心理与管理

| 第八章 |

组织基础理论

第一节 组织概述

一、组织概念

组织（Organization），在西语原意中源自器官（Organ），因为器官是自成系统的，如皮下组织、肌肉组织等出自细胞组成的活组织；动物的群体组织，如狼群就是一个以狼王为核心、秩序井然、纪律严明的群体；还有人群组织等。

组织，广义是指由诸多要素按照一定方式相互联系起来的系统。系统论、控制论、信息论、耗散结构论和协同论等，都是从不同的侧面研究有组织的系统。

组织，狭义指人们为达成一定目标，互相协作结合而成的集体或团体，如经济组织（制造业公司、贸易公司、服务业公司、农业生产或科研机构）、政治组织（民主党、共和党、自由统一党）、军事组织（陆军、空军、海军、导弹部队、警察部队）。所以，组织是人们按照一定的目的、任务和形式编制起来的社会系统，组织不仅是社会的细胞、社会的基本单元，而且是社会的基础。

二、组织特征

无论是社会组织或生物组织，都具有目的性、稳定性、整体性和开放性四个主要特征。

（一）目的性

组织的目的性，是组织所有成员的共同愿望，是得到组织所有成员认同的。任何一个组织都有其存在的目的，建立一个组织，首先必须有其目的，其次依据其目的设定组织的目标。已有的组织如果失去了目的，这个组织就名存实亡，也失去了存在的必要。政治组织的目的，是基于组织价值理念提供公共服务和策略；企业组织的目的，是向社会提供用户满意的商品和服务，从而为企业获得最佳的利润收益。

（二）稳定性

组织的稳定性，是指在外界环境影响下，开放组织系统具有一定的自我稳定能力，能够在一定范围内自我调节，从而保持和恢复原有的有序结构、性质和功能或达到新的有序状态。任何开放和控制系统都处于内外环境的作用之中，都受到来自内部和外部的各种干扰，组织系统受到干扰而偏离正常状态，又能够恢复到正常状态或者系统自动趋向某一状态。社会组织、人工控制系统、生物系统等这些组织都属于这种稳定的系统。这种稳定系统往往具有自调节、自组织、自适应等系统特性。

（三）整体性

任何组织都是由诸多要素按照一定的联结形式排列组合而成的。一个组织，除了有形的物质要素外，还存在着一些相对稳定的纵向的等级关系及沟通关系、横向的分工协作关系及沟通关系。这种关系是由组织内部的部门划分、权责关系、沟通方向和方式构成的有机整体。

（四）开放性

组织是一个开放系统，生物系统与社会系统是与其环境不断相互作用的。

组织的开放性，指组织具有不断地与外界环境进行物质、能量、信息交换的性质和功能。任何具体组织作为整体，都不是孤立存在的，它总是处于一定的环境之中，并且同环境相互联系、相互作用着，从而表现出自己的整体性。组织向环境开放是组织得以向上发展的前提，也是组织得以稳定存在的条件。

第二节　组织分类

一、按组织的规模分类

按规模分类，组织可以划分为小型组织、中型组织和大型组织。企业组织，可以分为小型企业、中型企业和大型企业；军事组织，可以分为小型武装作战单元（班、排、连、分队）、中型作战力量（团、旅、师）、集团军（军、多军种复合作战集团）；医院组织，可以分为小型诊所、中型医院和大型医院；行政组织，可以分为小单位、中等单位和大单位。按这个标准进行分类是具有普遍性的。以组织规模划分组织类型，是对组织现象的表面认知。

二、按组织的社会职能分类

按社会职能分类，组织可以划分为文化性组织、经济性组织和政治性组织。文化性组织是一种人们之间相互沟通思想、联络感情、传递知识和文化的社会组织，各类学校、研究机构、艺术团体、图书馆、艺术馆、博物馆、展览馆、纪念馆、报刊书籍出版单位、影视电台机构等都属于文化性组织。通常文化性组织不把追求经济效益作为首选目标；经济性组织是一种专门以追求社会物质财富为首选目标的社会组织，制造、服务、销售、资源再生、金融等都属于经济性组织；政治性组织是一种为了实现某种价值理念和政治目的而建立的社会组织，各个国家的执政党、在野党、立法机关、司法机关、行政机关、监狱等都属于政治性组织。

三、按组织内部是否有正式分工关系分类

按内部是否有正式分工关系分类，组织可以划分为正式结构组织和非正式结构组织。组织的正式结构是组织内部各个职位、部门之间正式确定的、比较稳定的相互关系。为了实现组织目标，由组织的规章制度正式规定各层次、各职能部门之间的稳定的关系模式，便形成了组织的正式结构。因此，社会组织的正式结构具体表现为不同层次、不同部门之间的分工合作关系。按照这种关系结构，组织中的各部门之间，以及组织成员之间可以实现有效的分工和合作，因此，组织的正式结构具有明显的理性色彩。

现代组织的结构多种多样，如职位完全按垂直系统直线排列、上级对下级进行指挥、下级对上级负责的直线型组织；以组织成员工作中所需要的主要技能为基础，把人们集合起来的职能型组织；等等。政府机关、国家军队、学校、工商企业等都属于正式组织。正式组织是社会中主要的组织形式，是人们研究和关注的重点。

如果一个社会组织的内部没有确定的机构分工和任务分工，没有固定的成员，也没有正式的组织制度等，这种组织就属于非正式结构。非正式结构通常以一个独立的团体存在，比如学术沙龙、文化沙龙、业余俱乐部、行业协会、商会

组织等，也可以是一种存在于正式组织之中的无名而有实的团体，如清末时期的湘系、皖系、清流系等政治力量。在一个正式组织的管理活动中，应特别注意非正式组织的影响作用。对这种组织现象的处理，将会影响到组织任务的完成和组织运行的效率。

非正式结构组织越来越受到广泛重视，欧美国家许许多多的非正式结构组织可能会比正式结构组织具有更有影响力的话语权和公信力。

四、按组织在社会生活中承担的职能分类

按在社会生活中承担的职能，组织可以划分为经济生产组织、政治目标组织、整合组织和模式维持组织。经济生产组织把经济利益摆在首位，从事物品的制造或生产，这类社会组织的典型是实业公司；政治目标组织是形成和部署社会权力的组织，以保障实现社会整体的目标，这类社会组织的典型是政府机关。从某种意义上讲，社会团体也具有这一职能；整合组织是调节社会冲突的组织，包括各种以减缓社会冲突、进行社会控制为目的的社会组织，这类社会组织的典型是法庭和各种法律职业实体；模式维持组织是指那些具有文化、教育和价值传承的组织，它的功能是教化社会成员认同社会文化和价值、维持原有的社会制度和行为模式，这类社会组织的典型是学校和教会。

五、按组织运行的受惠者维度分类

按运行的受惠者维度，组织可以划分为互惠组织、服务组织、经营性组织和公益组织。互惠组织以组织成员的互惠互利为目的，比如工会、政党和俱乐部等；服务组织为人们提供专业性的服务，如医院、学校、社会工作机构、律师事务所等；经营性组织是营利性组织，如银行、公司、企业等；公益组织以社会公众为受惠对象，如扶贫机构、救助机构等。

六、按组织中的权威性质分类

按权威性质或对其成员的控制方式，组织可以划分为强制性组织、功利性组织和规范性组织。强制性组织建立在暴力基础上，以强迫的手段使成员服从组织，监狱、精神病院和军队是这类社会组织的典型；功利性组织通过金钱或物质报酬来控制其成员，如各种工商业组织；规范性组织则是运用规范来控制其成员，通过规范的内化实现对其成员的控制，最典型的是各种宗教组织。

第三节 组织的构成要素

任何一个社会组织必须具有如下几个基本要素：组织环境、组织目的、管理主体和管理客体。缺少其中任何一个构成要素都难以称之为社会组织。这四个基本要素相互结合，相互作用，共同构成一个完整的组织。

一、组织环境

组织环境是组织的必要构成要素。组织是一个开放系统，组织内部各层级、部门之间和组织与组织之间，每时每刻都在交流信息。任何组织都处于一定的环境中，并与环境发生着物质、能量或信息的交换关系，脱离一定环境的组织是不存在的。组织是在不断与外界交流信息的过程中得到发展和壮大的。所有管理者都必须高度重视环境因素，必须在不同程度上考虑到外部环境，如经济的、技术的、社会的、政治的和伦理的等，使组织的内外要素互相协调。

我们通常将组织环境细分为组织外部环境和组织内部环境。

（一）组织的外部环境

组织的外部环境，是指组织所处的社会环境，组织的外部环境影响着组织的管理系统。任何组织都处于一定的外部环境中，并与外部环境发生着物质、能量或信息等各种交换关系。组织的宏观外部环境有政治环境、经济环境、社会环境和文化环境等；中观环境是组织所在行业的市场环境、生产环境、科学研究和技术环境等；组织的微观环境是指组织的利益相关者所构成的环境，如地方政府、顾客、供应商、竞争者等。

（二）组织的内部环境

组织的内部环境，是指组织内部的成员或群体之间的关系模式所构成的环境，如结构环境、制度环境、文化环境等。组织的内部环境须和外部环境发展相一致。外部环境的发展具有很大的不确定性，组织须根据外部环境的变化调整内部环境，才能使组织的内外要素相协调。

组织的内部环境应营造积极的沟通文化，去除或规避沟通障碍，使得向上、向下和水平方向的沟通渠道都畅通，以利于个人和群体做出有效决策。同时组织也不能忽略与组织外部要素的沟通，如政府、供应商和顾客等。某一方面的沟通不到位都有可能对组织造成致命的打击。当然，在组织沟通与决策管理过程中，一定不能偏离组织目的，所有的沟通和决策的终极目标都是实现组织目的。

二、组织目的

组织目的，是指组织成员的共同愿望，是得到组织所有成员认同的。任何一个组织都有其存在的目的，没有明确目标的社会组织是不存在的。明确的目标是组织的灵魂，是确定组织活动路线的基础，也是衡量组织活动成效的标准。根据功能主义的观点，社会组织是人们为了实现共同的特定目标而组合起来的社会群体。

组织目标是组织致力于达到的某种期望的境界，是指向未来的愿景，是组织期望达到的状态。管理学家则从更加具体和操作的角度认识组织目标，认为组织目标是组织努力争取达到的、期望的未来状态，它包括使命、目标对象、指标、定额和时限等。

在组建组织之前，首选是确立一个明确的目标。组织必须有一个既定的目标为组织导航。例如，这个组织是因为工作关系而组成的项目团队？还是因为完成某项任务而形成的任务团队？这个组织是短时间存在的还是长时期持续的？这些都是组织刚开始时要确定的问题。如果组织没有目标，它也就失去了存在的价值。

有了共同目标后，组织成员会朝着这个目标共同努力，在完成一个共同目标的过程中，成员间会无形中产生一种高于团队成员个人总和的认同感。这种认同感为如何解决个人利益和团队利益的碰撞提供了有意义的标准，使得一些威胁性的冲突有可能顺利转变为建设性的转折。

三、管理主体

管理主体，是指在组织中掌握管理权力，承担管理责任，决定管理方向和进程的人员或组织。管理者和管理机构是管理主体的两个有机组成。

（一）管理主体的特点

1. 管理主体的层级性

管理主体的层级性，是指作为管理者在组织管理中的层次级别地位。一般而言，人们可以把一个组织内的管理者（或管理机构）分为高层管理、中层管理和基层管理三个层次。低一层的管理者既是管理活动的主体，实际上又是更高一层管理主体的管理对象。

2. 管理主体的部门性

组织中的基层和中层的管理者有不同的分属领域，对于不同管理部门的管理者来说，从整体着眼，从本职着手是很重要的。

3. 管理主体的全员性

从更宽泛的视角来理解管理主体，组织中的每个成员都是其本职工作岗位和领域中的管理主体。各级管理者如何发挥全体成员的工作自主性和积极性，是管理实施的重要条件。

（二）管理主体的结构

管理主体是一个完整控制系统，主要由决策系统、执行系统、监督系统和反馈系统构成。

（1）决策系统首先由依靠外部与内部输入的信息做出决策、下达指令，一方面下达给执行系统机构执行，另一方面下达给监督系统，对执行情况加以监督；其次接收单位将执行情况传输到反馈系统并对执行情况与指令要求加以比较，找出差距，提出建议并反馈到决策系统；最后由决策系统做出决策，发出新指令。这样便形成了管理系统的闭合回路。如果没有信息反馈，决策系统不能及时而准确地了解执行情况，防止和纠正偏差，就不能形成有效的管理。

决策系统是管理系统的核心，是管理系统中最重要的组成部分。决策系统由负有决策责任的领导者和参谋人员所组成，一般来说，一个大型企业的最高决策层是一个规模适当的决策集体，集中为完成其任务所需要的各种专家。决策系统的核心是拥有决策权的最高领导者，如董事会、董事长、总经理、总会计师等。围绕这个核心，设立企业决策机构，承担企业决策核心交办的具体决策任务。企业决策机构根据大量的情报、信息，以及参谋系统提供的各种可供选择的方案，从全局出发，经过分析、比较，最后对企业的重大问题做出决定。

（2）决策方案确定以后，便进入方案实施、执行阶段。这一阶段由执行系统完成。执行系统的任务是负责执行决策系统的各项指令、方案的贯彻、落实，从事制定计划、组织人员和具体指导工作。执行系统执行指令要求坚决和不走样，否则最佳方案难以达到最佳效果。因此，执行机构要求精干、高效，人员必须忠于职守，善于领会领导的意图和把握基层人员的心理。

（3）监督和反馈系统使管理系统形成完整的闭合回路。特别是在复杂多变的情况下，监督和反馈系统更加重要。人们的认识不是一次完成的，正确的决策也不可能一次完成，领导部门经过慎重研究决策后，除了督促执行外，还要十分重视来自执行部门的反馈信息。监督和反馈系统是对组织活动实行监督和反馈的组织，它的职能是把决策执行情况和出现的问题及时反馈给决策系统，以便决策系统进行调整和修正，以保证管理实际活动及其成果与预期的目标相一致，从而有效地实现管理的目的。监督和反馈系统根据决策系统的指令，对组织的活动进行监督，把决策指令执行的情况和问题，及时反馈到决策中心，以便进行调整、修正和追踪，从而逐步逼近决策目标。监督和反馈系统是组织中不可缺少的组成部分。

四、管理客体

管理客体是指组织中所能预测、协调和控制的对象。管理客体总是以系统的方式存在，管理客体包括人、财、物。没有管理客体，也不可能产生管理过程。所以，管理客体对管理过程具有客观的决定性意义。

管理客体是管理主体的作用的对象，是管理主体认识和实践管理过程的前提。如果没有管理客体，就失去了管理的前提。

管理是一种有目的的行为。为了实现管理目的，必须首先制定管理目标。管理目标不是单靠主观确定的，而是根据管理客体的具体情况，考虑组织的状况、企业员工的具体条件进行预测和制定的，而管理客体又是管理目标的实施者。所有的管理目标，都是依靠和通过管理客体来实现的。

在管理活动中，管理主体是主导的因素，在整个管理活动中具有积极的、能动的作用。但是，管理主体的积极性和能动性必须表现在对管理客体的认识和作用上。因此，正确地了解管理客体及其特性，是管理主体发挥积极、能动作用的重要前提。

（一）管理客体的要素

管理客体是管理过程中管理者所作用的对象。管理客体的要素主要由人、物、财、信息、时间组成，有些学者又加上了士气和方法，发展为七大要素。还有人把管理客体分得更细，列出一个长长的单子。这种对管理客体的要素不断增加的认识，反映了现代管理工作的内容更丰富、更复杂了，也反映了人们对管理的认识在逐步加深。

（二）管理客体的特性

1. 可控性

管理客体的可控性，是指管理客体能对管理主体发出的信息做出反应，接受管理主体对其进行的协调和控制活动，而管理主体能够通过一定的管理手段影响和控制管理客体，使管理客体按既定的目标运行。

可控性是管理客体的重要特征，也是管理客体的本质属性，是事物能否成为管理客体的前提条件。因为如果某种事物是客观的，却是不可控制、不可管理的，它就不能与管理主体发生管理和被管理的关系，也就不具备成为管理客体的条件。

管理客体的可控性取决于其本身，也取决于管理主体对其认识程度和把握的能力。只有当管理主体正确地把握了客观事物的规律时，才有可能采用一定的手段和方法对这些客观事物进行管理。

管理客体本身不是一成不变的，管理客体的可控性也不是一成不变的。管理客体的可控性是不断发展变化的。

2. 系统性

管理客体作为管理的对象，首先表现为是由管理者负责控制的一个不可分割的有机整体，而不是孤立存在的单一事物，这个整体可因具体对象不同而千差万别，尽管性质不同，但作为管理的对象，它总是一个不可分割的整体，在这一点上是相同的。管理客体总是以系统的方式存在的，管理客体的性质就是这个系统整体的性质，管理客体的规律就是这个系统整体的规律，任何管理客体都是作为系统而存在和运动的，管理是对管理客体系统整体上的管理。

管理客体的系统性特征，要求在任何管理中都要树立系统观念，运用系统方法进行系统管理。因此，要进行科学的管理，就必须对组织的所有方面和联系进行全面的研究和系统的分析，包括各个部分之间的关系、各个部分和整体之间的关系、整体和环境之间的关系，还必须动态地把握组织的运动变化。

第四节 组织理论的发展阶段

自泰罗 19 世纪末 20 世纪初开辟了科学管理理论以来，组织理论经历了古典组织理论、行为科学组织理论到现代组织理论的发展进程。组织理论的演进与管理学家的卓越贡献以及管理实践的需要有密切的关系。

一、古典组织理论阶段

20 世纪初至 20 世纪 30 年代，这一阶段是管理理论奠基阶段。期间，在美国、法国、德国分别活跃着具有奠基人地位的管理大师，即“科学管理之父”——

泰勒、“管理理论之父”——法约尔以及“组织理论之父”——马克斯·韦伯。

（一）法约尔的古典组织管理理论

泰勒的科学管理开创了西方古典管理理论的先河。继泰勒之后诞生的组织理论，所研究的中心问题是组织结构和管理原则的合理化以及管理人员职责分工的合理化问题。影响最大的是法国管理理论学家——法约尔。

亨利·法约尔（Henri Fayol，1841~1925）是欧洲杰出的经营管理思想家。他和泰勒虽是同时代人，但个人经历不同。法约尔 1860 年从圣艾帝安国立矿业学院毕业后，进入康门塔里—福尔香堡（Comentry-Fourchambault）采矿冶金公司，成为一名采矿工程师，从 1866 年开始一直担任高级管理职务，对全面管理工作有深刻的体会和了解，积累了管理大企业的经验。并在此度过了 58 年的职业管理生涯。法约尔从采矿工程师到矿井经理直至公司总经理，由一名工程技术人员逐渐成长为专业管理者，他在实践中逐渐形成了自己的管理思想和管理理论，法约尔一直从事企业高级领导工作，他把企业作为一个整体来研究。与此同时，他还在法国军事大学任过管理教授，对社会上其他行业的管理进行过广泛的调查。法约尔的经历决定了他的管理思想要比泰勒开阔。法约尔一生中写了很多著作，其内容包括采矿、地质、教育和管理等。特别是他在管理领域的贡献，使其受到后人的瞩目。1916 年，法约尔在 75 岁时发表了他的划时代名著《工业管理和一般管理》，对管理学的形成和发展做出了巨大的贡献。

法约尔认为，泰勒的科学管理理论同他的理论是相互补充的，因为他们都想努力通过不同的分析方法来改进管理。泰勒的研究是从“车床前的工人”开始，重点内容是企业内部具体工作的效率。法约尔的研究则是从“办公桌前的总经理”出发，以企业整体作为研究对象。

法约尔第一次明确区分了“经营”和“管理”的概念。法约尔认为“经营”和“管理”是两个不同的概念，法约尔认为，企业无论大小，简单还是复杂，其全部活动都可以概括为六种。为了突出管理的实质，法约尔又进一步将管理的要素划分为：计划、组织、指挥、协调和控制。提出了 14 项管理原则。

1. 法约尔对“经营”和“管理”的区分

“经营”是指导或引导一个组织趋向某一既定目标，它的内涵中包括了管理；法约尔提出了普遍意义上的管理定义，即“管理是普遍的一种单独活动，有自己的一套知识体系，由各种职能构成，管理者通过完成各种职能来实现目标的一个过程”。管理包括在经营之中。

通过对企业全部活动的分析，将管理活动从经营职能（包括技术、商业、财务、安全和会计五大职能）中提炼出来，成为经营的第六项职能。法约尔认为，企业无论大小，简单还是复杂，其全部活动都可以概括为六种：①技术活动（生产、制造、加工等活动）；②商业活动（购买、销售、交换等活动）；③财务活动（资金的筹措和运用等活动）；④安全活动（设备维护和职工安全等活动）；⑤会计活动（货物盘存、成本统计、核算等活动）；⑥管理活动（包括计划、组织、指挥、协调和控制五项职能活动）。法约尔明确指出，在这六种基本活动中，管理活动处于核心地位，即企业本身需要管理；同样地，其他五项属于企业的活动也需要管理。

2. 为了突出管理的实质，法约尔又进一步将管理的要素划分为：计划、组织、指挥、协调和控制

（1）计划：管理人员要尽可能准确预测企业未来的各种事态，确定企业的目标和完成目标的步骤，既要有长远的指导计划，也要有短期的行动计划。

（2）组织：确定执行工作任务和管理职能的机构，由管理机构进一步确定完成任务所必需的机器、物资和人员。

（3）指挥：对下属的活动给予指导和配置，使企业的各项活动互相协调配合。

（4）协调：协调企业各部门及各个员工的活动，指导他们走向一个共同的目标。

（5）控制：确保实际工作与规定的计划、标准相符合。

管理的五大职能并不是企业管理者个人的责任，它同企业经营的其他五大活动一样，是分配于领导人与整个组织成员之间的工作。法约尔认为领导和管理不同，领导是从企业拥有的所有资源中获取尽可能大的利益以引导企业达到目标，就是保证六项基本职能的顺利完成。

3. 法约尔的 14 项管理原则

法约尔在他的《工业管理与一般管理》书中首先提出了一般管理的 14 项管理原则：

（1）分工。劳动分工是各个机构、组织前进和发展的必要手段，属于自然规律的范畴，可以提高生产效率，也可使工人的培训费用大为减少。

（2）权力与责任。法约尔认为，权力即“下达命令的权力和强迫别人服从的力量”。权力可区分为管理人员的职务权力和个人权力。个人权力是指由担任职务者的个性、经验、道德品质而产生的权力。个人权力是职务权力不可或缺的条件。出色的管理者要用个人的权力来补充职务权力的不足。责任和权力是相互的，有责任必须有权力，有权力就必然产生责任。

（3）纪律。任何组织要有效地工作必须要有统一的纪律来规范人的行为。法约尔认为，纪律的实质是遵守公司各方达成的协议。要维护纪律就应做到：①对协议进行详细说明，使协议明确而公正；②各级领导要称职；③在纪律遭到破坏时，要采取惩罚措施，但制裁要公正。

（4）统一命令。一个员工在任何活动中只应接受一位上级的命令。否则，就会使权力和纪律遭到严重的破坏。但在实际企业管理中破坏这一原则的双重领导的现象是非常多的，为了保证统一指挥，必须要克服这些现象。

（5）统一领导。为达到同一目的而进行的各种活动，应由一位首脑根据一项计划开展，这是统一行动、协调配合、集中力量的重要条件。法约尔指出，统一领导和统一指挥的区别在于：人们通过统一领导来完善组织，通过统一指挥来发挥人员的作用，统一指挥不能没有统一领导而存在，但并不来源于它。

（6）员工个人要服从整体。法约尔认为，整体利益大于个人利益的总和。协调这两方面利益的关键是领导阶层要有坚定性和做出良好的榜样。协调要尽可能公正，并经常进行监督。

（7）人员的报酬要公平。法约尔认为，报酬是人们服务的价格，报酬必须公平合理，尽可能使职工和公司双方满意。对贡献大和活动方向正确的职工要给予奖赏。

（8）集权。分权是提高部下作用的重要行为，而集权就是降低下级的作用。集权的程度应视管理人员的个性、道德品质、下级人员的可靠性、企业的规模等情况而定。

（9）等级链。“等级链”即从最上级到最下级各层权力连成的等级结构。它是一条权力线，用以贯彻执行统一的命令和保证信息传递的秩序。依据这条路线来传递信息，对于各层统一指挥是非常重要的，但它并不是最迅速的途径。等级制度是法约尔管理理论的核心。

（10）秩序。秩序即人和物必须各尽其能，包括物的秩序和人的秩序。管理人员首先要了解每一工作岗位的性质和内容，使每个工作岗位都有称职的职工，每个职工都有适合的岗位。同时还要有条不紊地精心安排物资、设备的合适位置。

（11）平等。平等是由善意与公道产生的。平等就是以亲切、友好、公正的态度严格执行规章制度。雇员们受到平等的对待后，会以忠诚和献身的精神去完成他们的任务。

（12）人员保持稳定。最高层管理人员应采取措施，鼓励职工尤其是管理人员长期为公司服务。

(13) 主动性。给人以发挥主动性的机会是一种强大的推动力量。必须大力提倡、鼓励雇员们的认真思考问题和创新的精神，同时也应使员工的主动性受到等级链和纪律的限制。

(14) 集体精神。职工的融洽、团结可以使企业产生巨大的力量。实现集体精神最有效的手段是统一命令。在安排工作、实行奖励时不要引起嫉妒，以避免破坏融洽的关系。此外法约尔还认识到，人员间的思想交流特别是面对面的口头交流，有助于增强团结。因此他认为应该鼓励进行口头交流，反对滥用书面的联系方式。

法约尔把管理实践看作有别于会计、财务、生产、分销和其他典型生意职能的一种功能。他强调，管理是工商企业、政府甚至家庭中所有涉及人的管理的一种共同活动。法约尔十四条管理原则是管理思想发展史上的一个里程碑。在这十四条原则中对后来影响较大的有统一指挥、统一领导、等级制度。

4. 法约尔管理思想的评价

(1) 法约尔对管理“普遍性”的论述是管理思想发展上的一个重大贡献。法约尔提出：①管理是可以应用于一切事业的一种独立活动；②随着一个人在职务上的升迁，越来越需要管理活动；③管理知识是可以传授的。

(2) 法约尔的管理思想具有很强的系统性和理论性。虽然法约尔的管理思想与泰勒的管理思想都是古典管理思想的代表，但法约尔管理思想的系统性和理论性更强，后人根据他建立的构架，建立了管理学并把它引入了课堂。法约尔的贡献是在管理的范畴、管理的组织理论、管理的原则方面提出了崭新的系统的观点，为以后管理理论的发展奠定了基础。

(3) 法约尔的一般管理理论被誉为管理史上的第二座丰碑。这一理论作为西方古典管理思想的重要代表，后来成为管理过程学派的理论基础（该学派将法约尔尊奉为创始人），也是以后各种管理理论和管理实践的重要依据，对管理理论的发展有着深刻的影响。法约尔对管理五大职能的分析为管理科学提供了一套科学的理论构架，迄今为止仍然为许多人所推崇。

但应该认识到法约尔的管理理论并不是包罗万象、一成不变的。正如他自己所强调的，这些原则并不完整，也不是一成不变的，它不能回答特殊的问题，他不主张在实际工作中盲目地、刻板地套用这些原则，而应结合具体管理情况灵活应用它们。法约尔一般管理理论的主要不足之处是他的管理原则缺乏弹性，以至于有时实际管理工作者无法完全遵守。

但是，法约尔的一般管理思想仍然闪耀着光芒，其管理原则仍然可以作为我们管理实践的指南。

综上所述，法约尔关于管理过程和管理组织理论的开创性研究，其中特别是关于管理职能的划分以及管理原则的描述，对后来的管理理论研究具有非常深远的影响。以后的管理学者对法约尔的评价很高。管理学界称他为“管理过程之父”或“管理理论之父”。

（二）马克斯·韦伯的组织理论体系

马克斯·韦伯（Max Weber，1864~1920）是德国著名的社会学家、经济学家，是最具生命力和影响力的组织理论缔造者。韦伯先后在柏林大学、海德堡大学、维也纳大学和慕尼黑大学任教，讲授过法律、政治经济学、社会学等教程。同时，还曾创办《社会科学与社会政治文献》杂志。韦伯的主要著作有《新教伦理与资本主义精神》《一般经济史》《社会和经济组织的理论》等。马克斯·韦伯指出，任何组织都必须有某种形式的权力作为基础，才能实现目标。只有理性—合法的权力才宜于作为理想组织体系的基础。

马克斯·韦伯、泰勒和法约尔在同一历史时期，都对西方古典管理理论的确立做出过杰出贡献，韦伯在管理思想上的最大贡献是提出了“理想的行政集权制理论”，是公认的古典社会学理论和公共行政学最重要的创始人之一，被后世称为“组织理论之父”。

1. 韦伯组织理论的主要内容

（1）理想的行政组织是通过职务和职位来管理的。韦伯认为，任何组织都必须以某种形式的权力作为基础，没有某种形式的权力，任何组织都不能达到自己的目标。人类社会存在三种为社会所接受的权力：

1）传统权力：由传统惯例或世袭得来。韦伯认为，人们对其服从是因为领袖人物占据着传统所支持的权力地位，同时，领袖人物也受着传统的制约。但是，人们对传统权力的服从并不是以与个人无关的秩序为依据，而是在习惯义务领域内的个人忠诚。领导人的作用似乎只为了维护传统，因而效率较低，不宜作为行政组织体系的基础。

2）超凡权力：来源于别人的崇拜与追随。韦伯认为，超凡权力的合法性，完全依靠对于领袖人物的信仰，他必须以不断创造的奇迹和英雄之举赢得追随者，超凡权力过于带有感情色彩并且是非理性的，不是依据规章制度，而是依据神秘的启示。所以，超凡的权力形式也不宜作为行政组织体系的基础。

3）法定权力：理性—法律规定的权力。韦伯认为，只有法定权力才能作为行政组织体系的基础，其最根本的特征在于它提供了慎重的公正。原因在于：

第一，管理的连续性使管理活动必须有秩序地进行；

第二，以“能”为本的择人方式提供了理性基础；

第三，领导者的权力并非无限，应受到约束。

（2）有了适合于行政组织体系的权力基础，韦伯勾画出理想的官僚组织模式。韦伯对组织管理理论的伟大贡献就在于他明确而系统地指出理想的组织应以合理合法权力为基础，这样才能有效地维系组织的连续和目标的达成。为此，韦伯首推官僚组织，并且阐述了规章制度是组织得以良性运作的基础和保证。韦伯对理想的官僚组织模式的描绘，为行政组织指明了一条制度化的组织准则，这是他在管理思想上的重大贡献。

2. 韦伯的行政组织体系的特点

韦伯认为理想的行政组织是通过职务和职位来管理的。理想的行政集权组织的主要特点如下：

（1）有确定的组织目标。人员的一切活动是为了实现组织目标。

（2）明确的分工。每个职位的权力和责任都应有明确的规定。

（3）自上而下的等级系统。组织内的每个职位，按照等级原则进行法定安排，形成自上而下的等级系统。

（4）人员的考评和教育。人员的任用完全根据职务的要求，通过正式考评和教育训练进行。

（5）职业管理人员。管理者有固定的薪金和明文规定的升迁制度，是一种职业管理人员。

（6）遵守规则和纪律。管理者必须严格遵守组织中规定的规则和纪律。

（7）组织中人员之间的关系。组织中人员之间的关系完全以理性准则为指导，不受个人情感的影响。

韦伯认为这种理想的行政组织是最符合理性原则的，其效率是最高的，在精确性、稳定性、纪律性和可靠性等方面都优于其他组织形式。而且这种组织形式适用于各种管理形式和大型的组织，包括企业、教会、学校、国家机构、军队和各种团体。

3. 韦伯的理想官僚组织模式

韦伯的理想官僚组织模式具有下列特征：

（1）组织中的人员应有固定和正式的职责并依法行使职权。组织是根据合法程序建立的，应有其明确目标、完整的法规制度，组织规范成员的行为标准，以期有效地追求与达到组织的目标。

（2）组织的结构是层级控制的体系。在组织内，按照地位的高低规定成员间命令与服从的关系。

（3）人与工作的关系。成员间的关系只有对事的关系而无对人的关系。

（4）成员的选用与保障。每一职位根据其资格限制（资历或学历），按自由契约原则，经公开考试合格予以使用，务求人尽其才。

（5）专业分工与技术训练。对成员进行合理分工并明确每人的工作范围及权责，然后通过技术培训来提高工作效率。

（6）成员的工资及升迁。按职位支付薪金，并建立奖惩与升迁制度，使成员安心工作，培养其事业心。

韦伯对理想的官僚组织模式的描绘，为行政组织指明了一条制度化的组织准则，这是他在管理思想上的重大贡献。

作为韦伯组织理论的基础，官僚制在19世纪已盛行于欧洲。韦伯从事实出发，把人类行为规律性地服从于一套规则作为社会学分析的基础。他认为一套支配行为的特殊规则的存在，是组织概念的本质所在。没有它们，将无从判断组织性行为。这些规则对行政人员的作用是双重的：一方面他们自己的行为受其制约，另一方面他们有责任监督其他成员服从这些规则。韦伯理论的主要创新之处来源于他对有关官僚制效率争论的忽略，而把目光投向其准确性、连续性、纪律性、严整性与可靠性。

韦伯这种强调规则、强调能力、强调知识的行政组织理论为社会发展提供了一种高效率、合乎理性的管理体制。现在管理理论中普遍采用的高、中、低三层次管理正是源于他的理论。行政组织化是人类社会不可避免的进程，韦伯的理想行政组织体系自出现以来得到了广泛的应用，它已经成为各类社会组织的主要形式。韦伯的行政组织理论是管理思想的全新开创。

（三）综合古典管理理论

古典管理理论通过泰勒、法约尔和韦伯等人的努力已经初具规模。但由于他们对管理问题的认识和研究的角度各不相同，因而将他们的思想和管理观点简单地罗列起来，会使人们对管理的理解支离破碎，难成体系。任何理论发展到一定阶段，总需要有人对它进行整理和综合。对于古典管理理论来说，完成这种对理论的综合整理、传播、系统化并使之发展的是英国的林德尔·厄威克（Lyndall F. Uruick）和美国的卢瑟·古利克（Luther H. Gulick）。

林德尔·厄威克（Lyndall F. Uruick），是英国著名的管理学家，曾长期担任英国一家管理公司的董事长。1928~1933年，担任日内瓦的国际管理协会的首任会长。在任职期间，厄威克因工作需要经常在美国进行活动，对美国企业管理理论的发展影响很大。

卢瑟·古利克（Luther H. Gulick），是美国著名的管理学家，曾任哥伦比亚大学公共管理研究所所长，担任过多种管理方面的公职，曾参加过罗斯福总统的行政管理委员会。他们概括提炼了古典管理理论基本原则和古典管理理论体系。

1. 系统化整合泰勒、法约尔、韦伯组织体系

泰勒、法约尔、韦伯分别从三个不同的方面将古典管理理论的大厦建立起来，即通过个人、组织和社会来解决整个社会宏观和微观的管理问题，为解决劳资关系、生产效率、社会组织等方面的问题提供了管理思想的指导和科学理论方法。

厄威克对经典的管理理论进行了系统化整合，他在《行政管理原理》一书中，把各种管理理论加以综合，整合一个新的体系：他把泰勒的科学管理和科学分析方法作为指导一切管理职能的基本原则，把法约尔的计划、组织、控制三个管理要素作为管理过程的三个主要职能，将法约尔的管理原则放在管理的职能之下，如在控制职能之下有配备人员、挑选和培训人员等职能，归结形成了泰勒—法约尔—厄威克古典的管理学派。他围绕着管理人员的职能来探讨、研究、论证管理职能，系统地研究整合了古典管理理论。

厄威克和古利克在管理理论上的贡献并不在于他们自己创造了新的管理理论，而是对古典管理理论进行了系统整理和归结。如果没有他们对古典管理理论的综合，也就无法形成今天完整的古典管理理论体系。

2. 古典管理理论的基本原则

（1）为组织机构配备合适的人员。必须用一种冷静的、超然的态度对待组织设置的问题，必须没有任何倾向性地确定各项组织机构，然后采取步骤为组织机构配备合适的人员。

（2）一个人管理的原则，即不使用委员会来进行管理。因为委员会机构不可避免地具有行动迟缓、笨重累赘、铺张浪费、效率低下等特点，而且不易同其他机构合作。

（3）统一指挥。如果违背这条原则必然会引起混乱、效率低下和无人负责。

（4）专业参谋和一般参谋。古利克和厄威克一方面坚持“由一个最高主管承担管理职责”的原则；另一方面也认识到，由于组织规模的扩大和工作量的增加，高级主管人员需要越来越多的专家和专业人员来协助他。因此，他们主张加强和增加职能部门或参谋部门。除了专业参谋以外，还需增加一般参谋，以便帮

助最高主管人员承担指挥、控制和协调职责，他们不以自己的身份，而只是作为上级的代表来指挥。

（5）工作部门化原则。组织中的各项工作分配给各个部门，可依据以下四种分类方法：

1）依据组织的目标实行部门化，使各个部门的划分和建立有利于实现组织的统一目标和完成共同的任务。

2）依据作业实行部门化，以便在同一部门中从事相同的作业或使用相同的设备。

3）依据所服务或涉及的人或事实行部门化。

4）依据地区实行部门化。

在实行部门化时，为了取得最大的效率以及有效地实现组织的目标，第一级的部门化，可能按照地区标准；第二级的部门化，可能按照作业标准或其他标准；第三级的部门化，再按照具体情况选择划分的标准。

（6）授权原则。领导者要把某些职权授予下级人员。缺乏恰当授权的勇气和正确地进行授权的能力，是组织失败的最常见原因之一。授权，是高级专管人员进行有效工作的最重要的条件之一。

（7）责权相符原则。只把责任加在某些管理人员身上是不适宜的，要把相应的权力赋予他。被授予权力的人，在做好自己的工作方面，包括对下级的工作承担全部个人责任。

（8）控制幅度原则。一个主管人员直属的下级人员的人数应有一定的限度。如果说下级人员的人数以算术级数增加，则需要上级主管注意他们之间的相互关系的排列和组合会以几何级数增加。古利克没有对直属下级的人数做硬性规定，而是试图确定一些能达到最佳控制幅度的因素。古利克强调上级人员的个人特质、他同直属下级在地理上的距离、他的直属下级所执行任务的性质以及组织的稳定程度等因素。

二、行为科学组织理论阶段

行为科学是运用心理学、社会学、生命科学、管理学等学科的理论和方法来研究工作环境中个人和群体行为的一门综合性和交叉性学科。行为科学时期的组织理论是组织理论发展的第二个关键阶段。主要流派有人际关系学派、激励管理学派、动态平衡学派和决策理论学派。

（一）人际关系学派的组织理论

人际关系学派的主要代表人物是乔治·埃尔顿·梅奥（George Elton Mayo，1880~1949）。乔治·埃尔顿·梅奥，是早期的行为科学—人际关系学说的创始人，美国艺术与科学院院士。

梅奥的学说是从20世纪20年代中期到30年代初在美国芝加哥西方电器公司的霍桑工厂进行划时代的霍桑实验诞生的。霍桑实验从1924年开始到1932年结束，历时8年，经过对工作环境、工作条件、群体行为、员工态度、工作士气与生产效率之间关系的一系列的实验，他们发现并证明人们的生产效率不仅取决于人的生理方面、物理方面的因素，更受到社会环境、社会心理等方面的影响。梅奥在霍桑实验的基础上于1933年出版了《工业文明中的人的问题》。系统地阐述了与古典管理理论截然不同的一些观点。主要观点如下：

（1）组织不仅是一个技术—经济系统，也是一个社会系统。

（2）组织成员不单纯是受经济奖励的激励，还受不同的社会因素和心理因素的激励。人是“社会人”，人的行为受感情、情绪与态度的影响。

（3）在正式组织之中存在着非正式组织，非正式组织对组织效率起着重要影响。

（4）考虑到各种社会心理因素应对传统观念中的以组织正式结构和职能为基础的领导模式作实质性修正。人际关系学家强调的是“民主”而不是“独裁”的领导方式。

（5）领导不仅需要有效的技术才能，同时应具有有效的人际关系技能。人际关系学说在纠正古典管理理论中忽视人的因素上有极大贡献。

（二）激励理论学派的组织理论

激励理论学派的组织理论的主要代表为马斯洛的“需要层次论”、赫茨伯格的双因素激励理论、阿吉里斯的“不成熟—成熟理论”、亚当斯的“公平理论”。

1. 马斯洛的“需要层次论”

亚伯拉罕·马斯洛（Abraham Harold Maslow）在其代表性著作《人类动机的理论》和《激励与个人》中对人的行为和动机进行了深入的研究，提出人的动机是由需求决定的。这些需求按照人的生存和发展的重要性可以划分为五个基本的层次：即生理的需求、安全的需求、社交的需求、尊重的需求和自我实现的需求。马斯洛认为，只有满足了人低层次的需求后才会有更高层次的追求。在管理中应从满足员工不同的需求入手以激励和调动员工工作的积极性。

2. 赫茨伯格的双因素激励理论

弗雷德里克·赫茨伯格（Frederick Herzberg）在其《工作的推力》和《工作与人性》等著作中提出影响人的积极性的因素主要有两大类：一是保健因素，二是激励因素。在管理中，保健因素具有保证和维持原有状况的作用，它能够预防组织成员的不满。但保健因素不能激发组织成员的积极性，要激发组织成员的积极性必须采用激励因素。即通过成就、认可、挑战性工作、责任、升迁和发展等因素来调动组织成员的积极性。

3. 阿吉里斯的“不成熟—成熟理论”

克里斯·阿吉里斯（Chris Argyris）在《个性与组织》一书中指出，组织中的人性是发展的，它们会经历一个从不成熟到成熟的过程。这一过程也是从被动到主动、从依赖到独立、从不自觉到自觉的过程。但这一过程仅靠正式的组织是难以完成的，需要管理者吸收工人参与，采取以工人为中心的管理方式，使工人具有多种工作经历进行角色体验，以强化工人的责任，完成工人的自我管理。

4. 亚当斯的“公平理论”

约翰·斯塔希·亚当斯（John Stacey Adams）认为，人的积极性不仅受其所得绝对报酬的影响，而且还受到相对报酬的影响。人类需要保持一种分配上的公平感，否则就会挫伤其工作的积极性。

（三）动态平衡组织理论

切斯特·巴纳德（Chester I. Barnard，1886~1961）是动态平衡组织理论学派的重要代表。切斯特·巴纳德是系统组织理论创始人、西方现代管理理论中社会系统学派的创始人。他在人群组织这一复杂问题上的贡献和影响，可能比管理思想发展过程中的任何人都更为重要。

巴纳德 1938 年出版的《经理人员的职能》一书，被誉为美国现代管理科学的经典之作。1948 年，巴纳德又出版了另一重要的管理学著作《组织与管理》，巴纳德的这些著作为建立和发展组织理论和现代管理学做出了杰出贡献。其主要思想如下：

（1）组织本质论。巴纳德认为组织是两个或两个人以上有意识协调的活动或效力系统。这个组织定义与传统理论不同之处在于他试图阐明组织的本质。为了把握组织的本质，巴纳德将组织概念抽象化。他把物质系统从组织概念中排斥出去，又指出组织不是人的集合而是人们有意识的活动或效力的系统。

（2）组织环境论。巴纳德认为组织所处的环境对组织施加各种压力和限制。组织环境包括自然的、物质的环境和社会的环境。对自然环境一般不能加以改变而只能适应。在社会环境方面人们的可控性虽然很大，但会受到许多他们并没有意识到的限制和约束。

（3）组织平衡论。巴纳德认为人之所以向组织贡献力量，主要原因在于该组织能给他最大的满足，故组织的生存与发展有赖于贡献与满足的平衡。

（4）组织要素论。巴纳德认为组织不论其级别的高低和规模的大小都包含三个基本要素，即协作的意愿、共同的目标、信息的联系。

（5）组织沟通论。巴纳德认为沟通是组织工作中极其重要的要素。对于如何提高沟通质量，巴纳德提出了沟通线路，明确沟通网络正式化、信息沟通连续化等沟通的基本原则。

（6）组织责任道德论。巴纳德认为道德是指导个人冲动的准则。当道德倾向强烈而又持久便形成一种责任感。他认为组织要通过教育、训练、人员选择、非正式组织、禁令、榜样等向组织成员灌输各种道德的力量，使组织成员更重权威、支持下级、忠于组织。

（7）领导职能论。巴纳德认为组织领导的职能在于建立和维持一个信息联系的系统，确定组织的目标，并运用各部门的具体目标予以阐明，使组织成员为这些目标的实现做出贡献。

（四）决策过程组织理论

决策过程组织理论重要代表是赫伯特·西蒙（Herbert A. Simon，1916~2001）。赫伯特·西蒙是美国管理学家、经济组织决策管理大师。他倡导的决策理论，是以社会系统理论为基础，吸收古典管理理论、行为科学和计算机科学等内容而发展起来的一门边缘学科。由于他在决策理论研究方面的突出贡献而被授予 1978 年度（第十届）诺贝尔经济学奖。

西蒙在管理学上的第一个贡献是提出了管理的决策职能。20 世纪 40 年代，西蒙提出了决策为管理的首要职能这一论点之后，决策才为管理学家们所重视；西蒙对管理学的第二个贡献是建立了系统的决策理论，并提出了人有限度理性行为的命题和“令人满意的决策”的准则。西蒙一生著有《管理行为》《行政行为—行政组织中决策程序的研究》《组织学》《经济学和行为科学中的决策理论》《管理决策的新科学》《人工的科学》《人们的解决问题》《思维模型》，主要思想如下：

1.“管理人”

西蒙认为，现实生活中作为管理者或决策者的人是介于完全理性与非理性之间的“有限理性”的“管理人”。“管理人”的价值取向和目标往往是多元的，不仅受到多方面因素的制约，而且处于变动之中乃至彼此矛盾状态；“管理人”的知识、信息、经验和能力都是有限的，他不可能也不期望达到绝对的最优解决方案，而只以找到满意解决方案为满足。

西蒙认为，在信息社会时代到来之际，随着计算机网络、电话等通信技术的迅速发展，我们面临的“信息危机”不是由于信息匮乏，而是由于信息数量过剩即“信息爆炸”带来的问题。在这种“信息爆炸”的生活环境中，意识到“人的理性是有限的”（即人的精力是非常有限的）这一现实是十分重要的，它将能更好地指导我们集中精力搜寻有效、合适、满意的信息量，而不是搜寻所有相关信息，只有这样才可能有效地思考问题、解决问题，而不是一味地追求最优解。

2.“有限理性”

西蒙认为，短时记忆的容量只有 4 项，从短时记忆向长时记忆存入一项需要 8 秒钟，记忆的组织是一种表列等级结构（类似于计算机的内存有限，从内存到外存的存取需要时间，以及计算机的储存组织形式）。正是这种约束，使思维过程表现为一种串行处理或搜索状态（同一时间内考虑的问题是有限的），从而也限制了人们的注意广度（选择性注意）以及知识和信息获得的速度和存量。与此相适应，注意广度和知识范围的限制又引起价值偏见和目标认同（类似于无知和某种目的意识所产生的宗教或信仰），而价值偏见和目标认同反过来又限制人们的注意广度和知识信息的获得（类似于宗教或信仰对科学和经验事实的抵制和排斥）。

西蒙认为，有关决策的合理性理论必须考虑人的基本生理限制以及由此而引起的认知限制、动机限制及其相互影响的限制。从而所探讨的应当是有限的理性，而不是全知全能的理性；应当是过程合理性，而不是本质合理性；所考虑的人类选择机制应当是有限理性的适应机制，而不是完全理性的最优机制。决策者在决策之前没有全部备选方案和全部信息，而必须进行方案搜索和信息收集；决策者没有一个能度量的效用函数，也不是对效用函数求极大化，而只有一个可调节的欲望水平，这个欲望水平受决策者的理论和经验知识、搜索方案的难易、决策者的个性特征（如固执性）等因素调节，以此决定方案的选定和搜索过程的结束，从而获得问题的满意解决。因此“管理人”之所以接受足够好的解，并不是因为他宁劣勿优，而是因为他根本没有选择的余地，根本不可能获得最优解决方案。

3. 决策理论

作为管理学科的一个重要学派，决策理论学派着眼于合理的决策，即研究如何从各种可能的抉择方案中选择一种“令人满意”的行动方案。赫伯特·西蒙是决策学派的主要代表人物。该学派吸收了系统理论、行为科学、运筹学和计算机科学等学科的研究成果，在20世纪70年代形成了一个独立的管理学派。

西蒙指出组织中经理人员的重要职能就是做决策。

决策分为程序化决策和非程序化决策。所谓程序化决策，就是那些带有常规性、反复性的例行决策，可以制定出一套例行程序来处理的决策。比如，为普通顾客的订货单标价、办公用品的订购、有病职工的工资安排等。所谓非程序化决策，是指对那些过去尚未发生过，或其确切的性质和结构尚捉摸不定或很复杂，或其作用十分重要而需要用现裁现做的方式加以处理的决策。比如，某公司决定在以前没有经营过的国家里建立盈利组织的决策，新产品的研制与发展决策等。但这两类决策很难绝对分清楚，它们之间没有明显的分界线，只是像光谱一样的连续统一体。

4. 满意准则

西蒙认为，组织成员的行为如果不是完全理智的，至少在很大程度上是符合理性的，情感的作用并不支配人的全部。但是，单一个体的行为不可能达到完全理性的高度，因为他必须考虑的备选方案的数量太大，评价备选方案所需要的信息太多。事实上，现实中的任何人不可能掌握全部信息，也不可能先知先觉，决策者只能通过分析研究，预测结果，因此决策者也只能在考虑风险和收益等因素的情况下做出自己较为满意的抉择。所以西蒙认为，人类行为是理性的，但不是完全理性的。一言以蔽之，理性是有限的。

从有限理性出发，西蒙提出了满意型决策的概念。从逻辑上讲，完全理性会导致人们寻求最优型决策，有限理性会导致人们寻求满意型决策。以往的人们研究决策，总是立足于最优型决策，在理论上和逻辑上，最优型决策是成立的。然而在现实中，或者是受人类行为的非理性方面的限制，或者是最优选择的信息条件不可能得到满足，或者是在无限接近最优的过程中极大地增加决策成本而得不偿失，最优决策是难以实现的。因而，西蒙提出用满意型决策代替最优型决策。所谓满意，是指决策只需要满足两个条件即可：一是有相应的最低满意标准，二是策略选择能够超过最低满意标准。在这里，如果把决策比作大海捞针，最优型决策是要求在海底所有的针中间捞出最尖最好的那枚针，而满意型决策则只要求在有限的几枚针中捞出尖得足以缝衣服的那枚针即可，即使还有更好的针，对决策者来说已经无意义。

5. “有限度的合理性”

西蒙认为，企业在制订计划和对策时，不能只考虑“攫取利润”这一目标，必须统筹兼顾，瞻前顾后，争取若干个相互矛盾的目标一同实现。其决策理论以“有限度的合理性”而不是“最大限度的利润”为前提，应采用“符合要求”的原则。这一理论的典型例子有“分享市场”“适当利润”“公平价格”。在决策方式上，他主张群体决策。群体参加决策的优点是，群体成员不会同时犯同样的错误。可以避免决策的失误，群体参加决策可将问题分成若干部分，分别交给专家处理，从而加速问题的解决和提高解决的质量。

西蒙认为，组织是为了实现共同目标而协作的人群活动系统。组织行为是人们为了完成一个人无法完成的工作而协作进行的团体活动，因此组织就是为了完成这样的协作而有目的地进行设计的系统，就是一个决策系统。

（五）行为科学组织理论评价

行为科学组织理论的要点：

（1）组织是一个心理、社会系统。

（2）组织是一个平衡系统。

（3）组织是一个决策系统。

（4）组织是信息沟通和处理系统。

（5）组织是一个人格整合系统。

（6）组织是人—机配合的系统。

行为科学组织理论对于组织和管理问题的研究无疑是一场革命。行为科学组织理论的贡献还在于它引起了管理哲学的变革。它们促使组织管理方式由监督制裁走向人性激励，从专断领导走向民主领导，由唯我独尊到意见沟通的转化。

三、现代组织理论阶段

现代组织理论是 20 世纪 60 年代以来形成和发展起来的组织理论。现代组织理论是在古典组织理论和行为组织理论的基础上，为了适应科学技术的不断进步、人员素质的提高和整个外部环境的巨大变化而发展起来的系统权变性的组织理论。它的中心思想是把组织理解为开放的理性模式，认识到组织外部环境对组织内部结构和管理起着决定性的作用，组织结构和管理方式要服从整体战略目标。

现代组织理论强调组织是社会组织，强调组织的生存价值、社会作用和性格特征，强调人是组织的中心。这种理论的主要特征是把组织中人的行为作为分析对象，把决策作为主要认识对象，需要积极强化人的需求，但又要节制人的需求。组织领导人的首要任务是塑造和培养人们有共同的价值观，搞好组织战略，领导人的权威主要靠领导者的影响力，而不是靠命令。组织对其成员实行贡献与报酬平衡的原则等。

（一）德鲁克组织理论

彼得·费迪南·德鲁克（Peter Ferdinand Drucker）是经验主义学派最主要的代表人物。经验主义学派重视组织结构的分析和系统研究，他们认为战略决定结构，战略决定组织的目标，决定组织中关键的业务活动内容。组织结构的设计就是保证这些业务活动的实施并取得成效。组织结构的设计原则是有利于决策，职责明确，具有一定的适应性和稳定性等。

德鲁克认为，传统组织理论越来越不能满足现代组织的要求。因此他提出了以下六个不适应的方面：

（1）法约尔和斯隆都是以制造业作为研究对象的，而今天面临的挑战是大型组织的非制造业，即大金融商、大零售商等。这些非制造业机构将逐渐成为发达经济的重心。

（2）艾尔弗雷德·P.斯隆（Alfred Pritchard Sloan）创立的通用汽车公司组织模式本质上是针对单一的产品、技术和市场。而现今普遍的情况是多种产品、多样化技术和市场，因此，这里存在着通用汽车公司未曾遇到过的、复杂化和多样化组织的问题。

（3）通用汽车公司没有把主要注意力移向国际市场，因此它未能成为跨国公司，而其他那些关注文化、国家、市场和政府的许多公司都已经成为跨国公司。

（4）像通用汽车公司那种以单一产品、单一技术为主的公司不十分关心信息处理，而多产品、多技术的公司和跨国公司，则必然设计出有利于处理大量信息的组织结构。

（5）通用汽车公司员工中 4/5 是体力劳动者或事务性雇员，而现今组织的基本问题与当时通用汽车公司却有所不同，大多都是同知识工人和知识性劳动相关的。

（6）通用汽车公司比较重视管理，却不大重视创业，而今天的公司则更需要创业和革新精神。

为了弥补法约尔和斯隆的组织理论和模式之不足，德鲁克提出了组织结构的五项设计原理：法约尔的职能制、斯隆的联合分权制、工作队组织、模拟性分权制、系统结构。

德鲁克指出，新的信息技术将不仅改变组织的工作，还会进一步改变组织的结构。企业，特别是大型企业的唯一出路就是转变为以信息为基础的组织。

（二）霍曼斯的组织理论

社会学家霍曼斯（George Homans）把系统理论应用于组织问题的研究，创立了一个社会系统的模式。他认为，任何社会组织都处于物理的、文化的、技术的环境中。所谓物理环境，是指工作场所、设施的布局和环境气候等；所谓文化环境，是指社会和组织的价值观、目标、规范等；所谓技术环境，是指社会组织为完成任务所具备的知识、技术手段等。三种环境影响并决定着社会组织中人们的活动和相互作用。而人们在进行活动和发生相互作用时，就会产生一定的感情。这些由环境所决定的活动和相互作用而产生的感情就是霍曼斯所说的外部系统，即社会系统。

霍曼斯的社会系统模式有五个关键因素：活动，即系统中人们的工作活动；相互作用，指人们相互之间的沟通和交往；情感，指系统中人们的价值观、态度和信念，包括相互之间积极与消极的感情，这些都是在活动、相互作用的过程中表现出来的；所要求的行为，外部系统即正式组织或群体中所明文规定的活动、相互作用而产生的感情；新的行为，指在所要求行为之外的一些行为，即属于内部系统及非正式组织中的行为。

霍曼斯认为，活动、相互作用和感情三方面是相互依赖的。其中一个因素发生变化，其他两个因素也会相应地发生变化。例如，人们彼此之间交往越频繁，感情就会越密切，感情越亲密，交往也会越多。同时，随着人们交往的不断增加，不仅会产生新的情感，还会产生新的行为规范、新的态度和新的活动方式。

外部系统与内部系统也就是正式组织与非正式组织，是相互依赖的。一个系统的变化会引起另一个系统的变化。正式组织中，人际关系（相互作用模式）的变化会引起非正式组织的变化。例如，调整机构和人员会打破原来所形成的小圈子。反过来也是一样，内外两个系统又是与外部环境相互依赖的。因此，环境的变化必然要引起正式和非正式组织的变化。人们在非正式组织中的议论和活动，也可能产生技术革新等创造性的活动，促使技术环境发生变化，导致重新设计劳动设施（物理环境的变化），以及在工人和管理人员之间形成新关系（文化环境的变化）。

（三）利克特的“交叠群体”组织理论

美国现代行为科学家伦西斯·利克特（Rensis Likert）认为，组织是由互相关联而发生重叠关系的群体组成的系统。这些互相关联的群体是由位于几个群体交叠处的个人来联结的。这个人便称之为“联结针”（linkine Pin）。这种承担“联结针”角色的人既是本单位的领导人，又是上级组织的一个成员。通过他把本级组织同上级组织联结了起来，具有承上启下的作用。利克特后来在模式中加上了横向的联系，使组织的沟通、协调更为顺畅。

利克特指出，在联结针的结构中，所有群体必须同样有效，因为整个联结针组织的强度决定其中最弱的联结针的强度，为了防止群体的链锁断裂，他又提出设立附加的参谋小组和特别委员会作为补充。除了组织内部有关群体要用联结针来联结外，整个组织同环境之间也需要依靠在组织与环境之间占有重要地位的关键人物来起联结针的作用，从而使组织与环境能够较好地互相协调。利克特的模式打破了传统组织理论提出的一人一个职位，各部门之间严格划分界限的观念，指出了管理人员不能只完成自己的本职工作，还要在各部门之间、人与人之间起联络作用，特别是在上下级之间起联络作用，以增强沟通和协调，提高组织效率。

（四）权变组织理论

管理学家格鲁克（William F. Glueck）提出了权变组织理论，主要内容如下：

权变组织理论的核心在于把组织看作是一个有机的系统。一个系统通常是由多个子系统组成，而其本身可能又是另一个系统的子系统。整个系统的能力有赖于每一个子系统的能力，并且，大系统的职能或能力的任何变化都会要求子系统做出相应的变化。整个系统的输入可能来源于系统的外部或内部的子系统，其输出也同样，可能是系统的外部或反馈给内部的某个子系统。因此，一个组织的结构和职能必须以组织所处的外部或内部的许多环境因素为基础，并因基础的不同而不同。

1. 组织规模

随着组织规模的不断扩大，组织结构、组织控制和组织协调变得更为规范，组织关系更具有指导性。如果组织的规模庞大，但其经营的科技环境和市场环境较为稳定，则应该采用正式的组织结构形态为佳。

2. 经营战略

美国经济管理史学家钱德勒（Alfred D. Chandler）在其历史性著作《战略与结构：美国工业史的考证》（*Strategy and Structure Chapters in the History of the American Industrial Enterprise*）中通过对美国四家大企业的历史考察，提出了著名的论断，即企业的组织结构取决于战略，而战略又是对市场环境的反映。简化的因果链可表示为：市场—战略结构，当然更准确地说还应有其他因素。组织模式是为组织目标和战略的实现服务的。不同的组织目标和战略，需要有与其相适应的组织模式。当组织目标及其经营战略发生变化时，组织模式也应做出相应的调整。这些调整可以表现为组织中一些部门的重新划分、新增或撤销，以及一些权责关系的变动和工作内容的重新计划。

3. 技术

企业组织需要采用某种技术进行生产和管理，企业采用不同类别的生产技术一般会导致不同的组织结构与之相适应。管理技术的改进也会推进企业组织结构的变革，例如，IT 技术的推广使得组织的管理幅度得到一定的增加，促使企业组织结构向扁平化方向发展，减少了企业中层管理者的比例。

4. 成员个性

有效的组织结构要同组织成员的个性和愿望相一致，因为不同的人在对待组织的原则、政策、程序和控制方法上的态度是不同的。比如，青年人希望组织为他们提供较多的弹性，年长资深者愿意接受严格的规章制度；受过良好教育的人能很快熟悉工作，并且工作自觉和有效，而受教育程度较低的人往往需要有正确的指导，否则就会束手无措。一般来讲，凡不希望参与和不依赖别人鼓励、有较强独立工作能力的人，喜欢比较正规的组织结构和激励模式；希望相互参与和依赖内在激励的人，则比较喜欢参与性的组织结构和比较轻松欢快的激励模式。

5. 组织的目标

如果组织的目标以降低成本和提高工作效率为关键，则应采用职能式部门划分方法。

当组织目标与成员目标比较一致时，强调参与性是比较适宜的。但是，如果组织目标与成员目标有分歧，则必须更多地依靠外部控制和正规结构来保持适当的控制。

6. 组织的环境

如果组织的环境复杂，能否密切配合以保证按时出产是最关键的因素，此时采用矩阵式结构才能有效；如果组织的环境灵活多变，则环境变化越快，越应采用更大的分权化和弹性的组织结构形态。

7. 环境稳定性

稳定的外部环境是组织具有稳定的组织结构、工作内容、工作方法的重要外部条件。环境不稳定，组织结构、工作内容、工作方法都要相应变化，一切会变得复杂化。不同的工作内容，受环境变化的影响也不同，从而使协调和沟通工作变得更加重要。为了保证组织效率和有效性，组织模式的稳定性和适变性都是不可缺少的。一般认为，在相对稳定的经营环境下，组织结构可以更正规化、正式化；在环境不确定性较高的情况下，组织结构应该是更为精干和灵活的。

8. 决策层次

不同性质的决策应采取不同的处理方法。有些决策可以放在基层制定，并强调参与性。有些决策必须放在上层制定，有时还必须强调与下层的脱离性，摆脱下层的影响并加强对决策的指导性。

权变理论认为，不能用单一的模型解决所有组织设计问题，只能提出在特定情况下有最大成功可能的方案，因而使其有别于古典组织理论、行为组织理论和系统理论。它强调组织的多变性，并力图了解组织在变化着的条件下和在特殊环境中的发展情况。其根本目的在于，提出最符合具体情况的组织设计和管理行为。它注重实践，鼓励人们应用各种不同的模型，包括古典的和现代的。在服从组织总目标的前提下，同一组织的各个部门可以采取不同的组织设计，完成各自的目标。可见，权变观念实质上是主张从实际出发，具体问题具体分析，然后找出合适的解决问题的办法。所以，权变理论要求按照工作的性质和人员的特殊要求来确定组织的模式，使任务、人员和组织彼此相适应。

系统的观点能使我们全面地理解组织的整个过程，而权变的观念又能使我们不局限于某一种僵硬的模式，使我们知道世界上并没有一种简单的、普适的组织设计和管理的原则。因此，现代组织理论不但反映了各子系统之间的协调关系，而且具有一种应变的特点，要求组织与其环境之间，以及各子系统之间协调一致，更为具体地强调子系统之间关系的特点和模式，从而提出具体组织的设计方案和管理基础。组织理论的发展演变过程也就是向着系统和权变观念转变的过程。这种以系统权变方法为主的现代化组织理论是科技高速发展、市场全球化、企业竞争激烈的诉求结果。

（五）组织生命周期理论

格林纳（Larry E. Greiner）在 1972 年率先提出组织生命周期论。格林纳认为，组织像任何有机体一样，存在生命周期并提出了组织成长与发展的五阶段模型（后又补充了一个阶段）。他认为，一个组织的成长大致可以分为创造、聚合、规范、成熟、再发展或衰退五个阶段。每一阶段的组织结构、领导方式、管理体制、员工心态都有其特点。每一阶段最后都面临某种危机和管理问题，都要采用一定的管理策略解决这些危机以达到成长的目的。

1. 格林纳的组织成长六阶段模型

格林纳的成长阶段模型认为，组织成长发展有五个必经阶段（后补到六个），在不同阶段必须有不同的组织战略和组织结构与之相适应。这一架构，可以帮助理解当组织发展到一定时期时，为什么有的管理方式、组织结构、协调机制就能发挥作用，运作良好，而有的就不行。

（1）创造阶段。在组织诞生初期，其阶段特点是企业家精神培育、信息收集、艰苦创业以及低回报，组织处于幼年期。这一时期的组织特征表现为：规模小、人心齐、关系简单，一切由创业者决策指挥。因创业者一般是“业务型”，不善管理，于是到了这个阶段的后期，一场领导力危机引发第一次组织变革，标志着第一阶段的结束。

（2）指令阶段。企业进入持续成长期，随着组织结构功能化、会计制度的建立，以及资本管理、激励机制、预算制度、标准化管理的出现，组织变得更加多样化和复杂化，组织进入青年时期，这一时期的组织特征表现为：企业在市场上取得了成功，人员迅速增多，组织不断扩大，职工情绪饱满，对组织有较强的归属感。为了整顿正陷入混乱状态的组织，必须确立发展目标，以铁腕作风与集权管理方式指挥各级管理者。在这种管理方式下，中下层因为事事听命于上级而感到不满，要求获得自主决定权，至此，自主权危机引发第二次组织变革，标志着第二阶段的结束。

（3）授权阶段。分权型组织结构引发组织又进入了一个成长期，即分散的组织结构、运营及市场层面的本位责任、各自的利益中心、盛行的财务激励机制、基于阶段性回顾的决策机制。这是组织的中年时期：已有相当规模，增加了许多生产经营单位，甚至形成了跨地区经营和多元化发展。分权期达到一定时间，使高层主管感到由于采取过分分权与自主管理，使组织陷入了控制危机，当管理层试图重新控制整个公司时，新的剧变又开始了，标志着第三阶段结束。

（4）协调与监督阶段。这一阶段的特点是，各种正式的管理系统被一一建立起来，如正式的产品组群、正式的规划评估、中心化的支持系统、企业人员海外协调、企业资本支出、产品组层面上的投资回报责任、组织低层的利益均享促进等，以此协调和监督组织管理。这是组织的成熟时期：因“失控危机”，促使高层主管加强监督，强化各部门间的协调、配合，加强整体规划，建立管理信息系统，成立委员会组织，或实行矩阵式组织。至此，许多规章制度、工作程序和手续，逐渐形成了官样文章，文牍主义盛行，产生了“官僚主义危机”或“硬化危机”。虽然企业获得了成长，但却又使组织陷入了一场官僚危机，新的变革又开始了，标志着第四阶段结束。

（5）协作阶段。标志着组织进入新的成长阶段，这一阶段强调通过团队协作来解决各种问题，克服官僚危机，其特点是跨功能区的任务团队、去中心化的支持团队、矩阵式组织结构、简化的控制机制、团队行为教育计划、高级信息系统、团队激励等。这个阶段也叫成熟后的阶段，组织的发展前景既可以通过组织变革与创新重新获得再发展，也可以更趋向成熟、稳定，但可能由于不适应环境的变化而走向衰退。为了避免过分依赖正式规章制度和刻板的手续所形成的文牍主义，必须建立管理者和各部门之间的合作精神，通过团队合作与自我控制以达到协调配合的目的。另外，要进一步增加组织的弹性，采取新的变革措施，如精简机构，划出核算单位，开拓新的经营项目，更换高级管理人员等。这一阶段最终结束于组织的又一次内部成长危机。

（6）外部组织解决方案阶段。外部组织解决方案阶段（Extra-Organization Solutions），即通过并购、持股及组织网络等外部手段实现组织成长。

2. 组织生命周期特征

一般来说，企业生命周期变化规律是以 12 年为一周期的循环。它由 4 个不同阶段的小周期组成，每个小周期为 3 年。如果再往下分，一年 12 个月可分为 4 个微周期，每个微周期为 3 个月。该规律的行业特征不太明显，适用于各种行业。由于不同的企业存在着不同的生命周期，不同的生命周期体现不同的变化特征。尽管它们有共同的规律，但在 4 个不同周期阶段变化各异，各自的发展轨迹也不同。这些不同的变化特征归纳为如下三种变化：

（1）普通型。周期运行顺序：上升期（3 年）→高峰期（3 年）→平稳期（3 年）→低潮期（3 年）。普通型变化最为常见，60%左右的企业属于这种变化。它的 4 个小周期的运行相对比较稳定，没有大起大落。属于普通型变化的企业，即使经营业绩平平，但只要在低潮期不出现大的投资失误，一般都能比较顺利地通过 4 个小周期的循环。

（2）起落型。周期运行顺序：上升期（3 年）→高峰期（3 年）→低潮期（3 年）→平稳期（3 年）。起落型变化比较复杂，不易掌握，属于盛极而衰，大起大落之类型。这类变化企业的比例约占 20%。它的运行轨迹在周期转换过程中突发剧变，直接从高峰落入低谷。处于这个周期阶段的企业，经营者一般都会被眼前的辉煌所迷惑，错误估计形势，拼命扩大投资规律，准备大干一场。殊不知这种投资决策的结果可能导致前功尽弃，甚至全军覆没。

（3）晦暗型。周期运行顺序：下落期（3 年）→低潮期（3 年）→高峰期（3 年）→平稳期（3 年）。名曰晦暗，隐含韬晦之意。这类变化的企业与上述两类变化相比，运转周期中减少一个上升期，多出一个下落期。这就表明在 12 年 4 个小周期的循环中，这类企业可供发展的机会少了 3 年，而不景气的阶段多出 3 年。这类企业的比例约占 20%。

一个正常运作的企业，如果处于不景气的低迷状态长达6年之久，不仅会让组织内成员士气低落，而且企业决策者也面临严峻的考验。这个周期阶段的企业决策者，容易产生以下两种心态：一种是彻底悲观失望，对前途失去信心，不想做任何努力，任企业自生自灭；另一种则出于孤注一掷的赌徒心理，拼命扩大投资，采取破釜沉舟、背水一战的方式来挽救败局，这种急功近利的做法，不但于事无补，反而越陷越深。所以在这个阶段，以上两种策略都不可取。

晦暗型变化的企业虽有诸多弊端，但也具备独特的优势，它在经历下落和低潮两个小周期阶段的低位循环后，运行轨迹突发剧变，直接从低谷冲上高峰。鉴于这个变化特点，企业决策者要权衡利弊，扬长避短，充分利用这一优势，把不利因素转化为有利因素。“塞翁失马，焉知祸福。”企业处于低潮，固然不利，但从另一角度分析，这段时间也给企业提供了一个休养生息、调整组合的大好机会，可进行相应的战略调整，着眼于中长期目标的投资。

第九章
组织战略与管理

第一节　组织战略概述

一、基本概念

（一）战略

“战略”源于希腊语 Strategos，原意是“将军指挥军队的艺术”，是一个军事术语。20 世纪 60 年代，战略思想开始运用于商业领域，并与达尔文“物竞天择”的生物进化思想共同成为战略管理学科的两大思想源流。

什么是战略？从组织未来发展的维度来看，战略表现为一种计划（Plan）；从组织发展历程的维度看，战略则表现为一种模式（Pattern）；如果从产业维度来看，战略表现为一种定位（Position）；从组织运营维度看，战略则表现为一种观念（Perspective）；从企业维度看，战略则表现为企业在竞争中采用的一种计谋（Ploy）。这是关于战略比较全面的看法，即著名的 5P 模型。

（二）战略管理

战略管理是指对组织战略的管理，包括战略制定（Strategy Formulation）、战略形成（Strategy Formation）与战略实施（Strategy Implementation）三个部分。

（1）战略管理的定义：组织为达成其使命，根据组织内外部环境设定组织的战略目标，为保证目标的正确落实和实现进行谋划，并依靠组织内部能力将这种谋划和决策付诸实施，以及在实施过程中进行控制的一个动态管理过程。

（2）战略管理的特点：指导组织全部活动的是组织战略，全部管理活动的重点是制定战略和实施战略；制定战略和实施战略的关键在于对组织外部环境的变化进行分析，对组织的内部条件和素质进行审核，并以此为前提确定组织的战略目标，使三者之间达成动态平衡；战略管理的任务在于通过战略制定、战略实施和日常管理，在保持动态平衡的条件下，实现组织的战略目标。

第一，战略管理不仅涉及战略的制定和规划，而且也包含着将制定出的战略付诸实施的管理，因此是一个全过程的管理。

第二，战略管理不是静态的、一次性的管理，而是一种循环的、往复性的动态管理过程。它需要根据外部环境的变化、内部条件的改变，以及战略执行结果的反馈信息等，重复进行新一轮战略管理的过程，是不间断的管理。

二、战略管理的要点

（一）全局性管理

企业的战略管理是以企业的全局为对象，根据企业总体发展的需要而制定的。它所管理的是企业的总体活动，所追求的是企业的总体效果。虽然这种管理也包括企业的局部活动，但这些局部活动是作为总体活动的有机组成在战略管理中出现的。具体地说，战略管理不是强调企业某一事业部门或某一职能部门的重要性，而是通过制定企业的使命、目标和战略来协调企业各部门自身的表现。这样也就使战略管理具有综合性和系统性的特点。

（二）战略管理的主体——高层管理者

由于战略决策涉及一个企业活动的各个方面，虽然它也需要企业中、下层管理者和全体员工的参与及支持，但企业的最高层管理人员介入战略决策是非常重要的。这不仅是由于他们能够统观企业全局，全面了解企业的情况，而且更重要的是他们具有对战略实施所需资源进行分配的权力。

（三）资源的有效配置

企业的资源，包括人力资源、实体财产和资金，或者在企业内部进行调整，或者从企业外部来筹集。在任何一种情况下，战略决策都需要在相当长的一段时间内致力于一系列的活动，而实施这些活动需要有大量的资源作为保证。因此，为保证战略目标的实现，需要对企业的资源进行统筹规划，合理配置。

（四）长远性管理

战略管理中的战略决策是对企业未来较长时期（5 年以上）内，就企业如何生存和发展等进行统筹规划。虽然这种决策以企业外部环境和内部条件的当前情况为出发点，并且对企业当前的生产经营活动有指导、限制作用，但这一切是为了更长远的发展，是长期发展的起步。从这一点上说，战略管理也是面向未来的管理，战略决策要以经理人员所期望或预测将要发生的情况为基础。在迅速变化和竞争性的环境中，企业要取得成功必须对未来的变化采取预应性的态势，这就需要企业做出长期性的战略计划。

（五）综合性管理

现代企业都存在于一个开放的系统中，在未来竞争的环境中，企业要使自己占据有利地位并取得竞争优势，就必须考虑与其相关的因素，这包括竞争者、顾客、资金供给者、政府等外部因素，以使企业的行为适应不断变化中的外部力量，企业才能够继续生存下去。

第二节 战略管理的内容

一、战略管理的结构

（一）总体战略

总体战略又称公司战略，是企业最高层次的战略，是企业整体的战略总纲。在存在多个经营单位或多种经营业务的情况下，企业总体战略主要指集团母公司或者公司总部的战略。总体战略目标是确定企业未来一段时间的总体发展方向，协调企业下属的各个业务单位和职能部门之间的关系，合理配置企业资源，培育企业核心能力，实现企业总体目标。它主要强调两个方面的问题：一是“应该做什么业务”，即从公司全局出发，根据外部环境的变化及企业的内部条件，确定企业的使命与任务、产品与市场领域；二是“怎样管理这些业务”，即在企业不同的战略部门间如何分配资源以及采取何种成长方向等，以实现公司整体的战略意图。

（二）业务战略

业务战略又称经营单元战略。现代大型企业一般都同时从事多种经营业务，或者生产多种不同的产品，有若干个相对独立的产品或事业部门，即事业部或战略经营单位。由于各个业务部门的产品或服务不同，所面对的外部环境（特别是市场环境）也不相同，企业能够对各项业务提供的资源支持也不同，因此，各部门在参与经营过程中所采取的战略也不尽相同，各经营单位有必要制定指导本部门产品或服务经营活动的战略，即业务战略。

业务战略是企业战略业务单元在公司战略的指导下，经营管理某一特定的战略业务单元的战略计划，具体指导和管理经营单位的重大决策和行动方案，是企业的一种局部战略，也是公司战略的子战略，它处于战略结构体系中的第二层次。

业务战略着眼于企业中某一具体业务单元的市场和竞争状况，相对于总体战略有一定的独立性，同时又是企业战略体系的组成部分。

业务战略主要回答在确定的经营业务领域内，企业如何展开经营活动；在一个具体的、可识别的市场上，企业如何构建持续优势等问题。其侧重点在于贯彻使命、业务发展的机会和威胁分析、业务发展的内在条件分析、业务发展的总体目标和要求等。对于只经营一种业务的小企业，或者不从事多元化经营的大型组织，业务战略与公司战略无须分开。

（三）职能战略

职能战略是为贯彻、实施和支持公司战略与业务战略而在企业特定的职能管理领域制定的战略。职能战略主要回答某职能的相关部门如何卓有成效地开展工作的问题，重点是提高企业资源的利用效率，使企业资源的利用效率最大化。其内容比业务战略更为详细、具体，其作用是使总体战略与业务战略的内容得到具体落实，并使各项职能之间协调一致，通常包括营销战略、人事战略、财务战略、生产战略、研发战略等方面。

公司战略倾向于总体价值取向，以抽象概念为基础，主要由企业高层管理者制定；业务战略主要就本业务部门的某一具体业务进行战略规划，主要由业务部门领导层负责；职能战略主要涉及具体执行和操作问题。

公司战略、业务战略与职能战略一起构成了企业战略体系。在企业内部，企业战略管理各个层次之间是相互联系、相互配合的。企业每一层次的战略都为下一层次战略提供方向，并构成下一层次的战略环境；每一层次的战略又为上一级战略目标的实现提供保障和支持。所以，企业要实现其总体战略目标，必须将三个层级的战略有效地结合起来。

二、战略管理的作用

（一）重视经营环境

由于战略管理将企业的成长和发展纳入了变化的环境之中，管理工作要以未来的环境变化趋势作为决策的基础，这就使企业管理者们重视对经营环境的研究，正确地确定公司的发展方向，选择公司合适的经营领域或产品—市场领域，从而能更好地把握外部环境所提供的机会，增强企业经营活动对外部环境的适应性，从而使二者达成最佳的结合。

（二）重视战略实施

由于战略管理不只是停留在战略分析及战略制定上，而是将战略的实施作为其管理的一部分，这使企业的战略在日常生产经营活动中，根据环境的变化对战略进行不断的评价和修改，使企业战略得到不断完善，也使战略管理本身得到不断地完善。这种循环往复的过程，更加突出了战略在管理实践中的指导作用。

（三）重视远近结合

由于战略管理把规划出的战略付诸实施，而战略的实施又与日常的经营计划结合在一起，由此把近期目标（或作业性目标）与长远目标（战略性目标）结合了起来，把总体战略目标同局部的战术目标统一了起来，从而可以调动各级管理人员参与战略管理的积极性，有利于充分利用企业的各种资源并提高协同效果。

（四）重视战略评价

由于战略管理不仅规划未来走向，而且也规划淘汰与扬弃，不断进行战略的评价与更新，这使企业管理者能不断地在新的起点上对外界环境和企业战略进行连续性探索，增强创新意识。

第三节　战略制定（规划）与实施

战略规划是组织策划的最重要内容之一。它锁定组织价值、组织目标和分享原则。

战略规划是致力持续发展的优秀组织必须具备的首要能力。如何制定战略规划？一个完整的战略规划流程包括以下几个步骤，如图 9–1 所示。

一、定位与目标

首先确定组织的使命、组织愿景（Vision），其次进行战略定位，最后设定组织战略目标（见图 9–2）。

二、战略分析

进行外部环境和内部资源的分析，而后进行 SWOT 矩阵分析。

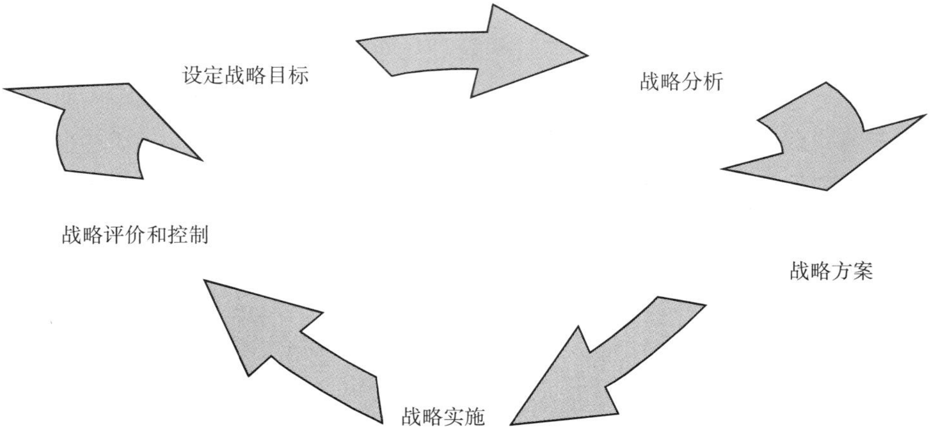

图 9-1 战略规划

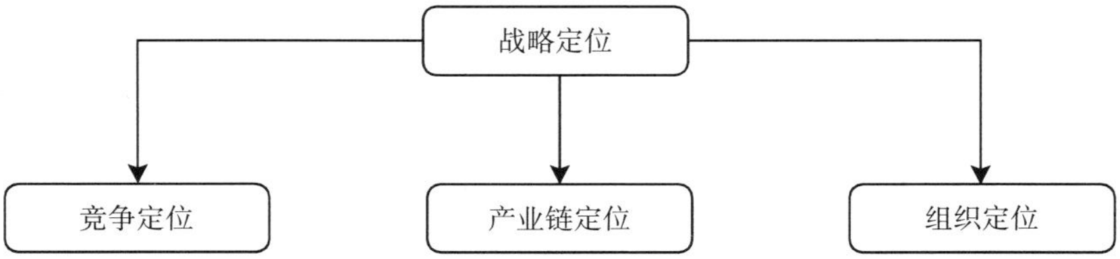

图 9-2 战略定位

（一）外部环境分析

（1）社会环境（政治与法律、经济环境）。

（2）产业分析（产业经济特征、产业生命周期、产业走向分析、产业竞争力分析）。

（二）内部环境分析

（1）资源分析（有形资源：财务资源、实物资源；无形资源：人力资源、技术资源、组织资源、创新资源、声誉资源）。

（2）能力分析（资源的有效整合）：进料后勤、生产运营、发货后勤、市场销售、售后服务。

（3）核心竞争能力分析：核心业务（主导产品或主导服务）竞争力分析、相关供应商及关键供应商能力分析、客户能力分析、竞争对手分析。

（三）SWOT 矩阵分析

S（Strengths）是优势、W（Weaknesses）是劣势、O（Opportunities）是机会、T（Threats）是威胁。按照企业竞争战略的完整概念，战略应是一个企业

“能够做的”（即组织的优势和劣势）和“可能做的”（即环境的机会和威胁）之间的平衡组合。

基于内外部竞争环境和竞争条件下的态势分析，与研究对象密切相关的各种内部优势、劣势和外部的机会和威胁，通过数据和基础分析列举出来，并依照矩阵形式排列，然后对研究对象所处的情景进行全面、系统、准确的研究，从而根据研究结果制定相应的发展战略、计划以及对策。

三、战略方案设计

（1）核心业务界定：各业务发展潜力分析，专业和多元业务比较分析，业务组合是否健康。

（2）专业化战略：边缘业务和非核心业务剥离分析与选择。

（3）多元化战略：产业发展方向组合分析与选择。

（4）运营模式：市场开发型分析与选择，产品开发型分析与选择，产品市场开发型分析与选择，技术关系型分析与选择，资源型分析与选择。

（5）战略态势确定：稳定型战略分析与选择，发展型战略分析与选择，紧缩型战略分析与选择，混合型战略分析与选择，成长型战略分析与选择。

（6）多元化战略的风险：管理难度大，资源分散，影响核心能力的培养。

（7）国际化战略：多国本土化战略分析与选择，全球战略分析与选择，跨国战略分析与选择，进入模式分析与选择（贸易进入、契约进入、投资进入）。

（8）竞争战略（经营战略）：成本领先战略分析与选择，差异化战略分析与选择，集中化（聚焦）战略分析与选择。

（9）职能战略：营销战略、资金战略、人力资源管理战略、研究开发战略、生产运营战略。

四、战略实施（执行）

确立经营目标、核心业务、经营战略、职能战略后，制定计划预算（财务预算，实施时间预算），落实业绩责任（通过机制设计解决员工努力工作的态度问题，通过绩效计划设计解决员工工作重点的明确问题），控制执行过程（建立战略执行的绩效汇报和业绩审议制度）。

战略实施流程：资源配置（人力资源配置、财务配置），价值链构建，企业组织结构再设计，业绩评价设计，激励机制体系。

五、战略评价和控制

（一）分层级与类型的战略控制（见表 9-1）

表 9-1 战略控制

公司级	事业部级	职能级
战略控制	战术控制	作业控制

（二）绩效评价

绩效评价通常分业务、管理两个方面。其中，业务绩效评价以战略目标为方向，进行偏差分析，包括对资源、能力和手段的判断；管理绩效评价以战略支撑为导向。

（三）环境监测

分析环境变化对于企业战略发展的影响及对外部环境的预测。

（四）战略控制与评价的过程（见图 9-3）

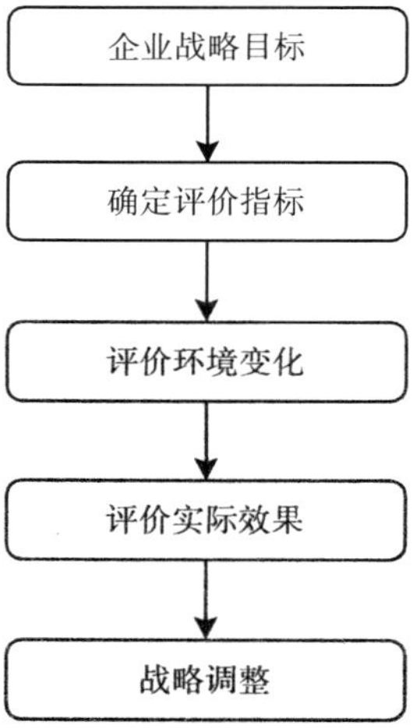

图 9-3 战略控制与评价的过程

第四节 战略研究的理论基础

1998年，加拿大管理学家、经理角色学派的主要代表人物亨利·明茨伯格（Henry Mintzberg）总结出战略研究方法论的十大学派是：设计学派、计划学派、定位学派、自由企业家学派、认知学派、学习学派、权力学派、文化学派、环境学派以及对前面九个学派进行组合的构造学派。在此重点评介明茨伯格心目中的五大主流学派。

一、设计学派

设计学派把战略形成看作是一个主观概念作用的过程，主张战略形成应当深思熟虑，严谨缜密；同时，战略应该简明清晰，易于理解和传达，便于执行、检验和不断改进。

设计学派的代表人物是艾尔弗雷德·D. 钱德勒（Alfred D. Chandler）、肯尼思·安德鲁斯（Kenneth R. Andrews）。设计学派形成于20世纪50年代，20世纪80年代形成了独具特色的“哈佛战略思想”。设计学派以SWOT分析为基础，倡导以“企业内外匹配”为座右铭。

（一）理论模型

设计学派认为战略制定是领导者有意识的但非正式的构想过程，并建立了知名的SWOT（Strength、Weakness、Opportunity and Threat）战略形成模型。这一模型也是计划学派的基础。该模型表明，形成战略最重要的因素是对外部因素和组织因素进行匹配。正如安德鲁斯所指出的那样，“战略是对公司的实力和机会的匹配。这种匹配将一个公司定位于它所处的环境之中。”因此，该模型考虑了企业面临的威胁与机会（外部评价）和企业本身的优势与劣势因素（内部评价）。

（二）基本主张

（1）战略形成应是一个受到控制的、有意识的思想过程。因此，企业组织既不能靠直觉形成战略，也不能以自然形成的方式形成战略。相反，企业组织应当经过尽可能仔细慎重的考虑才能形成战略。

（2）主要的领导人应当承担整个战略形成过程的责任。他不承担具体战略计划的制定工作，但他应当是整个战略计划的设计者。

（3）制定战略时，必须经过充分的设计，再勾画和选择某种特别的战略，即完成“决策”过程之后，制定过程也就宣告结束。

（4）战略应该是清晰的、易于理解和传达的。正如通用电气公司的一名计划人员所说的那样，“一个好的战略应当用两页纸就能说清楚。否则，就不是一个好战略”。因此，战略必须简明扼要。只有这样才能对其进行争议或检验，使其不断得到改进。同样，战略的形成模型也应当是简单的。

（三）基本评价

设计学派对于战略管理理论的发展做出了很大贡献，尤其是SWOT模型的建立充分体现了组织内外部关系对制定战略的重要性。但是，设计学派将战略管理静态地划分为两个阶段，从而割裂了战略形成和实施的动态联系，只能是对管理现实的初步反映。

在现实的管理中，设计学派一方面要求设计者和控制主体有很高的水平，有远见和洞察力，而这样的人，往往很难找；另一方面要求对控制客体进行全面、准确的把握，而这种把握，必须在事先进行。但是，由于未来的不确定性和信息的不完全性，更囿于人们认识的局限性和主观世界与客观世界之间距离存在的客观必然性，这种要求往往很难全部做到。

二、计划学派

计划学派在20世纪70年代得以发展，基本上与设计学派处于同一发展时期。计划学派以伊戈尔·安索夫（Higor Ansoff）为杰出代表。计划学派认为，战略的形成是一个受到控制的、有意识的、规范化的过程。战略行为是对其环境的适应过程以及由此而导致的企业内部结构化的过程。

（一）主要内容

计划学派将市场环境、定位和内部资源能力视为制定战略的出发点，战略的制定过程应该是一个正规化、条理化的计划过程，不应该只停留在经验和概念的水平上。比如，企业应采用什么样的方式去评价自己和外部环境，以保证对SWOT的分析是客观的；哪些优势、劣势、机会和威胁对企业最具有战略意义等。基于这样的理念，计划学派引进了许多数学、决策科学的方法，提出了许多复杂的战略计划模型。

计划学派最早的代表作当属安索夫1965年出版的《企业战略》。安索夫提出，战略应当包括四个构成要素：

（1）产品与市场范围，即确定企业在所处行业中的产品与市场地位。

（2）增长向量，即企业经营的方向和趋势。

（3）协同效果，即“大于由公司各部分资源独立创造的总和的联合资源回报效果”。在各业务间存在资源、技术、管理和价值链活动的各环节的匹配关系时，可以实现各因素的联合、共享和节约，产生“2+2>4”的效果。

（4）竞争优势，是指企业及其产品和市场所具备的不同于竞争对手的、能够为企业奠定牢固竞争地位的特殊因素。这不仅发展了战略理论，而且对当时西方企业的管理活动以至现在的企业管理都具有很重要的指导作用。从战略要素的内容可以看出，设计学派和计划学派都将市场环境、定位和内部资源能力视为战略的出发点，并且这两个学派对于战略形成的看法也很相似。

计划学派的理论贡献主要有：

（1）战略的形成应是一个受到控制的、有意识的、详细而具体的正规化过程。该过程可以分解成几个主要的步骤，每个步骤要考虑大量的因素和各种技巧。

（2）原则上由主要领导人承担整个过程的责任。在实践中，则由计划人员承担实施的责任。

（3）需要详尽清楚地阐明这一过程形成的战略，以便具体地落实目标、预算程序和各种运作计划，并加以实施。

（二）基本评价

计划学派在最大程度上追求战略决策过程的正规化、条理化。相对于设计学派那种松散的战略形成框架，计划学派则列出了一系列精心设计的步骤和必须考虑的因素。安索夫最早描绘的战略计划模型使用了 57 个小方块和大量的箭头及图解详细地描述了战略决策的过程，充分地体现了这一点。在以后的 10 年中，计划学派的理论得到广泛的推广。在斯坦纳（Steiner）、艾考夫（Ackoff）等的推动下，该理论进一步与实践相结合，产生了如经验曲线、增长—份额矩阵、市场份额与获利能力的联系（PIMS）等概念和研究方法，大大丰富了战略管理理论。

三、定位学派

定位学派的创始人是“竞争战略之父”、哈佛大学商学研究院教授迈克尔·波特（Michael Porter）认为，企业战略的核心是获得竞争优势，而竞争优势取决于企业所处行业的盈利能力，即行业吸引力和企业在行业中的相对竞争地位。因此，战略管理的首要任务是选择最有盈利潜力的行业，其次是考虑如何在已经选定的行业中自我定位。

定位学派在 20 世纪 80 年代以后得以发展，定位学派将战略分析的重点第一次由企业转向了行业，强调了企业外部环境，尤其是行业特点和结构因素对企业投资收益率的影响，并提供了诸如五种竞争力模型（供应商、购买者、当前竞争对手、替代产品厂商和行业潜在进入者）、行业吸引力矩阵、价值链分析等一系列分析技术，以帮助企业选择行业并制定符合行业特点的竞争战略。

（一）主要内容

企业在考虑竞争战略时必须将企业与所处的环境相联系，而行业是企业经营的最直接的环境，每个行业的结构又决定了企业的竞争范围，从而决定了企业的潜在的利润水平。

在这种思路下，企业战略的核心是获取竞争优势，而获取竞争优势的因素有两个：一是企业所处行业的盈利能力，即行业的吸引力；二是在行业内的相对竞争地位。因此，企业要获得竞争优势就必须选定有吸引力的行业。也就是说，战略管理的一项首要任务是选择有潜在高利润的行业。围绕这一命题，该学派采用了各种方法和技术，以分析企业所处行业的状况。其中，最著名的方法是波特行业五种竞争力模型。这一模型说明行业的盈利能力主要取决于供应商、购买者、当前的竞争对手、替代产品及行业的潜在进入者五种因素。

同时，企业需要考虑的战略任务是如何在已选定的行业中进行自我定位。企业的定位决定了其盈利能力是高于还是低于行业的平均水平。在行业不理想、平均盈利能力低的情况下，定位适当的企业仍然可以获得较高的盈利。此时，企业可以结合具体形势，选择适当的战略，以增强或削弱其在行业内的竞争地位。低成本、差异化和集中三种战略是最常用的一般战略。波特教授在 20 世纪 80 年代出版的两本著作《竞争战略》和《竞争优势》中详尽地说明了这一战略思想。

（二）基本评价

相对于战略的制定过程，该学派更集中于对战略内容（差别化、集中、低成本等）的研究上。它在战略形成方面的意义在于，在制定战略时给出了分析的一种优先顺序，使企业可以在行业的范围内系统考察所面临的机会和威胁，合理选择适用的战略。此外，定位学派将战略分析的重点第一次由企业转向行业，强调了外部环境的重要性，并且为战略的选择过程提供了诸如公司地位、行业吸引力矩阵、价值链分析等极为有用的分析技术，有效地指导了企业的实际经营活动。

四、自由企业家学派

自由企业家学派又称创新学派、创意学派、创业学派，成立于 20 世纪 50 年代初期，主要代表人物及著作是奈特（Frank Hyneman Knight，1967）的《企业家精神：处理不确定性》。

该学派将战略形成过程绝对地集中在个别领导者身上，最核心的概念就是远见，并提出了“企业家精神”与“内部企业家精神”。这一学派的前提：战略是企业领导人心中一种观念，是对组织未来的远见；战略的形成最好不是一个完全有意识的过程；企业领导人一心一意地发展远见；战略是可以变化的；组织同样是可以变化的；企业家式的战略具有某种特殊的位置，这个位置不受市场竞争的冲击。不少学者认为，企业家学派使用的研究方法是很危险的，它以企业家个人的健康和幻想作为赌注，企业家的个人能力被过分夸大了。

（一）主要内容

具有战略洞察力的企业家是企业成功的关键。许多成功企业没有系统的、成文的战略，但它们同样经营得很好，这与管理者对企业基本价值以及存在原因的信念息息相关。

自由企业家学派的最大特征在于强调领导的积极性和战略直觉的重要性。它一方面将战略制定归功于个人直觉；另一方面认为不存在规范的战略制定过程。这一学派核心概念就是远见，它产生于领导人头脑之中，是战略思想的表现。战略既是深思熟虑的，又是随机应变的：在总体思路和对方向的判断上深思熟虑，在具体细节上可以随机应变，在战略的执行过程中灵活地进行变更。

自由企业家学派的前提条件主要有以下五个方面：

（1）存在于企业领导人心中的战略，既是一种观念，更是一种特殊的、长期的方向感，是对组织未来的远见。

（2）战略形成最好不要成为一种完全有意识的思维过程。

（3）企业领导人一心一意地发展远见，并在必要的情况下亲自控制战略的实施。

（4）战略远见是可以发展变化的，既可以是深思熟虑的，也可以是随机应变的。

（5）组织其实是一个受企业领导人指挥的、简单的组织结构。

（二）基本评价

自由企业家学派认为，战略形成过程是一只被掩埋在人类认知过程中的黑匣子，它对走入困境的企业组织所开的药方简单明了：去寻找新的、有远见的企业领导人。显然，企业家学派用到的方法是冒险的，它以企业家个人健康和幻想作为赌注。当然，从理论上讲，建立一个有远见的组织远比只依赖一个有远见的企业领导人明智许多。或许有远见的组织太难建设，而有远见的个人现存很多，人们往往对企业家学派的药方欣然接受。

企业家学派比较适用于新建企业和正处于转型期的企业，因为在这两种情况下，格外需要强有力的和具有敏锐直觉的领导者，以决定企业的方向和活动范围。

五、构造学派

构造学派又称结构学派、综合学派，构造学派成立于20世纪70年代早期，代表人物是亨利·明茨伯格（Henry Mintzberg）。

结构学派包含了其他学派的所有内容，但它却运用了自己的独特视角，它和其他学派的根本区别在于：它提供了一种调和的可能，一种对其他学派进行综合的方式。这一学派一方面将组织和组织周围的状态描述为结构，另一方面将战略形成过程描述为转变。它们反映了事物存在的两个方面：状态和变迁。

在结构学派中，有对组织结构的研究，如个人组织、机械组织、专业组织、多部门组织、AD组织、教会式组织以及政治组织等；有对组织发展的战略时期的研究，如发展期、稳定期、适应期、斗争期以及革命期等；有对组织演化模式的研究；有对组织再造过程的研究。

（一）主要内容

从某种意义上说，结构学派的前提包含了其他学派的前提，但每一学派的前提都有一个明确界定的适用背景，正是这种包容成为了结构学派独有的特征。其前提表现为：

（1）在很多时候组织都可被描述为某种稳定结构，即采用特殊的结构形式和特殊的内容相匹配，从而形成一种特殊的战略。

（2）这种稳定结构会偶然被一些转变过程所打破，进而向另一种结构进行量的飞跃。

（3）结构状态与转变时期的相继交替可能会形成一种规律，如表现为组织的生命周期。

（4）战略管理的关键就是维持稳定，至少大多时候是适应性的战略变化，但会周期性地认识到转变的需要，并能在不破坏组织的前提下管理混乱的转变过程。

（5）战略制定过程既可以是一种概念性的设计或正规性的计划，也可以是系统的分析或领导的远见，又可以是共同性的学习或竞争性的权术，这集中表现在个人认识、集体社会化或者是简单地对环境的反应，但每一种战略都有自己的存在时间和内容。也就是说，不同战略形成的思想学派本身就代表了特别的结构。

（6）战略采取了计划或模式、定位或观念，甚至策略的形式，但都是依照自己的时间和情形出现的。

（二）基本评价

结构学派提供了一种调和不同学派的方式，认为不同学派都有自己的时间、自己的位置，为战略管理的研究带来了秩序。“选择合适的结构程度是一种复杂的平衡行动，即经理们必须避免平庸和结构太少的混乱，同时还不能过于迷恋结构。”

结构学派给战略形成这个混乱的领域带来了某种秩序。但组织从结构中获益的同时，也会从中受到损害。因为它可能会让我们忽视混乱世界的细微差别，而不能真正深入揭示出事物之间的复杂关系。

第十章
组织管控模式

第一节　组织管控模式概述

一、管控模式概念

组织管控模式，是指组织总部对下属分支机构基于集、分权程度不同而形成的管控策略。组织总部基于战略功能定位决定管控模式，管控模式必须与组织总部基于战略功能定位相适应。

组织总部管控的核心是确立组织总部与下属分支机构的责权分工，通过对组织总部的功能定位和职能共享来推动总部业务战略的实施。总部管理控制模式的设计确立是组织管理所需要考虑的首要问题。

二、管控模式的内涵

管控模式是一个相互影响、相互支持的有机体系，管控模式的设计过程需要涉及三个层面的问题：

第一层面，狭义的管控模式的确定，即总部对下属机构的管控模式。

第二层面，广义的管控模式，它不仅包括狭义的具体的管控模式，而且包括组织治理结构的确定、总部及各下属机构的角色定位和职责划分、组织架构的具体形式选择（直线职能制、事业部制、矩阵制、子公司制、多中心网络制）、对总部重要资源的管控方式（如对人、财、物的管控体系），以及绩效管理体系的建立。

第三层面，对与管控模式相关的一些重要的外界因素的考虑，涉及业务战略目标、人力资源管理、工作流程体系以及管理信息系统。

三、管控模式的研究

管控模式的研究始于20世纪80年代，战略管理学大师迈克尔·古尔德（Michael Goold）、安德鲁·坎贝尔（Andrew Campbell）等对组织管控理论研究具有杰出贡献，他们均是伦敦战略管理中心的董事，并在伦敦商学院担任过研究员。伦敦战略管理中心专注于多业务公司的咨询和研究工作，是世界顶级的经理培训和发展中心——阿什里奇信托公司的一部分。《战略与风格》和《设计有效的组织》是他们的代表作。

进入信息技术和经济全球化时代，组织管控研究在管理学界、战略研究领域越来越凸显其重要性。

第二节　母合优势模型

一、母合优势模型概念

母合优势模型，是一个用来描述、分析母公司（组织总部）如何帮助创造价值的管理架构。母公司不仅为其业务子公司创造价值，还要努力创造其竞争对手（其他的母公司）做不到的更多的价值，即母合优势。

母合优势模型，弥补了核心竞争力概念的缺点，并提供了一个严格概念上的模型和一个有效公司层面的计划过程所需要的工具。

二、母合价值创造模型

母合价值创造模型，主要有以下四种：

（1）单独影响（Stand-alone Influence）模型：每一个业务子公司被视作独立的利润中心。通过设定基本的业绩目标，母公司对独立的子公司进行业务控制与监督。母合价值来源于母公司针对子公司的战略决策，如人事任命、预算控制及资本投资等。

（2）联结影响（Linkage Influence）模型：母合价值产生于子公司之间更加密切的合作与协同效应。

（3）中心职能与服务影响（Central Functions and Services）模型：母合价值产生于母公司为其子公司提供行政和管理服务支持。

（4）整体发展影响（Corporate Development）模型：母合价值产生于业务组合管理。

上述四种影响模型哪种更有利于价值创造最大化？我们的答案是，它取决于诸多因素。这些因素包括企业的经营目的、历史、文化、母合优势对于多元化经营业务的调和力（控制与授权、独立反应与协同配合、业务组合与核心竞争力）。

三、母合优势的特点

（1）母公司存在的依据是通过对其业务组合中的业务施加影响以创造价值，而不是损毁价值。

（2）为了创造价值，母公司的资源、技能和其他特征都要与业务的需要和机会相适应，这种适应的动态演变和与时俱进是价值创造的基础。

（3）为了赢得竞争对手，针对同样的业务组合，母公司需要比竞争对手创造更多的价值；公司往往只能接近，而不能达到这一目标。

（4）对其业务，母公司需要形成非同寻常的价值创造洞见：价值创造洞见是公司战略最基本的组成部分。

（5）母公司应特别擅长将它所发现的母合机会付诸实现：母公司应构造独特的母合特征，使其在实现价值创造洞见时比其他公司更有效率。

（6）母公司应对那些导致价值毁损的危险保持清醒的头脑，集中发展价值创造可能性更高的业务，亦即核心区业务。

四、母合优势模型设计

（一）评定配合

第一步，检查出每一个业务重要的成功要素。在每个公司，某些活动或事件对表现竞争优势的创造是很重要的，但成功要素是不同的。大多数业务层面的计划将重要的成功要素定义为“被提出的行为中基本原理的一部分”，这对于公司层面的战略不是很重要，但可以用来总结成功要素，肯定业务层面经理的重要性，检查业务的外部环境是否已经变化等。

第二步，研究业务哪些地方可以改善，判断它的影响是否可能适合公司的机会和需要。母合机会分析的目的在于证明机会和估计机会的重要性。挑战在于，公司在业务的专业领域有无深刻的见解，从而判断出机遇。这需要通过分析方法来分辨母合机会：

（1）战略者写出业务主要面临的挑战，通常记录在业务计划中。

（2）战略者看出业务拥有的最重要的影响，并且判断出这些影响是否有母合机会。

（3）观察其他相似的公司，看看它们是否已经发现了其他的母合机会。

第三步，检测在公司受到影响下，业务获得的结果。通过检查公司和不同种类的业务过去的记录，用它的母合特征及其业务配合来验证一个公司的判断。方法包括：

（1）成败分析需要列出重要的决定和对成功、失败、中立进行分类。

（2）表现分析需要在与竞争对手对比的情况下回顾每一个业务表现。相对差的业务可能没有从母合影响中获益。但是，战略者必须锻炼达到这种总结的能力。

每个或高或低水平的可能性是母合产生影响的强烈暗示。但是，战略者仍必须明白在哪些程度上不同寻常的表现是源于母合的影响。

（二）合体性评价

当组织决策层发现了母合机会，但业务并不出色时，则需要改善业务表现。例如，通过加强一个更严格的预算和财务报表系统，鼓励业务经理去查明他们最富裕的利润资源，减少不必要的成本以获得更高的生产量。在通货膨胀之前强制提高价格，给经理们展示了他们如何可以从顾客中得到更高的价格等。

组织结构组成了大量小的、严格被定义的、自主的利润中心，并且每一个利润中心都具有它自己的管理团队。利润计划过程已经变成了经理手中强有力的工具。另外，在公司中要激励和控制利润中心经理，运用利润计划来改善他们的表现。最后，分权合约给利润中心经理提供了自己做决定的自由，只要他们的利润计划比率和底线是满足的就可以。

（三）改善配合

为了进行配合性的判断以及对业务的排名，应将评估总结成一个矩阵。矩阵的横坐标记录了公司的特征，如何很好地配合业务的母合机会——组成配合性评估中判断的第一部分。纵坐标记录了母合特征和业务关键成功要素之间的不适合方面——组成适合性评估中判断的第二部分。所以，业务排序是至关重要的，排序内容如下：

（1）核心业务。核心业务应该在公司的组合发展中起带头作用。符合核心业务特征的业务将成为母合企业的核心。

（2）核心边界业务。对于一些业务，做一个清晰的判断是困难的。一些母合特征适合，一些母合特征却不适合。核心边界业务，母合创造价值的同时也会破坏价值。净贡献是不明确的。这样的业务在尝试分类和转移到核心公司时可能会消耗公司的注意力。当公司学习到足够的关键成功要素来阻止破坏价值时，许多核心的边界业务就会被转移到核心部分。有时这意味着改变母合行为或者业务的战略。

（3）压载业务。创造未来价值的潜能较低，但业务很好地适合了母合方法。压载业务也可能拖公司的后腿，在价值创造方面很慢地增长，牵引公司经理看向更多的生产活动。而且，在业务环境下改变的危险能够将压载业务转变成所谓的异族。正确的做法是：经理应该给压载业务寻找新的母合机会，使他们转变成核心业务或者核心边界业务。如果努力失败了或者被发现的母合机会更加适合一个竞争对手的特征，那么公司应该尽可能快地消化压载业务，以期获得超过未来现金流期望收益的价格。

（4）异族业务。公司几乎看不到价值创造的潜能以及有价值破坏的可能性。通常来说，它们是很小的，组合中的一小部分——过去分散实验、经理项目、业务大型购买、寻找新的成长机会的尝试中的剩余部分。异族业务不适合公司的母合方法，并且在另一个母合表现得更好。在业务转到异族之前，必须清楚地知道它们的核心部分。为了意识到它们的核心部分，更需要清楚地知道它们的异族。因此，当母公司描述它们的核心业务时，它们将给出一样多的消极标准和积极标准。

（5）价值陷阱的业务：适合母合机会，但不适合关键成功要素的业务。

（四）改变母合特征

面对母合适合性矩阵中一连串业务，应该改变母合组织的技术和资源，把它们全部的业务带到核心业务。但我们的调查表明，母合特征深深地建立在已有价值和信仰上，这样使得改变很难执行。

对于母合组织来说，用不同的方法对待不同的业务也是困难的。母合特征的连锁本质，公正平等地对待所有业务的压力所持有的态度，都意味着一个公司倾向于对所有的业务运用相似的影响。

有良好公司层面战略的公司从母合技术和业务需求之间的紧密配合性中创造价值。但是，最好的公司做得更多。它们努力为了使拥有的业务成为最好的、创造更多竞争对手没有的价值，追求母合优势。

第三节 管控模式类型

根据组织的集、分权程度不同，可以把总部对下属机构的管控模式划分成三种管控模式。

一、财务（投资）管控模式

组织总部作为投资决策中心，以追求资本价值最大化为目标，管理方式以财务指标考核为主。组织总部只负责组织的财务和资产运营、组织的财务规划、投资决策和实施监控，以及对外部组织的收购、兼并工作。下属机构每年会制定各自的财务目标，它们只要达成财务目标就可以。

在实行这种管控模式的组织中，各下属机构业务的相关性可以很小。GE 与和记黄埔是典型的财务管理型组织。GE 与和记黄埔集团在全球主要国家和经济体经营多项传统及新兴产业业务，雇员超过几十万人。总部主要负责资产运作，因此总部的职能人员并不多，主要是财务管理人员。这种模式可以形象地表述为“有头无脚”。

该模式不断被改良、完善、成熟。完善后的财务型管控模式往往不再是单一的坐等分红的消极运作，而倾向于采取主动的措施影响下属机构的经营方向和活动。

GE 公司就是采用这种“主动”财务型管控模式的典范。众所周知，GE 有着高度多元化的经营业务，从航天到电力，从机电到化工，从广播到保险，行业跨度极大。在这种复杂背景下，GE 仍然采取了财务型管控模式的治理结构，同时也利用种种措施实现高效的集团公司管控，推进企业下属事业部的协同，将大集团的实力与小企业的灵活融为一体。

二、战略管控模式

组织总部作为战略决策和投资决策中心，以追求组织总体战略控制和协同效应的培育为目标。组织总部对分支机构干涉较强，但分支机构有一定的自主权，可以理解为“有控制的分权”模式。

组织总部负责组织的财务、资产运营和组织整体的战略规划，各下属机构

（或事业部）同时也要制定自己的业务战略规划，并提出达成规划目标所需投入的资金预算。总部负责审批下属机构的计划并给予计划和策略指导，再交由下属机构执行。

在实行这种管控模式的组织中，各下属机构业务的相关性要求很高。为了保证下属机构目标的实现以及组织整体利益的最大化，组织总部的规模并不大，但主要在进行综合平衡、提高组织综合效益上做工作。如平衡各机构间的资源需求、协调各下属机构之间的矛盾、高级主管的培育、品牌管理、最佳典范经验的分享等。这种模式可以形象地表述为“有头有脑”。

运用这种管控模式的典型组织有英国石油、壳牌石油、飞利浦等。世界上大多数集团公司都采用或正在转向这种管控模式。

三、操作管控模式

组织总部从战略规划制定到实施一管到底。为了保证战略的实施和目标的达成，组织的各种职能管理非常深入。如人事管理不仅负责全组织的人事制度政策的制定，而且负责管理各下属机构二级管理团队及业务骨干人员的选拔、任免。

在实行这种管控模式的组织中，各下属机构业务的相关性很高。为了保证总部能够正确决策并能应付解决各种问题，总部的职能人员的人数会很多，规模会很庞大。如 GE 公司在 1984 年以前采用的就是这种管控模式，导致总部职能人员多达 2000 多人。直到杰克·韦尔奇任 CEO 后才转变为战略管控模式，大大减少了总部参谋人员。这种模式可以形象地表述为“有头有脚”。

IBM 公司可以说是这方面的典型，为了保证其全球“随需应变式”战略的实施，各事业部都由总部进行集权管理，计划由总部制订，下属单位则负责保障实施。

在操作管控的模式下，组织中各下属机构业务的相关性很高，必须拥有相似的业务性质，这样组织总部才可能有足够的资源、经验和技能进行严格的过程控制。为了保证组织总部能够正确进行决策，能够应付解决各种常规和突发的问题，总部所需要的职能人员的人数很多，总部规模也相当庞大。

IBM 是操作型管控模式的典型，20 世纪 90 年代中期以来，IBM 为了保证其全球“随需应变式”战略的贯彻实施，采取了高度集中的管控模式，IBM 旗下各事业部都由总部进行集权管理，战略和经营计划统属总部制订，而下属企业单位则负责保障实施。

王永庆的台塑集团也是操作管控的典型。总部对下属子公司的控制非常严格，带有明显的家长制的作风，本质是总部决定成败。

可见，操作管控型和财务管控型是集权和分权的两个极端，战略管控型处于中间状态。但是，有的组织从自己的实际情况出发，为了便于管控，将处于中间状态的战略管控型进一步细化为“战略实施型”和“战略指导型”，前者偏重于集权而后者偏重于分权。

当然，在实践中也有一些更多的演化，但总体来说不能超出上述的范围。主要体现在对四个计划的控制：战略计划、投资计划、经营运作计划和人力资源计划。三大类的管理模式在四大计划控制中体现出不同的集、分权程度。自上而下的组织功能定位必然倾向于选择集中的管控模式，自下而上的集团功能定位必然倾向于选择分散的管控模式，介于两者之间的组织功能定位必然倾向于选择均衡的管控模式。

四、管控模式的关键变量

组织的管理模式设计，可能是投资管控型、战略管控型、操作管控型，也可能是投资管控型和战略管控型的复合型，或战略管控型、操作管控型的复合型，不一而足。有些组织在不同业务方面或不同时期采取不同的管控模式。选择哪种管控模式主要取决于如下变量：行业特点、发展战略、组织规模及企业家精神。

（一）行业特点

不同的行业具有不同的特点，在管理控制上也有所不同。业务运营比较单一，不需要成员企业做出太多个性化经营决策的行业，宜选择集权管控；对于那些需要成员企业做出大量个性化经营决策的行业，则应侧重于分权型管控。例如，煤炭开采业、水力发电业、火力发电业、铁路运输业等业务运营相对较为单一，通常选择集权的管控模式，即操作管控型模式。

（二）发展战略

发展战略是整个组织未来发展的全局性部署，可以归结为高度专业化、多元化两种类型。对于高度专业化战略的组织而言，所有成员都从事同一业务，每个成员的管控都会不同程度地复制到其他成员，在这种发展战略下，集团完全可以对成员企业实行集权式的管控，即操作管控型模式；对于设计实施多元化战略的组织而言，每项业务都有各自不同的行业特点，需要采取不同模式进行管控，因此集团无法对成员实行更为紧密的管控模式，选择分权管控成为必然，即投资管控型模式。

（三）组织规模

组织规模决定了集团总部的管理幅度和范围。在组织集团发展初期，成员较少，业务单一，在这种情况下集团有足够的能力对成员实行紧密的集权型管控，宜选择操作管控型模式；而当组织规模不断扩大时，需要管理和协调的事务越来越多，全部交由集团总部决策便会影响到决策速度和质量，在竞争日趋激烈的今天将极为不利，这就需要集团总部逐步放权，向分权型管控过渡，宜选择战略管控型模式。以万科为例，在发展初期，万科实行的是操作型管控，投资的经营权和决策权分离，有限的专家资源全部集中在总部，各地子公司的投资决策、人员、资金等专业性事务都上报给集团进行决策。随着万科的快速扩张，区域子公司越来越多，后来 24 个城市运作约 50 个项目，依靠万科集团作出决策必将贻误战机。因此，万科在 2005 年对管控模式进行了重大变革，由集权型管控向分权型管控转变。

（四）企业家精神

每个人在做出各种决策时都有自己的风格，决策者对管控的紧密程度源于其对局势掌控程度的一种需要，企业家亦是如此。有些企业家善于把握细节，事必躬亲，此类企业家在管控行为倾向中更偏好于集权管控模式，即选择操作型管控模式；有的企业家更善于抓大放小，在集团管控中体现为分权型管控，即选择投资型管控模式或战略型管控模式。

第十一章
组织结构

第一节 组织结构概述

一、组织结构的概念

（一）组织结构的狭义概念

狭义的组织结构是指为了实现组织战略目标，组织通过基于组织管控模式设计形成的组织内部各个部门、各个层次之间固定的排列方式，即组织内部的构成方式。

（二）组织结构的广义概念

广义的组织结构，除了包含狭义的组织结构内容外，还包括组织之间的相互关系类型，如专业化协作、经济联合体、企业集团等。

组织结构是一个组织能否实现内部高效运转、取得良好绩效的先决条件。组织结构通常表现为一个组织的人力资源、职权、职责、工作内容、目标、工作关系等要素的组合形式，是组织在“软层面”的基本形态，其本质是实现某一组织的各种目标的一种手段。

组织在职务范围、责任、权力等方面所形成的结构体系就是组织结构。组织结构的本质是组织内员工的分工协作关系，其内涵是人们在职、责、权方面的结构体系，又称权责结构。

这个结构体系的主要内容包括：

（1）职能结构，即为完成组织目标所需的各项业务工作及其比例关系。

（2）层次结构，即各管理层次的构成，又称组织纵向结构。

（3）部门结构，即各管理部门的构成，又称组织的横向结构。

（4）职权结构，即各层次、各部门在权力和责任方面的分工及相互关系。

二、德鲁克对组织结构的认知

（1）组织结构不是“自发演变”的。在一个组织中，自发演变的只有混乱、摩擦和不良绩效，所以组织设计及组织架构需要思考、分析和系统地研究。

（2）设计组织结构并不是第一步，而是最后一步。第一步是对组织架构的基本构成单位进行识别和组织。其中，组织结构的基本构成单位是指那些必须包含在最后的结构之中，承担着整个组织的“结构负荷”的业务活动。并且，基本构成单位是由它们所做贡献的种类决定的。

（3）战略决定结构。结构是实现某一组织的各种目标的一种手段，为了确保效率和合理性，必须使组织结构与战略相适应，即战略决定结构。战略就是对“我们的业务是什么、应该是什么和将来会是什么”这些问题的解答，它决定着组织结构的宗旨，并因此决定着某一企业或服务机构中哪些是最关键的活动。有效的组织结构，是使这些关键活动能够正常工作并取得杰出绩效的组织设计。因此，有关结构的任何工作，都必须从目标和战略出发。

（4）常态的经营管理、创新和高层管理三种不同的工作必须组合在同一组织结构之中，组织结构必须一方面以任务为中心，另一方面以人为中心，并且既有一条权力的轴线，又有一条责任的轴线。

第二节　组织结构的设计

一、识别组织结构单位

（一）识别

在设计组织结构单位时，需要识别并厘定组织结构中“承担重任”的部分，即各项关键活动：

（1）为了达到公司的目标，必须在哪个领域有出色的表现？

（2）哪些领域的绩效不佳会影响到企业的成果，甚至会影响到企业的存在？

（3）在组织中，真正具有重要性的价值是什么？

上述三个问题有助于识别出关键活动，管理者必须识别和界定这些关键活动，并把它们配置在组织的核心地位。以此为基础，按照各种活动所做出贡献的类别进行归类。

（二）归类

首先，是产生成果的活动，是直接活动，或称为业务活动，即产生与整个企业绩效直接或间接相关的成果的各种活动。在这些活动中，有些直接产生收益，有些则贡献出可以衡量的成果。主要如创新活动、销售活动、人员的招募与培训以及信息活动等。

其次，是支持性活动。这些活动本身并不产生成果，而只有企业中的其他单位利用了它们的“输出”以后才能产生成果。如“道德”活动、咨询、教育及顾问等。

再次，是同企业成果没有直接或间接关系的纯粹的辅助性活动。如保健和厂务活动等。

最后，在性质上同以上各类都不相同，是高层管理活动。

识别的目的在于以组织结构单位的贡献决定其地位和配置。关键活动绝不应该排在非关键活动之后；产生收益的活动绝不应该排在不产生收益的活动之后；支持性活动绝不应该同产生收益的活动和为成果做出贡献的活动混淆起来，而应该予以区分。

二、组织结构设计的基本要素

组织结构设计时，必须考虑八个关键因素：生命周期、工作专门化、部门化、命令链、控制跨度、集权与分权、正规化、技术水平。

（一）组织生命周期

组织发展大致分为四个主要阶段，在每一个阶段上，组织都有与之相适应的组织结构形式。

1. 创业期

组织在初创时期，一般注重的是能够推出一种或几种能在市场上出售的产品，并逐步增加客户，在市场上站稳脚跟。这一时期的特点是：组织的创立者自己往往就是某种技术的拥有者，他们几乎将所有的精力都投入到产品生产和市场销售上，而不是放在管理上，工作时间长而不固定；企业人数少，规模小，一般没有规范化的、正式的组织结构，分工较粗，员工之间的交流频繁，多采用非正式的方式进行交流；对企业内部活动的控制，往往是由企业主个人决策和监督。

而企业领导者通常专于某一业务，不懂更疏于企业的整体管理活动。如此，由于管理混乱必然引发领导危机，从而进一步引发组织变革。

2. 成长期

当组织解决了领导危机，初步建立了较为正式的组织结构，组织发展就进入了下一个阶段——成长期。在这一阶段，有了按职能分工的组织结构和一些主要的管理制度，员工之间基本上有了较明确的职务和分工，一些工作标准也逐步建立起来；员工之间的沟通和协调开始采取一些较为正式的、书面的形式；企业的决策权、控制权集中掌握在经理或最高层管理人员手中，中下层管理者只能执行命令，行使监督权，没有自主权力。

该阶段是解决了领导危机后的稳定发展，但随着组织的继续壮大，新的矛盾就会表现出来，出现所谓的自主权危机。高层管理者不愿意适当地下放权力，就会产生自主权角逐，而解决的途径就是进行分权，并在分权后寻求更适合的协调和控制方式。

3. 规范期

在全面解决了自主权危机的基础上进一步健全正规化的组织结构，就进入了一个更新的阶段——规范期。在这一阶段，组织开始实行分权制的结构，日常的决定权力下放到了较低的管理层行使，最高层管理只负责制定企业的经营战略，决定重大的生产、财务决策，以及处理企业的对外事务等；组织的专业化、正规化程度更高，各种制度、规章进一步健全并严格执行。该阶段通过书面进行正式沟通方式被普遍采用。

在规范化的组织结构刚刚形成时，自己明确的任务和相应的权力、责任，以及各方面的浪费、掣肘现象少了，组织会有一段较长时间的稳定发展期。不过在经过一段时间之后，又会出现新的问题，即文牍主义危机。解决这一危机有赖于建立一种协作和团队的意识。

4. 成熟期

组织解决了文牍主义危机后，就进入了成熟阶段。这一阶段组织的特点包括：强调合作和配合，经常为了完成某项任务将相关的人员组合在一起成为一个小组，在出现问题的时候通常会考虑通过小组的集体活动来解决；企业会经常举行主要管理者的会议，协商企业的重大问题；有时组织会进行细分，分解成小的独立团体来保持必要的活力和适应性。在这个阶段，组织结构随规模扩大向官僚制方向的发展已走到了极致，管理人员意识到文牍主义的缺点后也开始学习如何使规范更有效率，而不是一味地追求组织的规范化，他们会有意识地简化一些规范制度，或用更灵活的方式替代它们，以使组织的运行更为有效。

成熟阶段的企业有可能在经历一段时间的稳定发展后会进入停滞期或衰退期。通过创新，组织有可能重新获得成长的动力和活力，必须勇敢地面对这些问题并及时处理和解决。

企业生命周期各阶段的组织特征如表 11-1 所示。

表 11-1　组织特征

阶段	产品或服务	规范程度	集权与分权	激励标准	管理方式	组织目标
创业期	单一	非规范	个人高度集权	个人好恶情感	个人家长制	生存
成长期	两个以上	初步规范化	上层集权	考核制、激励忠诚	沟通化集权	成长
规范期	两个以上	规范	有控制的分权	考核和奖励制度	有控制的授权	市场扩张
成熟期	多元化	规范	有控制的分权	按小组考核	团队方式	品牌化

（二）工作专门化

20 世纪初，亨利·福特（Henry Ford）通过建立汽车生产线而富甲天下，享誉全球。他的做法是，给公司每一位员工分配特定的、重复性的工作，例如，有的员工只负责装配汽车的右前轮，有的则只负责安装右前门。通过把工作细分为较小的、标准化的任务，使工人能够反复地进行同一种操作，福特利用技能相对有限的员工，每 10 秒钟就能生产出一辆汽车。

福特的经验表明，让员工从事专门化的工作，他们的生产效率会提高。今天，我们用工作专门化（Work Specialization）这个术语或劳动分工这类词汇来描述组织中把工作任务划分成若干步骤来完成的细化程度。即一个人不是完成一项工作的全部，而是把一项工作分解成若干步骤，每一步骤由一个人（或单元，或群体）独立完成。

20 世纪 40 年代后期，工业化国家大多数生产领域的工作都是通过工作专门化完成的。管理学界、企业界和军事界达成共识：专门化是工作运行效率最高的管理方式之一。通过实行工作专门化，管理层还寻求提高组织在其他方面的运行效率。通过重复性的工作，员工的技能会有所提高，在改变工作任务或在工作过程中安装、拆卸工具及设备所用的时间会减少。同样重要的是，从组织角度看，实行工作专门化，有利于提高组织的培训效率。挑选并训练从事具体的、重复性工作的员工比较容易，成本也较低。对于高度精细和复杂的操作工作尤其是这样。例如，如果让一个员工去生产一整架飞机，波音公司一年能造出一架大型波音客机吗？此外，鼓励专门化后的专业技术人才发明创造，改良设备工艺，工作专门化有助于提高效率和生产率。

信息技术经济时代，工作专门化既未过时，也不能认为是不竭之源。例如，在麦当劳快餐店，管理人员们运用工作专门化来提高生产和售卖汉堡包、炸鸡的效率。大多数卫生保健组织中的医学专家也使用工作专门化。但是，像奥帝康公司和土星公司则通过丰富员工的工作内容，降低工作专门化程度而获得了成功。

（三）部门化

一旦通过工作专门化完成任务细分之后，就需要按照类别对它们进行分组，以便使共同的工作可以进行协调。工作分类的基础是部门化。

对工作活动进行分类主要是根据活动的职能，根据职能进行部门的划分适用于所有的组织。只有职能的变化可以反映组织的目标和活动。一个医院的主要职能部门可能有研究部、护理部、财会部等；而一个职业足球队则可能设球员人事部、售票部门、旅行及后勤部门等。这种职能分组法的主要优点在于，把同类专家集中在一起，能够提高工作效率。职能部门化通过把专业技术、研究方向接近的人分配到同一个部门中实现规模经济。

1. 产品部门化

工作任务可以根据组织生产的产品类型进行产品部门化，例如，在太阳石油产品公司（Sun Petroleum Products）中，其三大主要领域（原油、润滑油和蜡制品、化工产品）各置于一位副总裁统辖之下，这位副总裁是本领域的专家，对与这些领域生产线有关的一切问题负责，每一位副总裁都有自己的生产和营销部门。这种分组方法的主要优点在于：提高产品绩效的稳定性，因为公司中与某一特定产品有关的所有活动都由同一主管指挥。如果一个组织的活动是与服务而不是产品有关，每一种服务活动就可以自然地进行分工。比如，一个财会服务公司多半会设有税务部门、管理咨询部门、审计部等，每个部门都会在一个产品或服务经理的指导下，提供一系列服务项目。

2. 过程部门化

纽约州的雷诺兹金属公司（Reynolds Metals）铝试管厂，生产过程由 5 个部门组成：铸造部、锻压部、制管部、成品部、检验包装运输部。这是一个根据生产过程进行部门化的例子。部门设置的主要原因在于，在铝试管生产过程中，由每个部门负责一个特定生产环节的工作。金属首先被铸造成巨大的胚料；其次将胚料送到锻压部，挤压成铝管；再次铝管转送到制管部，由制管部负责把它们做成体积各异、形状不同的试管；复次把这些试管送给成品部，由它负责切割、清洗工作；最后产品进入检验、包装、运输部。由于不同的环节需要不同的技术，因此这种部门化方法为在生产过程中进行同类活动的归并提供了基础。

过程部门化方法既适用于制造业，也适用于银行、保险、房地产开发业、服务业。

3. 区域部门化

根据地域进行部门化划分，尤其是营销贸易类企业。例如，就营销工作来说，根据地域可分为东、西、南、北四个区域，分片负责。如果一个公司的顾客分布地域较宽，这种部门化方法就有其独特的价值。

4. 客户部门化

可以根据客户的类型来进行客户部门化。例如，一家销售办公设备的公司可下设三个部门：零售服务部、批发服务部、政府部门服务部。比较大的法律事务所可根据其服务对象是公司还是个人来分设部门。

根据客户类型划分部门的理论假设是，每个部门的客户存在共同的问题和要求，因此，通过为他们分别配置有关专家，能够满足他们的需要。

现代大型组织进行部门化时，可能综合利用上述各种方法，以取得较好的效果。在进行部门化时，根据职能类型组织其各分部门；根据生产过程组织其制造部门；把销售部门按照地区划分工作单位；在每个地区根据其顾客类型分为客户小组。

进入 21 世纪，我们会发现如下两个倾向：第一，以客户为基础进行部门化越来越受到青睐。为了更好地掌握客户的需要，并有效地对客户需要的变化做出反应，许多组织更多地强调以客户为基础划分部门的方法。例如，施乐公司已取消了公司市场部的设置，把市场研究的专家排除在这个领域之外。这样就会使公司能更好地了解谁是它的客户，并更快地满足他们的需要。第二，坚固的职能性部门被跨越传统部门界限的工作团队所替代。

（四）命令链

20 世纪 90 年代前，命令链概念曾一度成为组织设计的基石，但直至今日设计组织结构时，命令链的作用依然重要。

命令链（Chain of Command）是一种不间断的权力路线，从组织最高层扩展到最基层，澄清谁向谁报告工作。它能够回答员工提出的这种问题："谁是我的领导？""我对谁负责？"

命令链的统一性是命令链概念的核心要素，如果命令链的统一性遭到破坏，一个下属可能就不得不穷于应付多个主管，以及不同命令之间的冲突或优先次序的选择。

权威是指管理职位所固有的发布命令并期望命令被执行的权力。为了促进协作，每个管理职位在命令链中都有自己的位置，每位管理者为完成自己的职责任务，都要被授予一定的权威。命令统一性（Unity of Command）原则有助于保持权威链条的连续性。它意味着一个人应该对一个主管，且只对一个主管直接负责。

（五）控制跨度

控制跨度（Span of Control）决定着组织要设置多少层次，配备多少管理人员。在其他条件相同时，控制跨度越宽，组织效率越高。

假设有两个组织，基层操作员工都是4096名，如果一个控制跨度为4，另一个为8，那么控制跨度宽的组织比控制跨度窄的组织在管理层次上少两层，可以少配备800人左右的管理人员。如果每名管理人员年均薪水为40000美元，则控制跨度宽的组织每年在管理人员薪水上就可节省3200万美元。显然，在成本控制方面，控制跨度宽的组织效率更高。但是，在某些方面宽跨度可能会降低组织的有效性，也就是说，如果控制跨度过宽，由于主管人员没有足够的时间为下属提供必要的领导和支持，员工的绩效会受到不良影响。

控制跨度窄也有其好处，把控制跨度保持在5~6人，管理者就可以对员工实行严密的控制。但控制跨度窄主要有三个缺点：第一，管理层次会因此而增多，管理成本会大大增加；第二，使组织的垂直沟通更加复杂，管理层次增多也会降低决策速度，并使高层管理人员趋于孤立；第三，控制跨度过窄易造成对下属监督过严，导致下属的自主性缺失。

控制跨度趋势是加宽跨度。例如，在通用电气公司和雷诺兹金属公司这样的大公司中，控制跨度已达10~12人，是15年前的2倍。汤姆·斯密斯是卡伯利恩公司（Carboline Co.）的一名地区经理，直接管辖27人，如果在20年前，处于他这种职位的人，通常只有12名下属。

加宽控制跨度，与各个公司努力降低成本、削减企业一般管理费用、加速决策过程、增加灵活性、缩短与顾客的距离、授权给下属的趋势是一致的。但是，为了避免因控制跨度加宽而使员工绩效降低，各公司都大大加强了员工培训的力度和投入。进一步研究发现，管理者让下属充分了解了工作之后，或者有问题能够从同事那儿得到帮助时，他们就可以驾驭宽跨度的控制问题。

（六）集权与分权

集权化是指组织中的决策权集中于高层管理者的程度。这个概念只包括正式权威，也就是某个位置固有的权力。一般来讲，如果组织的高层管理者不考虑或很少考虑基层人员的意见就决定组织的主要事宜，则这个组织的集权化程度较高。相反，基层人员参与程度越高，或他们能够自主地做出决策，组织的分权化程度就越高。

集权式与分权式组织在本质上是不同的。在分权式组织中，采取行动、解决问题的速度较快，更多的人为决策提供建议，所以，员工与那些能够影响他们的工作生活的决策者隔膜较少，或几乎没有。

研究分析表明，分权式决策会成为主流趋势，这与使组织更加灵活和主动地做出反应的管理思想是一致的。在大公司中，基层管理人员更贴近生产实际，对有关问题的了解比高层管理者更翔实。因此，像西尔斯和盘尼（J. C. Penny）这样的大型零售公司，在库存货物的选择上，就对他们的商店管理人员授予了较大的决策权。这使得他们的商店可以更有效地与当地商店展开竞争。与之相似，蒙特利尔银行把它在加拿大的 1164 家分行组合成 236 个社区，即同一地域（社会）内的若干个分行划为一组，每个社区（每一组）设 1 名经理，他在自己所辖各行之间可以自由巡视，各个分行之间最长距离不过 20 分钟的路程。他对自己辖区内的问题反应远远快于公司总部的高级主管，处理方式也会更得当。IBM 的欧洲总监瑞纳托·瑞沃索采取类似的办法把欧洲大陆的公司分成 200 个独立自主的商业单位，每个单位都有自己的利润目标、员工激励方式、重点顾客。

（七）正规化

正规化是指组织中的工作实行标准化的程度。如果一项工作的正规化程度较高，就意味着做这项工作的人对工作内容、工作时间、工作手段没有多大自主权。人们总是期望员工以同样的方式投入工作，能够保证稳定一致的产出结果。在高度正规化的组织中，有明确的工作说明书，有繁杂的组织规章制度，对于工作过程有详尽的规定。而正规化程度较低的工作，相对来说，工作执行者和日程安排就不那么僵硬，员工对自己工作的处理权限就比较宽。由于个人权限与组织对员工行为的规定成反比，因此工作标准化程度越高，员工决定自己工作方式的权力越小。工作标准化不仅减少了员工选择工作行为的可能性，而且使员工无须考虑其他行为选择。

组织之间或组织内部不同工作之间正规化程度差别很大。一种极端情况是，某些工作正规化程度很低，如大学书商（向大学教授推销公司新书的出版商代理人）工作自由权限就比较大，他们的推销用语不要求标准划一。在行为约束上，不过就是每周交一次推销报告，并对新书出版提出建议。另一种极端情况是那些处于同一出版公司的职员与编辑位置的人。他们上午8点要准时上班，否则会被扣掉半小时工资，而且，他们必须遵守管理人员制定的一系列详尽的规章制度。

（八）技术水平

高层领导者的管理幅度随着技术复杂程度的提高而出现增大的趋势。这表明技术复杂程度的提高，引起专业分工的进一步细化和部门的增加，因而同一领导者的管理幅度有所增加；辅助工人的比例随着技术复杂程度的提高而逐步降低，技术工人的比重则逐步增大。以上趋向必然导致组织结构的刚性呈现两头小、中间大的现象。

值得注意的一个趋势是，全球信息技术革命和由此引发的产业、军事、政治、文化、生活各领域的覆盖性应用，改变了组织结构变化的方向和内容。IT技术颠覆了传统的工作流程和管理内容，缩小和省略了大量传统管理节点（部门、职位），呈现出组织结构扁平化趋势。

第三节　组织结构的形式

一、直线制组织结构

（一）直线制组织结构特征

直线制是一种最早也是最简单的组织形式。它的特点是组织自上而下实行垂直领导，下属部门只接受一个上级的指令，各级主管负责人对所领导的部门负全责。总部不另设职能机构（可设职能人员协助主管人工作），一切管理职能基本上都由行政主管自己发号施令。

（二）直线制组织结构优缺点

直线制组织结构的优点：结构比较简单，责任分明，命令统一。

直线制组织结构的缺点：它要求行政负责人通晓多种知识和技能，亲自处理各种业务。这在业务比较复杂、企业规模比较大的情况下，把所有管理职能都集中到最高主管一人身上，显然是难以胜任的。

（三）直线制组织结构适用范围

直线制只适用于规模较小、业务单一、生产技术比较简单的组织。

二、职能制组织结构

(一) 职能制组织结构特征

职能制组织结构是指各级行政单位除主管负责人外，还相应地设立一些职能机构。如在总经理下面设立职能机构和人员，协助总经理从事职能管理工作。这种结构要求行政主管把相应的管理职责和权力交给相关的职能机构，各职能机构就有权在自己的业务范围内向下级行政单位发号施令。因此，下级行政负责人除了接受上级行政主管指挥外，还必须接受上级各职能机构的指导和管理。

(二) 职能制组织结构优缺点

职能制组织结构的优点：能适应现代组织目标、业务、技术比较复杂，管理工作比较精细；能充分发挥职能机构的专业管理作用，减轻直线领导人员的工作负担。

职能制组织结构的缺点：它妨碍了必要的集中领导和统一指挥，形成了多头领导；不利于建立和健全各级行政负责人和职能部门的责任制，中间管理层往往会出现有功大家抢，有过大家推的现象。另外，当上级行政领导和职能机构的指导与命令发生矛盾时，下级就无所适从，影响工作的正常进行，容易造成纪律松散，管理秩序混乱的局面。由于这种组织结构形式的明显缺陷，现代组织一般都不会采用。

三、直线—职能制

(一) 直线—职能制组织结构特征

直线—职能制也叫业务区域制或直线参谋制。它是在直线制和职能制的基础上，取长补短，汲取这两种形式的优点而建立起来的。目前，主流国家组织和现代公司组织多采用这种组织结构形式。这种组织结构形式把组织管理机构和人员分为两类：一类是直线领导机构和人员，按命令统一原则对各级组织行使指挥权；另一类是职能机构和人员，按专业化原则，从事组织的各项职能管理工作。直线领导机构和人员在自己的职责范围内有一定的决定权和对所属下级的指挥权，并对自己部门的工作负全部责任。而职能机构和人员，则是直线指挥人员的参谋，不能对直接部门发号施令，只能进行业务指导。

(二) 直线—职能制组织结构优缺点

直线—职能制组织结构的优点：既保证了组织管理体系的集中统一，又可以在各级行政负责人的领导下，充分发挥各专业管理机构的作用。

直线—职能制组织结构的缺点：职能部门之间的协作和配合性较差，职能部门的许多工作要直接向上层领导报告请示才能处理，这一方面加重了上层领导的工作负担；另一方面也造成办事效率低。为了克服这些缺点，可以设立各种综合委员会，或建立各种会议制度，以协调各方面的工作，具有沟通和帮助高层领导出谋划策的作用。

四、事业部制

（一）事业部制组织结构特征

事业部制最早是由美国通用汽车公司总裁斯隆于1924年提出的，故有“斯隆模型”之称，也叫“联邦分权化”，是一种高度（层）集权下的分权管理体制。

事业部制是分级管理 、分级核算、自负盈亏的一种形式，即一个公司按地区或产品类别分成若干个事业部，从产品的设计、原料采购、成本核算、产品制造，一直到产品销售，均由事业部及所属分支机构负责，实行单独核算，独立经营，公司总部只保留人事决策、预算控制和监督大权，并通过利润等指标对事业部进行控制。也有的事业部只负责指挥和组织生产，不负责采购和销售，实行生产和供销分立，但这种事业部正在被产品事业部所取代。还有的事业部则按区域来划分。

（二）事业部制组织结构适用范围

事业部制组织结构适用于规模庞大，品种繁多，技术复杂的大型企业，是国外较大的联合公司所采用的一种组织形式，近几年亚洲新兴市场尤其是中国一些大型企业集团或公司也引进了这种组织结构形式。

五、模拟分权制

（一）模拟分权制组织结构特征

模拟分权制组织结构是一种介于直线职能制和事业部制之间的结构形式。

许多大型企业由于受产品品种或生产工艺过程所限，难以分解成几个独立的事业部。又由于企业的规模庞大，以致高层管理者感到采用其他组织形态都不容易管理，于是出现了模拟分权组织结构形式。所谓模拟，就是要模拟事业部制的独立经营、单独核算，而不是真正的事业部，实际上是一个个“作业单位”。这些作业单位有自己的职能机构，享有尽可能大的自主权，负有“模拟性”的盈亏责任，目的是调动他们的生产经营积极性，以达到改善企业生产经营管理的目的。

需要指出的是，各生产单位由于生产上的连续性，很难将它们截然分开，以连续生产的石油化工为例，甲单位生产出来的产品直接就成为乙单位的生产原料，这当中无须停顿和中转。因此，它们之间的经济核算，只能依据企业内部的价格，而不是市场价格，也就是说这些生产单位没有自己独立的外部市场，这也是与事业部的差别所在。

（二）模拟分权制组织结构优缺点

模拟分权制组织结构的优点：能够调动各生产单位的积极性；解决企业规模过大不易管理的问题；高层管理人员将部分权力分给生产单位，减少了自己的行政事务，从而把精力集中到战略问题上来。

模拟分权制组织结构的缺点：不易为模拟的生产单位明确任务，造成考核上的困难；各生产单位领导人不易了解企业的全貌，在信息沟通和决策权力方面也存在着明显的缺陷。

六、矩阵制

（一）矩阵制组织结构特征

矩阵制组织结构，既有按职能划分的垂直领导系统，又有按产品（项目）划分的横向领导关系的结构。

矩阵制组织结构是为了改进直线职能制横向联系差，缺乏弹性的缺点而形成的一种组织形式。它的特点表现在围绕某项专门任务成立跨职能部门的专门机构上。例如，组成一个专门的产品（项目）小组去从事新产品开发工作，在研究、设计、试验、制造各个不同阶段，由有关部门派人参加，力图做到条块结合，以协调有关部门的活动，保证任务的完成。这种组织结构形式是固定的，人员却是变动的，需要谁，谁就来，任务完成后就可以离开。项目小组和负责人也是临时组织和委任的。任务完成后就解散，有关人员回原单位工作。因此，这种组织结构非常适用于横向协作和攻关项目。

（二）矩阵制组织结构优缺点

矩阵制组织结构的优点：机动、灵活，可随项目的开发与结束进行组织或解散；由于这种结构是根据项目组织的，任务清楚，目的明确，各方面有专长的人都是有备而来。因此在新的工作小组里，能沟通、融合，能把自己的工作同整体工作联系在一起，为攻克难关，解决问题而献计献策，不但让从各方面抽调来的人员有了信任感、荣誉感，而且还增加了他们的责任感，激发其工作热情，促进了项目的实现；它还加强了不同部门之间的配合和信息交流，克服了直线职能结构中各部门互相脱节的现象。

矩阵制组织结构的缺点：项目负责人的责任大于权力，因为参加项目的人员都来自不同部门，隶属关系仍在原单位，只是为应招而来，所以项目负责人对他们管理困难，没有足够的激励手段与惩治手段，这种人员上的双重管理是矩阵制组织结构的先天缺陷；由于项目组成人员来自各个职能部门，当任务完成以后，仍要回原单位，因而容易产生临时观念，对工作有一定影响。

（三）矩阵制组织结构适用范围

矩阵制组织结构适用于一些重大攻关项目。可用来完成涉及面广的、临时性的、复杂的重大工程项目、科研项目或管理改革任务。特别适用于以开发与实验为主的单位，例如，科学研究，尤其是应用性研究单位等。

|第十二章|
核心业务和流程设计

第一节　核心业务

一、核心业务概述

（一）核心业务概念

核心业务是组织众多产品或服务中起关键、主导、支柱作用的产品或服务组合，是组织核心能力的具象。如果把组织比喻成一棵大树，核心能力就是主根，核心业务便是树干。

核心业务是与多元化经营相联系起来的概念，通常核心业务是指一个多元化经营的组织或集团中具有竞争优势并能够带来主要利润收入的业务，组织的核心业务在组织业务组合中具有竞争能力。核心业务可以给市场和消费者一个明确的概念：我主要是做什么的。如果企业的核心业务能依托核心能力形成一种对内兼容、对外排他的技术壁垒，那么就能在纷繁复杂的市场中保持应有的竞争优势。

核心业务是组织以战略为导向的动态成长的产品和服务组合，组织不断审视自身的优势和发展前景，及时对其核心业务进行必要的调整和扩张，以期实现企业的平稳、高效、快速增长。

（二）核心业务特点

核心业务在组织业务系统中具有如下特点：

（1）市场份额处于领先地位。

（2）产品盈利能力较强，有好的盈利模式，并且这种盈利模式并不容易被复制。

（3）具有较强的抗竞争能力，消费者对产品忠诚度很高。

（4）能提高企业综合能力，稳固财务基础。

二、核心业务的扩张战略和途径

1. 品牌的延伸

品牌作为无形资产是企业的战略性资源，通过品牌的延伸，充分发挥品牌资源潜能并延续其寿命周期，成为企业的一项重大战略决策。一方面在新产品上实现了品牌资产的转移，另一方面又以新产品形象延续了品牌寿命，因而可成为企业核心业务扩张的现实选择。

2. 多元化经营战略

多元化经营战略分为相关多元化和非相关多元化。相关多元化经营是指企业新发展的业务与原有业务相互间具有战略上的适应性，它们在技术、工艺、销售渠道、市场管理技巧、产品等方面具有共同或者相近的特点。相关多元化可以使企业在核心产品的推动下，沿其主营业务向下或向上发展连带产品，以保持其竞争优势。

3. 核心业务购并

世界上的百强企业，没有一家是仅靠利润积累发展起来的，都要靠组织和协调社会资源来扩充实力。诺贝尔经济学奖获得者、美国著名经济学家乔治·斯蒂格勒认为，美国没有一个大公司不是通过某种程度、某种方式的兼并而成长起来的，也几乎没有一个大公司是主要靠内部扩展成长起来的。事实上，世界大企业的购并行为在当今确有愈演愈烈之势，一是“强强联合”，组成更庞大的公司，营造垄断地位；二是“延伸触角”，尽可能占据更大的市场份额。

成功的兼并应考虑能否加强一家公司的全盘战略优势和核心能力，并且能使公司处在一种比用其自身来经营时所不能达到的优势地位中。企业在运用资本运营使其规模迅速扩张之前，在产品经营和技术创新方面，都应有卓越领先或相对领先的表现，但离开产品经营和技术创新而盲目扩张规模，甚至靠行政手段拼凑企业集团，最终免不了被市场淘汰的命运。

4. 战略联盟

战略联盟是指两个企业为了实现特定的目标而采取的任何股权或非股权投资的共担风险、共享利益的联合行动。战略联盟的具体形式有三类：一是松散关系，包括网络组织，机会性联盟等；二是契约关系，包括分包经营、许可证经营和特许经营等；三是正式的所有关系，包括联营、合资、合作企业等。

采用战略联盟途径来扩张核心业务可以弥补企业自身在进入新行业时的资源不足，通过合作也可以获得乘数效果和可持续竞争优势。但战略联盟也存在不少问题，主要是联盟各方的动机并不相同，追求利益不尽一致，更重要的是有时缺乏信任。此外，联盟有时还可能培育出比自己更强大的对手。

第二节　业务流程

一、业务流程概述

（一）业务流程概念

业务流程是指为达到特定的价值目标而由不同的岗位依序组合完成的一系列活动。活动之间不仅有严格的先后顺序限定，而且活动的内容、方式、责任等也都必须有明确的安排和界定，以使不同活动在不同岗位角色之间进行转手交接成为可能。活动与活动之间在时间和空间上的转移可以有较大的跨度。

（1）美国著名企业管理大师、麻省理工学院教授迈克尔·哈默（Michael Hammer）与组织变革大师詹姆斯·钱皮（James A. Champy）对业务流程做出如下定义：某一组活动为一个业务流程，这组活动有一个或多个输入，输出一个或多个结果，这些结果对客户来说是一种增值。简言之，业务流程是企业中一系列创造价值的活动的组合。

（2）流程再造的创建者、知识管理的先行者托马斯·H. 达文波特（Thomas H. Davenport）对业务流程做出如下定义：业务流程是一系列结构化的可测量的活动集合，并为特定的市场或特定的顾客产生特定的输出。

（二）业务流程的作用

（1）在企业变革不断加快的当下，以业务流程为中心的管理方式超越以职能为中心的管理方式已是大势所趋。对企业的业务流程有效设计，可以使企业在成本、质量、服务和速度等方面获得进一步的改善。

（2）业务流程既是一种管理方式，也可以是一种操作规范，甚至是一种盈利模式。传统组织结构的弊端已经引起人们的高度重视，因此在流程型组织设计中，组织结构的设计以业务流程为基础，并由流程运行的责任链来确定岗位、部门职责、规定相应的工作关系；以组织权力分配原则决定经营管理模式，任命各级主管并赋予特权，规定相应的汇报工作的职务关系。

二、业务流程的特征

（一）层次性、逐层抽象

业务流程是有层次性的，这种层次体现在由上至下、由整体到部分、由宏观到微观、由抽象到具体的逻辑关系。

这样一个层次关系符合人们的思维习惯，有利于企业业务模型的建立。一般来说，我们可以先建立主要业务流程的总体运行过程，然后对其中的每项活动进行细化分解，落实到各个部门的业务过程，建立相对独立的子业务流程以及为其服务的辅助业务流程。

业务流程之间的层次关系在一定程度上也反映了企业部门之间的层次关系。不同层级的部门对业务流程有着不同的分级管理权限。决策层、管理者、使用者可以清晰地查看到下属和下属部门的业务流程。

为使得所建立的业务流程能够更顺畅地运行，业务流程的改进与企业组织结构的优化是一个相互制约、相互促进的过程。

（二）人责基点

组织中最重要的部分是人员的工作方式以及构成他们每日操作的工作流程。

人是业务流程的驱动者，组织中的每一个人都会在业务流程中充当一个角色。通过良好的业务流程，每一个人都会有自己清晰的职责，要求每个人具有良好的沟通协作意识和团队意识，明确自己在业务流程中所担当的角色。同时，对于参与其中的业务流程，每个人员都要有自己的反馈。

首先，每个人员都能查看到这些业务流程，他们需要充分理解这些业务流程、流程的业务意义和目的，这些业务流程通过契合他们理解能力的方式（契合业务的图形、说明文字、相应的制度、规范、标准等）得以展现。

其次，对于流程运行中存在的问题或瓶颈，每个人员都要积极反馈，以促进流程的持续改进。业务流程的管理和变动不仅仅是业务分析人员或管理人员的职责，每一个员工都要参与其中。

（三）效率导向

业务流程设计必须以产出利润最大化、投入成本最小化、完成时间最小化为导向，即以组织运行效率为最终导向。亚轩研究院对全球分布不同行业的 3750 家企业进行的一项流程改良调研发现，企业业务流程设计更多的是关注业务管理链是否顺畅，而忽视效率这一核心取向。

第三节　业务流程设计

一、业务流程设计内容

业务流程设计是指根据组织战略、市场需求和发展诉求分析、设计和优化流程的总和。

设计阶段主要包括两项任务：

其一，透视、检查现有流程质量，分析、改良流程缺陷。透视和检查流程质量的指标是通流效率。

通流效率=工作实际占用时间/系统运用时间

工作实际占用时间为增值活动时间，系统运行时间包括工作实际占用时间与一定的非增值活动时间。非增值活动时间越少，工作实际占用时间与系统运行时间越接近，则通流效率越高。

其二，根据组织战略、市场需求或管理内容的确立或调整而修调现有业务流程。对于这两项任务来说，必须基于一套统一的方法和统一的描述语言。

设计阶段要解决“何人完成何种具体工作，以何种顺序完成工作，可以获得何种服务支持，以及在流程中采用何种软件系统”等问题。分析过程中，我们可以掌握流程在组织、结构及技术方面存在的不足，明确潜在的改进领域。

设计阶段的目的是根据分析结果并结合企业目标制定目标流程，在 IT 系统中实施有助于今后为企业创造价值的目标流程。

业务流程设计是建立在系统思考分析的逻辑上的，采用系统一体化方法。通过整体运作的思考方式，才能提升组织整体运作的质量。系统分析是为完成组织预定目标对组织所做的总体整合的分析。系统一体化方法以整个流程为对象，强调的是企业为完成预定目标所做的整体的成功，局部的价值完全由它们提高整体成功的程度而定。换句话说，企业运作一体化关注的是整体最优，而不是局部最优。

业务流程设计涉及信息、需求、预测、计划、采购、生产、仓储、运输和交付的全过程。业务流程设计的目的是以尽可能低的成本，最快的速度支持业务活动。以时间为基础的流程优化，以增值和反应速度为基准。

二、业务流程设计的作用

采用专业化的业务流程设计方案不仅出于更加长远的考虑，而且也是迫于日益严峻的压力。不断变化的外部条件（市场竞争、客户行为、新技术等），要求不断评估调整组织内部及组织间的业务流程，更重要的是不断加以改进，以提高企业的核心竞争力。从企业内部角度看，来自提高经济效益和创新，以及保持高质量标准方面的压力，也要求企业正确面对业务流程，因为业务流程是创造利润、增加收入和降低成本的最终驱动因素。只有建立有助于相关方面一致性地快速灵活应对业务流程、客户和市场需求的企业结构，企业才能提高满足内部和外部需求的能力。

伴随互联网技术的普及和应用，单纯记录流程的文本、模板、图式已逐渐被管理软件工具所取而代之。业务流程管理软件系统具有兼容多平台、易读写界面、图形化流程设计视图、多元多系统集成运作的优势，为业务流程管理提供更全面、更精准、更快捷、更有效的支持。业务流程系统化已成为现代企业流程设计和管理的基础工具。没有时间、成本和效率等相关要素构成的流程，不可能精确地核实流程成本、动态变化的等候时间，以及各类“现状问题”。理想的流程设计方案要能够全面描述流程，不仅能展现流程并对流程进行结构化的管理，还必须通过一体化的方法解决流程组织与技术方面的问题。

三、业务流程设计原则

组织业务流程始于顾客需求调查，终于顾客满意。业务流程设计原则在于，提高流程运行质量，满足顾客的需求。

（一）客户导向原则

组织流程是组织为实现既定目标而开展的系列活动，要以提高产品和服务满足顾客（服务对象）需要的能力为中心。

顾客（服务对象）满意是流程质量的最终评价标准，基于顾客（服务对象）满意的评价指标是流程质量的评估标准。

组织依据顾客（服务对象）满意指标制定组织的效率目标。顾客（服务对象）满意指标影响组织投入资源的种类和数量，无疑也影响着流程设计。顾客（服务对象）满意决定流程的能力和效率。

顾客（服务对象）满意指标可以归纳为 QSCT，即产品质量 Q、服务质量 S（售前、售中、售后、客户关系管理）、产品价格 C（管理费用、低成本优势）、响应时间 T（新产品设计开发延滞时间、交货延滞时间）。顾客满意的四个指标是企业业务流程质量的评估标准，对流程质量的要求是在保证产品质量和服务质量的前提下，降低流程成本，提高流程速度。

（二）资源约束原则

组织资源主要表现为物力资源和技术资源。物力资源包括人（决策者、员工）、顾客、渠道（供应商、销售商）、知识、制度和文化等；技术资源包括信息技术、设计技术、生产技术、仪器设备等。组织的业务流程必然要受到物力资源和技术资源的约束，产品或服务相同的企业，资源不同，组织业务流程方式也不同。组织应充分分析企业的资源约束，设计符合实际条件的业务流程。

（三）环境约束原则

组织在一个特定的环境中运营，必然要受到环境的约束。组织流程设计的前提是必须考虑政府的法律法规，例如，健康、安全、环保等因素。因此，组织的产品设计流程中必须增加健康、安全、环保设计，生产流程中必须考虑环保约束。

第十三章

组织岗位职责

第一节 岗位职责

一、岗位职责概述

（一）岗位职责的概念

岗位职责是指组织内部每一个岗位所要求的需要去完成的工作内容以及应当承担的责任范围。岗位是组织为完成某项任务而确立的，由工种、职务、职称和等级内容组成。职责是职务与责任的统一，由授权范围和相应的责任两部分组成。

（二）岗位职责的确定

（1）根据工作任务的需要确定工作岗位名称及其数量。

（2）根据岗位工种确定岗位职务范围。

（3）根据工种性质确定岗位使用的设备、工具、工作质量和效率。

（4）明确岗位职务范围，要求确定岗位任职资格。

（5）确定各个岗位之间的相互关系。

（6）根据岗位的性质明确实现岗位目标的责任。

（三）岗位职责的作用

（1）可以最大限度地实现劳动用工的科学配置。

（2）可以有效地防止因职务重叠而发生的工作扯皮现象。

（3）可以提高内部竞争活力，更好地发现和使用人才。

（4）是组织考核的依据。

（5）可以提高工作效率和工作质量。

（6）可以规范操作行为。

（7）可以减少违章行为和违章事故的发生。

二、岗位职责的同等性

任何岗位职责都是责任、权利与义务的综合体，有多大的权利就应该承担多大的责任，有多大的权利和责任就应该尽多大的义务，任何割裂开来的做法都会造成可怕的后果。不明确自己的岗位职责，就不知道自己的定位，就不知道应该干什么、怎么干、干到什么程度。例如，企业的营销人员准确定位应该是企业产品的推销人、企业形象的代言人、现代企业的经济人、流通领域的职业人，还应当是客户开发、客户维护、产品或服务销售、应收管理、售中和售后服务的责任承担者。因此，我们不能简单地把"我是干什么的"作为对岗位职责的理解，虽然这种认识在社会上带有普遍性，但是我们每一个人都需要充分认识自己岗位职责的内涵，以便把握好自己的定位。

在深刻理解岗位职责内涵，把握好自己定位的基础上，组织成员明确了应该干什么、应该怎么干、应该干到什么标准，就有可能主动去做好一些与岗位职责有关的事情，员工就有了明确的目标和义务。就组织本身而言，组织也有了绩效考核的依据，也明确了应该为员工所做的工作、所支付的工资、福利以及提供给员工的劳动保护、培训教育条件等。

职责是某种意义的价值交换，这种交换中包含着企业与员工的利益往来。组织依靠员工的智力和体力实现发展目标，员工依靠组织得到物质报酬和自身发展。组织和个体在岗位职责的责权利统一过程中实现双赢。

人们往往就是把岗位职责中的责权利割裂开来。组织管理者往往重视了权与利而忽视了责，这样就容易有活让人家干，甚至自己的活也让人家干，自己当球类健将、当裁判、当管人的人，既不尽职又不担责，那么这种管理方式的结果是人心涣散、管理混乱；有的人特别是一般工作人员和众多的员工，又往往重视了责与利而忽视了权，对于应该提高培训次数、应该积极提出合理化建议等权利漠不关心，甚至认为与己无关，那么这种工作的结果很容易导致"事不关己的高高挂起"，应付、对付，凑合着过日子。

第二节 岗位职责手册

一、岗位职责手册的类别

《岗位职责手册》大致分为三种类别：

（1）行为手册：行为规范、形象规范。

（2）作业手册：工作规范、工作程序、标准要求、胜任标准。

（3）操守手册：相关职业操守手册。

二、制定岗位职责手册的原则

（1）岗位员工必须认知自己是岗位真正的主人和唯一责任者。岗位工作的压力不是来自他人的压力，而是使岗位上的工作人员发自内心自觉自愿地产生，从而转变为主动工作的动力，要推动岗位员工参与设定岗位目标，并努力激励他实现这个目标。因此，岗位的目标设定、准备实施、实施后的评定工作都必须由此岗位员工参与，让岗位员工认识到这个岗位中所发生的任何问题，并由自己着手解决掉，而不是为上司或者老板做的，这个岗位是他个人展现能力和人生价值的舞台。这个岗位上各阶段工作的执行，应该由岗位上的员工主动发挥创造力，靠其自我努力和自我协调的能力去完成。员工必须在本职岗位的工作中主动发挥自我解决、自我判断、独立解决问题的能力，以求工作成果的绩效实现最大化。因此，企业应激励各岗位工作人员除了主动承担自己必须执行的本职工作外，也应主动参加自我决策和对工作完成状况的自我评价。

（2）组织在制定岗位职责时，考虑一个岗位要尽可能包含多项工作内容，以便发挥岗位上的员工由于长期从事单一类型的工作而被埋没了个人的其他才能。丰富的岗位职责的内容，可以促使一个多面手的员工充分地发挥各种技能，也会收到激励员工主动积极工作的意愿的效果。但是，过多安排工作内容也会导致岗位责任者管理混乱、责任不清的岗位乱象。“李亚轩岗位配置法”认为，制造业和服务业一线岗位、专业支持岗位的工作有效项目量=1+1，即2项工作量是高效配置数，换言之，制造业和服务业一线岗位、专业支持岗位的工作内容有效增加量为1项；从事管理内容岗位工作有效项目量1+2是高效配置数，即管理内容岗位工作内容有效增加量为 2 项。

(3) 在组织人力资源许可的情况下，可在有些岗位职责里设定针对在固定期间内出色完成既定任务之后，可以获得转换到其他岗位工作的权利。通过工作岗位的转换，丰富了企业员工整体的知识领域和操作技能，同时也营造了企业各岗位员工之间和谐融洽的企业文化氛围。

第三节　岗位职责构建方法

一、下行法

下行法是一种基于组织战略，并以流程为依托进行工作职责分解的系统方法。具体来说，就是通过战略分解得到职责的具体内容，然后通过流程分析界定在这些职责中，该职位应该扮演什么样的角色，应该拥有什么样的权限。

利用下行法构建岗位职责的具体步骤为：

（一）确定职位目标

根据组织的战略目标和部门的职能定位，确定职位目标。职位（设置）目标，要说明设立该职位的总体目标，要精练地陈述出本岗位为什么存在，它对组织的特殊作用和贡献是什么。

职位目标涵盖：工作依据+工作内容（职位的核心职责）+工作成果。

（二）分解关键成果领域

通过对职位目标的分解得到该职位的关键成果领域。所谓关键成果领域，是指一个职位需要在哪几个方面取得成果，以实现职位的目标。通常利用鱼骨图作为工具进行职位目标的分解，得到关键成果领域。

（三）确定职责目标

确定职责目标是指确定该职位在该关键成果领域中必须取得的成果。因为职责的描述是要说明工作持有人所负有的职责以及工作所要求的最终结果，因此，从成果导向出发，应该明确关键成果领域要达成的目标，并确保每项目标不能偏离职位的整体目标。

（四）确定岗位职责

确定岗位职责是指确定任职者到底要进行什么样的活动，承担什么样的职责，才能达成这些目标。

因为每一项职责都是业务流程落实到职位的一项或几项活动（任务），所以该职位在每项职责中承担的责任应根据流程而确定，也就是说，确定应负的职责项就是确定该职位在流程中所扮演的角色。

在确定责任时，职位责任应根据信息的流入流出确定。信息传至该职位，表示流程责任转移至该职位；经此职位加工后信息传出，表示责任传至流程中的下一个职位。该原理体现了“基于流程”“明确责任”的特点。

可以看出，基于流程的职责分析，明确界定了每项职责中职位应该扮演什么样的角色，以及拥有什么样的权限。要想明晰地表达出职位在各项职责中扮演的角色及权限，在职责描述上要准确规范地使用动词，就像前文的“制定”“审核”和“审批”等。

（五）进行职责描述

职责描述是要说明工作持有人所负有的职责以及工作所要求的最终结果，因此，通过以上两个步骤明确了职责目标和主要职责后，我们就可以将两部分结合起来对职责进行描述。

职责描述=做什么+工作结果。

二、上行法

上行法是一种自下而上的“归纳法”。即从工作要素出发，通过对基础性的工作活动进行逻辑上的归类，形成工作任务，并进一步根据工作任务的归类，得到职责描述。上行法在实际工作中更为实用、更具操作性。具体操作步骤如下：

第一步：对岗位职责进行梳理。

通过访问和调查问卷等形式，先进行罗列平时该职位的基础性的工作活动，然后进行归并，明确列举出必须执行的任务，再将任务进行分析，归结成岗位职责。

第二步：填写职位基本信息。

包括部门名称、职位名称、职位编码、职位级别、职位分类、职位群、直接上级、直接下属。

第三步：描述职位关键职责。

职位关键职责基本上可以来源于部门职责分解，强调的是工作目的及完成该工作的个人负有的职责而非具体的工作任务。

每个职责是相同目的的任务的合并，每一职位不超过八项职责，每一个职责说明都是设有时限的，按时间的占比列举职责。

第四步：描述任职要求。

资格要求：教育、专业、工作经验、资格证书。

任职要求：专业知识、业务专长、团队领导、解决问题、人际关系技巧、影响性质、影响领域。

三、其他方法

（一）自测法

自测法是指在员工工作一段时间之后由员工填写自测表反馈情况，然后由人力资源部门进行统计以发现原有岗位说明书不足的方法。

（1）优点：能够收集员工的实际工作情况，发现原有说明书的不足，反映当前管理控制中存在的不足；能够提高员工参与度，节省职责梳理的成本。

（2）缺点：员工通常将自己所做的工作夸大以期获得更多的工资；人的个性、价值观也不尽相同，评测标准也不一样，员工自评的内容有时会误导审核者；有的非例行职责会被忽略。

（二）流程法

流程法是根据公司业务流程图划分员工职责并确保各部门职能流畅衔接的方法。

（1）优点：能够比较好地确定某些很难确定的工作职责，将各岗位的职责较好地衔接起来；能更好地体现岗位的职能。采用这种方法制定的岗位职责，层次分明，界限明确，能避免互相扯皮的现象，有助于公司重塑业务流程，便于从整体的角度直观反映内部控制的特征。

（2）缺点：不能描述某些不可分离的复杂而具体的实际工作，有时也不能将内部控制系统中的某些弱点反映出来，需要有较高的技术和较多的时间。

第十四章 组织薪酬、绩效和激励体系

第一节 薪酬体系

一、薪酬体系概述

（一）薪酬体系概念

薪酬体系是指在组织发展战略指导下，对员工薪酬支付原则、薪酬策略、薪酬水平、薪酬结构进行确定、分配和调整的动态管理体系。

薪酬体系是组织的人力资源管理系统的一个子系统。它向员工传达了在组织中什么是有价值的，并且为向员工支付报酬建立起了政策和程序，是企业达到吸引、保留、激励人才的重要手段。

（二）薪酬体系的功能

1. 保障功能

组织成员作为组织的人力资源，通过劳动取得薪酬来维持自身的衣食住行等基本需要，保障自身生存（正常基本生活）的需求。同时，组织成员还要利用部分薪酬来进修学习、养育子女，保障自身发展的需求。因此，组织成员的薪酬决定着他们的生存、营养和文化教育条件，是企业人力资源生产和再生产的重要保证。

2. 激励功能

薪酬不仅决定组织成员的物质条件，而且还是一个人社会地位的重要标志，是满足组织成员多种需要的经济基础。因此，薪酬公平与否，直接影响组织成员的积极性。正常合理的薪酬分配，有助于调动组织成员的积极性；反之，则会挫伤组织成员的积极性，丧失薪酬的激励功能。

3. 调节功能

薪酬差异是人力资源流动与配置的重要“调节器”。组织一方面可以通过调整内部薪酬水平来引导内部人员流动；另一方面可以利用薪酬的差异对外吸引急需的人才。

4. 凝聚功能

组织通过制定公平合理的薪酬可以调动组织成员的积极性和激发创造力，使组织成员感受到自身被关心和自我价值的被认可，增加对组织的情感依恋，自觉地与组织同甘共苦，为自身的发展与组织目标的实现而努力工作。

二、薪酬体系设计

薪酬体系设计，是基于组织的战略和文化，根据组织的营收，参照同业和同区薪酬水平，遵循按劳分配、效率优先、兼顾公平及可持续发展的原则，设计、调整组织各个岗位的薪酬结构。一个设计良好的薪酬体系直接与组织的战略规划相联系，从而使员工能够把他们的努力和行为集中到帮助组织在市场中竞争和生存的方向上。

设计战略型薪酬体系时，可从战略层、制度层和技术操作层三个层面考虑。

（一）薪酬体系设计原则

薪酬作为分配价值形式之一，设计时应遵循效率优先、兼顾公平及可持续发展的原则。

1. 内部公平性

按照承担的责任大小、需要的知识能力的高低，以及工作性质要求的不同，在薪酬上合理体现不同层级、不同职系、不同岗位在组织中的价值差异。

2. 外部竞争性

保持组织在行业中薪酬福利的竞争性，能够吸引优秀的人才加盟。

3. 绩效相关性

薪酬必须与组织、团队和个人的绩效完成状况密切相关，不同的绩效考评结果应在薪酬中准确地体现，实现员工的自我公平，从而最终保证企业整体绩效目标的实现。

4. 激励性

薪酬以增强工资的激励性为导向，通过动态工资和奖金等激励性工资单元的设计激发员工工作积极性。另外，应设计和开放不同薪酬通道，使不同岗位的员工有同等的晋级机会。

5. 可承受性

确定薪资的水平必须考虑组织实际的支付能力，薪酬水平须与组织的经济效益和承受能力保持一致。人力成本的增长幅度应低于总利润的增长幅度，同时应低于劳动生产率的增长速度。用适当工资成本的增加引发员工创造更多的经济增加值，保障出资者的利益，实现可持续发展。

6. 合法性

薪酬体系的设计应在国家和地区相关劳动法律法规允许的范围内进行。

7. 可操作性

薪酬管理制度和薪酬结构应尽量浅显易懂，使得员工能够理解设计的初衷，从而按照企业的引导规范自己的行为，以达到好的工作效果。薪酬管理系统简洁明了，操作性才会更强。

8. 灵活性

组织在不同的发展阶段和外界环境发生变化的情况下，应及时对薪酬管理体系进行调整，以适应环境的变化和企业发展的要求，这要求薪酬管理体系具有一定的灵活性。

9. 适应性

薪酬管理体系应能够体现组织自身的业务特点以及组织性质、所处区域、行业的特点，并能够满足这些因素的要求。

（二）薪酬体系设计基本步骤

为实现上述目标，薪酬体系设计必须基于以上的原则，细致入微地开展一系列工作，才能使方案切合实际且具有广泛的接受程度及良好的可实施性。

第一步，薪酬调查。

薪酬调查是薪酬设计中的重要组成部分。它解决的是薪酬的对外竞争力和对内公平问题，是整个薪酬设计的基础，只有实事求是的薪酬调查，才能使薪酬设计做到有的放矢，解决组织的薪酬激励的根本问题，做到薪酬个性化和有针对性的设计。通常薪酬调查需要从以下三个方面考虑：

（1）组织薪酬现状调查。通过科学的问卷设计，从薪酬水平的三个公平（内部公平、外部公平、自我公平）的角度了解造成现有薪酬体系中的主要问题以及造成问题的原因。

（2）进行薪酬水平调查。主要收集行业和地区的薪资增长状况、不同薪酬结构对比、不同职位和不同级别的职位薪酬数据、奖金和福利状况、长期激励措施以及未来薪酬走势分析等信息。

(3) 薪酬影响因素调查。薪酬的外部影响因素调查，如国家的宏观经济、通货膨胀、行业特点和行业竞争、人才供应状况；薪酬的内部影响因素调查，如盈利能力和支付能力、人员的素质要求及企业发展阶段、人才稀缺度、招聘难度。

第二步，确定薪酬策略。

薪酬策略是指组织确定薪酬时，与外部薪酬水平相比较所采取的薪酬水平定位。通俗地说，就是确定企业的薪酬与市场水平相比较所处的层次。一般有三种策略：

(1) 市场领先策略，薪酬水平在市场中居于领先地位，高于市场平均水平。

(2) 市场协调策略，又称市场平和策略，即薪酬水平在市场中居于中等水平，与市场平均水平持平。

(3) 市场追随策略，即薪酬水平在市场中居于比较低水平，跟随市场水平。

在实际操作中，很多企业采用的是混合性薪酬策略，即根据职位的类型或层级来分别制定不同的薪酬策略，而不是对所有的职位均采用相同的薪酬水平定位。比如说，对企业的关键岗位人员采用市场领先策略，对普通岗位人员采取市场协调策略，对可替代性强的基层岗位采取市场追随策略。

第三步，职位分析。

职位分析是薪酬设计的基础性工作。首先，结合组织经营目标，在业务分析和人员分析的基础上，明确部门职能和职位关系；其次，进行岗位职责调查分析；最后，由岗位员工、员工上级和人力资源管理部门共同完成职位说明书的编写。

第四步，岗位评价。

岗位评价重在解决薪酬对企业内部的公平性问题。通过比较企业内部各个职位的相对重要性，得出职位等级序列。岗位评价以岗位说明书为依据，组织可以根据自身的具体情况和特点，采用不同的方法进行。

第五步，确定薪酬类别。

根据组织的实际情况和未来发展战略的要求，对不同类型的人员应采取不同的薪酬类别，例如：企业高层管理者可以采用与年度经营业绩相关的年薪制，管理序列人员和技术序列人员可以采用岗位技能工资制，营销序列人员可以采用提成工资制，企业急需的人员可以采用特聘工资制等。

（三）薪酬结构设计

1. 薪酬构成

薪酬构成因素反映了组织关注内容，因此采取不同的策略、关注不同的方面就会形成不同的薪酬构成。组织在考虑薪酬的构成时，往往综合考虑以下几个方面的因素：一是职位在组织中的层级；二是岗位在企业中的职系；三是岗位员工的技能和资历；四是岗位的绩效，分别对应薪酬结构中的不同部分。

2. 设计方法

第一步展开对组织的工作分析，确定组织需要什么样的岗位，并建立相关岗位的岗位说明书，这是薪酬体系设计的基础。

第二步建立一套科学的岗位评价方法，评价各个岗位的重要性或“相对价值”，并将所有的岗位都纳入到一个工资级档系统中，以形成组织的工资级别。比如将整个组织的工资体系设计为 10 级，区域经理这个岗位的工资定为 5 级，而董事长这个岗位的工资就是 10 级。通过这样的办法，可以解决薪酬确定中内部公平性的问题。

第三步展开薪酬调查，并由组织根据自己的薪酬政策确定每个工资级别的薪酬定位，比如确定应该是按照市场上的 25P、50P 还是 75P 定位。这样做的目的是保证薪酬的外部吸引力。

第四步确定薪酬结构，这里既包括确定固定工资和浮动工资的比例，也包括确定岗位工资和技能工资的关系等。比较常见的办法是把工资级别设计为一个区间，并在这个区间中划分出不同的档次。同一岗位的不同员工可根据他们的技能、经验、学历的不同，对应于不同的工资级档。

（四）薪酬体系类型

1. 职务工资制

职务工资制，首先对职务本身的价值做出客观的评估，其次根据这种评估的结果赋予担任这一职务的从业人员与其职务价值相当的工资的一种工资制度。这种工资体系建立在职务评价基础上，职工所执行职务的差别是决定基本工资差别的最主要因素。

职务工资制的特点：严格的职务分析，比较客观公正；职务工资比重较大，职务津贴高，在整个工资中职务工资一般在 60%以上，工资浮动比重小，比较稳定；严格的职等职级，并对应严格的工资等级；容易形成管理独木桥，职员晋升的机会比较小，成长的规划比较窄，影响了职员工作的积极性、主动性和创造性。

2. 职能工资制

职务工资制基于职务，发放的对象是职务；职能工资制基于员工能力，发放的对象是员工能力，能力工资占整个工资的65%以上。设计职能工资制的难点在于不能科学有效地对员工的能力进行测试和评价。这里有著名的素质冰山模型，即员工有很大一部分能力隐藏没有外显出来，特别是员工的行为动机根本无法进行正确测试。因此在评估员工能力时相当困难。另外，基于能力设计薪酬，哪些能力应用于固定工资，哪些能力又与浮动工资有关？哪些能力应用于短期激励和考核，哪些能力与长期激励和考核有关？这些都应该弄清楚。当然，职能工资制相比职务工资制要科学、合理得多，因为它把员工的成长与公司的发展统一起来考虑，而不是把员工当机器，仅仅执行一定的职务和承担一定的职责。职能工资制的重点在于职业化任职资格体系和职业化素质与能力评价体系的建立。

3. 绩效工资制

绩效工资制度的前身是计件工资，但它不是简单意义上的工资与产品数量挂钩的工资形式，而是建立在科学的工资标准和管理程序基础上的工资体系。它的基本特征是将雇员的薪酬收入与个人业绩挂钩。业绩是一个综合的概念，比产品的数量和质量内涵更为宽泛，它不仅包括产品数量和质量，还包括雇员对企业的其他贡献。企业支付给雇员的业绩工资虽然也包括基本工资、奖金和福利等几项主要内容，但各自之间不是独立的，而是有机地结合在一起。根据美国1991年《财富》杂志对500家公司的排名，35%的企业实行了以绩效为基础的工资制度，而在10年以前，仅有7%的企业实行这种办法。

绩效工资制的特点：一是有利于雇员工资与可量化的业绩挂钩，将激励机制融于企业目标和个人业绩的联系之中；二是有利于工资向业绩优秀者倾斜，提高企业效率和节省工资成本；三是有利于突出团队精神和企业形象，增大激励力度和雇员的凝聚力；四是绩效工资占总体工资的比例在50%以上，浮动部分比较大。

4. 年薪制

公司制为代表的企业，通常由董事会领导下的经理阶层负责企业经营，这可以使投资者的资本与经营者的才干融为一体，有可能使各种生产要素实现高效运行，并最大限度地产生经济效益。但是，公司制企业特别是股份公司也有自己的弱点：它采取所有者与经营者相分离的非所有权换位的产权重组。在企业运行模式中，所有者的目标是企业利润最大化，而经营者的目标是个人经营才干的效用最大化，两者的目标有差别。所有者承担的风险是资本亏损，而经营者承担的风险只是职位丧失和收益减少，两者的责任不对称，同时所有者无法精确衡量经营者工作的努力程度，以及这种努力可能带来的最大利润。为了避免由此造成企业效率损失，必须建立经营者的激励机制和约束机制，其中一种重要方法是通过改进经营者的年薪制，使其能有效地激励和约束经营者的行为。年薪制的设计一般有五种模式可以选择：

（1）准公务员型模式：基薪+津贴+养老金计划；

（2）一揽子型模式：单一固定数量年薪；

（3）非持股多元化型模式：基薪+津贴+风险收入（效益收入和奖金）+养老金计划；

（4）持股多元化型模式：基薪+津贴+含股权、股票期权等形式的风险收入+养老金计划；

（5）分配权型模式：基薪+津贴+以“分配权”期权形式体现的风险收入+养老金计划。

第二节 绩效考核体系

一、绩效考核体系概述

（一）绩效考核体系的概念

绩效考核体系，是由一组既独立又相互关联并能较完整地表达评价要求的考核指标组成的评价系统。绩效考评体系的建立，有利于评价员工工作状况，是进行员工考核工作的基础，也是保证考核结果准确、合理的重要因素。

绩效考核体系包括绩效考核和绩效管理两个层面：

1. 绩效考核

绩效考核也称绩效考评，是指通过应用各种科学的方法，对员工的工作行为、工作效果及其对企业的贡献或价值进行考核和评价，并将评价结果反馈给员工的过程。

2. 绩效管理

绩效管理是对绩效实现过程中各要素的管理，是基于企业战略的一种管理活动。绩效管理是通过对企业战略的建立、目标的分解、业绩的评价，并将绩效成绩用于企业日常管理活动中，以激励员工持续改进业绩从而最终实现企业战略及目标的一种管理方法。绩效管理的目的在于提高员工的能力和素质，从而改进并提高企业的绩效水平。

（二）绩效考评体系的特征

1. 与工作相关的标准

用以考核员工业绩的标准是与工作相关的。应该通过工作分析来确定工作信息。主观因素，如主动性、热情、忠诚和合作精神显然很重要，然而，它们实际上却难以界定和计量。除非这些因素能够像那些能清晰地表现出与工作相关的因素一样，否则，它们就不应在正式的考核中被采用。

2. 业绩期望

在考核期之前，考核者就必须清楚地说明对他们下属的业绩期望。否则，使用员工一无所知的标准来考核他们显然是不合理的。

建立高度客观性的工作标准，对许多如制造、安装和销售领域相对较简单，然而，对许多其他类型的工作，这个任务就较为困难。但考核必须一直进行下去，因此业绩期望虽然难以捉摸，但应该用易于理解的术语给出其定义。

3. 标准化

对在同一负责人领导下从事同种工作的员工来说，应使用同一考核方法对其进行考核。对全体员工定期进行考核也是很重要的。此外，考核期应是相同的，虽然年度考核最为普遍，但许多具有前卫观念的企业所进行的考核较为频繁。此外，还应定期安排全体员工的反馈会议和考核会见时间。

标准化的同时，提供正规的文件。员工应在他们的考核结果上签字。如果员工拒绝签字，经理应为这种行为提供书面材料。记录也应该包括一份对员工职责的描述、期望业绩结果和在做考核决策时检查这些资料的方式。

4. 合格的考核者

考核员工业绩的责任应分配给至少能直接观察到工作业绩典型样本的人或一些人。通常，这个人是该员工的直接领导者。

为了确保连贯性，考核者必须受到良好的培训。

5. 公开交流

大多数员工都渴望知道自己的业绩如何。一个好的考核体系会提供一种对员工这种渴望的持续性反馈。绩效考核期设置考核会见日是极其必要的，但是即使会见给双方提供了一个相互交换思想的良好机会，但它也不应替代日常的相互交流。另外，绩效考核体系应允许直接了解员工的有关信息。

6. 让员工了解考核结果

对于许多被设计用来提高业绩的考核体系而言，不告诉考核结果是令人难以想象的。员工不知道这个信息，无非是不能更好地完成工作而已。此外，允许员工审查考核结果，也就相当于允许他们发现任何可能已出现的错误。否则，员工可能干脆不同意这个考核，并且可能公开指责这个考核。应当对得到低标准考核的员工给予必要的培训及指导。部门主管必须尽力挽救那些勉强合格的员工。但应特别告诉这些员工，如果他们不提高自己的业绩将会发生什么。

7. 预定的步骤

与正式的考核相关联，确保考核的步骤是至关重要的。如果没有的话，则应开发一个正式的工作程序步骤，用于处理当员工对他们认为不准确或不公平的考核结果提出诉讼时的情况。

员工必须有一个能客观地诉说冤情并提出抗议的程序步骤。

（三）绩效考评对象

考核体系将对两大板块进行考核，首先是部门考核，部门考核主要考核部门的财务指标和非财务性指标，所有的指标必须非常的量化，可以用数字进行表示，并用分数的形式进行考核得分，考核将以月度考核贯穿全年，结合年终考核。

其次是个人部分，将主要考核以下人员：公司高层管理者、公司中层管理者、公司技术开发人员、公司财务人员、公司营销人员、公司生产基层管理人员等，所有的考核将分为月度考核和年度考核。考核贯穿全年，考核将根据员工个人工作目标、工作业绩等进行考核。

（四）绩效考评的类别

为了使绩效考评更具有可靠性和可操作性，应该在对岗位的工作内容分析的基础上，根据企业的管理特点和实际情况，对考评内容进行分类。比如将考评内容划分为关键工作考评、常态工作考评和非业务类考评三个方面。

关键工作是指在考评期内被考评人的重点的、关键的工作，往往列举 1~6 项最关键的即可，如开发人员可以是考评期的开发任务，销售人员可以是考评期的销售业绩。重要工作考评具有目标管理考核的性质。对于没有关键工作的员工（如清洁工）则不进行关键工作的考评。

常态工作的考评一般以岗位职责的内容为准，如果岗位职责内容过杂，可以仅选取重要项目考评。它具有考评工作过程的性质。

非业务类的考评，如协同、服务、学习、潜能等。

二、绩效考核体系设计

（一）绩效考核体系设计的原则

1. 具体的

绩效考核设计要切中特定的工作目标，不是笼统的而是应该适度细化，并且随情境变化而发生变化。

2. 可度量的

绩效考核设计是数量化的或者是行为化的，同时需验证这些绩效指标的数据或信息是可以获得的。

3. 可实现的

绩效考核设计在付出努力的情况下是可实现的，主要是为了避免设立过高或过低的目标，从而失去了设立该考核指标的意义。

4. 现实的

绩效考核设计是实实在在的，是可以证明和观察得到的，是现实的而不是假设的。

5. 有时限的

绩效考核设计中要使用一定的时间单位，即设定完成这些绩效指标的期限，这也是关注效率的一种表现。

（二）绩效考核体系的设计步骤

1. 设定绩效考核内容和标准

绩效内容和标准是绩效管理的基础和取向，没有绩效内容和标准就谈不上绩效管理，更无从考核。落实到具体的操作上，在设定绩效考评内容和标准阶段，主要的工作是为员工制定关键绩效指标，形成关键绩效指标管理卡。所以，绩效管理方案必须对关键绩效指标的制定做出说明，引导管理者走到指标管理的正确轨道上，使他们逐渐抛弃先前的任务管理、惯性管理等不良的管理习惯。

（1）组织文化和理念导向。考核内容就是对员工工作行为、态度、业绩等方面的要求和目标。它是员工行为的导向，是企业文化和管理理念的具体化和形象化。所以在考核内容中必须明确企业在鼓励什么，并且在反对什么，考核内容要能给员工以正确的指引。

（2）重点突出。考核内容不可能包含该岗位上的所有工作内容，为了提高考核的效率，降低考核成本，并且让员工清楚工作的关键点，应该选择岗位工作的主要内容进行考评，不要面面俱到。这些主要内容实际上已经占据了员工 80%的工作精力和时间。

（3）考核范围明确。绩效考核只是对员工的工作进行考核，而不是对员工的全面考查，对不影响工作的其他任何事情都不要进行考核。比如说员工的生活习惯、行为举止、爱好等内容都不宜作为考核内容，否则可能会影响到相关工作考核成绩的准确性。

2. 对考核内容进行分类

为了使绩效考核更具有可靠性和可操作性，应该在对岗位的工作内容分析的基础上，根据组织的管理特点和实际情况，对考核内容进行分类。比如，将考核内容划分为“重要任务”考核、“日常工作”考核和“工作态度”考核三个方面。

3. 选择考核方法

根据考核内容的不同，考核方法也可以采用多种形式。采用多种方式进行考核，可以有效地减少考核误差，提高考核的准确度。

为了减少考核的近期误差，人力资源部门可以建议考核人对被考核人的“重要工作”和“日常工作”经常进行非正式考核，并记录关键事件，在正式考核时，可以以此为原始材料。另外在考核时，考核人对所有被考核人的同一项目进行集中考核，而不要以人为单位进行考核。

4. 绩效沟通与辅导，建立员工绩效档案

管理者应就关键绩效指标的内容，与员工保持适时的沟通，辅导帮助他们不断提高能力，提升业绩，同时，为使绩效管理更加合理科学，管理者应为员工建立业绩档案，业绩档案的用处和好处在后来的绩效考核及绩效反馈中就可以很真切地感受到。

5. 绩效考核

人力资源部门将上述工作成果汇总并系统化，以制定组织的绩效考核制度。该制度是企业人力资源管理关于绩效考核的政策性文件。制定了“绩效考核制度”，就代表着企业的绩效考核体系已经建立。

6. 绩效反馈

绩效反馈面谈是绩效管理中至关重要的一个环节，其重要程度甚至超过了绩效考核的本身。没有反馈就根本谈不上考核和后期的改良。

三、绩效考核的方法（工具）

MBO（目标管理）、KPI（关键绩效指标）、BSC（平衡计分卡）是最为常用的绩效体系设计和考核操作工具。

（一）目标管理（MBO）

1. 概念

管理学大师彼得·德鲁克最早提出了目标管理的概念。德鲁克认为，目标管理是根据重成果的思想，首先由组织总部确定并提出在一定时期内期望达到的理想总目标，其次由各部门和全体员工根据总目标确定各自的分目标并积极主动使之实现的一种管理方法。

目标管理的设计思想是通过有意识地为员工设立一个目标，达到影响其工作表现的目的，进而达到改善企业绩效的效果。

MBO 被管理学界喻为像哥白尼“日心说”一样具有划时代意义的管理工具，与学习型组织和企业流程再造（BPR）并称为 20 世纪最伟大的三大管理思想。目标管理（MBO）是由管理学大师彼得·德鲁克在 1954 年首先提出来的，并率先在通用电气公司（GE）实行，取得了巨大成功。MBO 的特点在于以人为本，强调员工参与管理，能有效调动员工的积极性。它基于员工所完成的工作来评价员工的工作表现。

但不少公司在运用 MBO 时都陷入了一个误区：把目标管理用成了计划管理。一般都是企业老板制定年度目标，然后将工作任务强行分摊给各部门，部门再分摊到每个员工。在这个过程中，始终没有员工的参与。因而，目标难以得到认同，执行起来自然大打折扣。在实施 MBO 上，应当做到共识、共担、共享和共赢。

2. MBO 主要贡献

（1）目标管理对组织内易于度量和分解的目标会带来良好的绩效。对于那些在技术上具有可分性的工作，由于责任、任务明确，目标管理常常会具有立竿见影的效果，而对于技术不可分的团队工作则难以实施目标管理。

（2）目标管理有助于改进组织结构的职责分工。由于组织目标的成果和责任力图划归一个职位或部门，容易出现授权不足与职责不清等缺陷。

（3）目标管理启发了自觉，调动了职工的主动性、积极性、创造性。由于强调自我控制、自我调节，将个人利益和组织利益紧密联系起来，因而提高了士气。

（4）目标管理促进了意见交流和相互了解，改善了人际关系。

3. MBO 流程

（1）建立员工工作目标列表 。员工工作目标列表的编制由员工及其上级主管共同完成。目标的实现者同时也是目标的制定者，这样有利于目标的实现。

（2）明确业绩衡量方法 。一旦某项目标被确定用于绩效考核，必须收集相关的数据，明确如何以该目标衡量业绩，并建立相关的检查和平衡机制。

（3）实施业绩评价。设定时间内，将员工业绩与目标相比较，从而评价业绩，识别培训需要，评价组织战略成功性，或提出下一时期的目标。

（二）关键业绩指标绩效考核法（KPI）

1. 概念

关键业绩指标（Key Performance Indicators，KPI），是通过对组织内部流程的输入端、输出端的关键参数进行设置、取样、计算、分析，衡量流程绩效的一种目标式量化管理指标，是对企业运作过程中关键成功要素的提炼和归纳。

关键业绩指标设计的思想是通过把影响 80%工作的 20%关键行为进行量化设计，变成可操作性的目标，从而提高绩效考核的效率。关键业绩指标的个数一般控制在 3~6 个。

2. 关键业绩指标考核法操作流程

（1）明确企业总体战略目标。根据企业的战略方向，从增加利润、提升盈利能力、提高员工素质等角度分别确定企业的战略重点，并运用关键业绩指标的设计方法进行分析，从而明确企业总体战略目标。

（2）确定企业的战略支目标。将企业的总体战略目标按照内部的某些主要业务流程分解为几项主要的支持性子目标。

（3）内部流程的整合与分析。以内部流程整合为基础的关键业绩指标设计，将使员工知道自己的指标和职责是为哪一个流程服务的，对其他部门乃至企业的整体运作会产生什么样的影响。所以说，要进行关键业绩指标细化的前提是进行内部流程整合与分析。

（4）部门级关键业绩指标的提取。通过对组织架构与部门职能的理解，对企业战略支目标进行分解。在分解的同时要注意根据各个部门的职能对分解的指标进行调整补充，并兼顾其与部门分管上级的指标关联度。

（5）形成关键业绩指标体系。根据部门关键业绩指标、业务流程以及各岗位的工作说明书，对部门目标进行分解。根据岗位职责对个人关键业绩指标进行修正与补充，建立企业目标、流程、职能与职位相统一的关键业绩指标体系。

（三）平衡计分卡绩效考核法

1. 概念

平衡计分卡（Balanced Score Card，BSC）始创于 1992 年，是由哈佛大学商学院教授罗伯特·卡普兰（Robert S. Kaplan）设计的。平衡计分卡将企业的远景、使命和发展战略与企业的业绩评价系统联系起来并把企业的使命和战略转变为具体的目标和评测指标，以实现战略和绩效的有机结合。

平衡计分卡以企业的战略为基础，并将各种衡量方法整合为一个有机的整体，它既包含了传统绩效考核的财务指标，又通过增加顾客满意度、内部流程、学习和成长等业务指标来补充说明财务指标，使整个绩效考核体系更趋完善。

2. 平衡计分卡考核法操作流程

（1）建立企业的远景和战略任务。通过调查采集企业各种相关信息资料，运用态势（Strengths、Weaknesses、Opportunities、Threats，SWOT）分析、目标市场价值定位分析等方法对企业内外部环境和现状进行系统全面的分析，进而确立企业的远景和战略任务。

（2）就远景和战略任务达成共识。与企业的所有员工沟通企业的远景与战略任务，使其对企业的远景和战略任务达成共识。根据企业的战略，从财务、客户、内部运营、学习发展四个方面设定具体的绩效考核指标。

（3）确定量化考核指标。为上述目标找出具体的、可量化的业绩考核指标。

（4）企业内部的沟通与教育。加强企业的内部沟通，利用各种信息传输的渠道和手段，如刊物、宣传栏、电视、广播、标语、会议等，对企业的远景规划与战略构想在全体员工中进行深入的传达和解释，并把绩效目标以及具体的衡量指标逐级落实到各级组织，乃至基层的每一位员工。

（5）绩效目标值的确定。确定每年、每季、每月的业绩衡量指标的具体数字，并与企业的计划和预算相结合。将每年企业员工的浮动薪酬与绩效目标值的完成程度挂钩，形成绩效奖惩机制。

（6）绩效考核的实施。为切实保障平衡计分卡的顺利实施，应不断强化各种管理基础工作，完善人力资源信息系统，加强定编、定岗、定员、定额，促进员工关系和谐，注重员工培训与开发。

（7）绩效考核指标调整。考核结束后，及时汇报企业各个部门的绩效考核结果，听取员工的意见，通过评估与反馈分析，对相关考核指标做出调整。

第三节　激励体系

一、激励体系概述

（一）激励体系概念

激励体系是指对特定的目标对象以刺激、鼓励等手段的综合运用，使其能够认同激励者的培养目标，并通过自己的不断努力达到该目标的一种过程。

（二）激励方式和内容

1. 物质激励和精神激励

物质激励对激发员工的积极性具有非常重要的作用。物质激励方式多种多样，必须根据每个岗位的不同特点采取相应的方式，才能达到最好的激励效果。物质激励没有绝对高低之分，更多的是一个相对概念，在设计物质激励的过程中最重要的是体现“公平”原则，以公司发展战略和经营计划为导向，以每位员工创造的绩效大小为依据，制定基于绩效的物质激励体系，充分体现“多创造价值多得回报”的理念。

精神激励是激发员工积极性的另一种方式。精神激励的方式同样有很多，组织要善于创新精神激励的方式，充分激励每位员工的积极性。由于每一个被激励者的个性特征及其需要层次不尽相同，应采用有效的差异性激励方式，不搞一刀切，应该奖人之所需，形式多样化，只有这样才能起到激励的效果。对于相互关系和谐需要（归属、爱、尊重）偏重的员工施予家庭关爱、荣誉奖励；成长发展和成就需要偏重的员工施予晋级、深造、富于挑战性的工作。

精神激励作为一种正面的诱导和激励，可以具体细分为如下方式：

（1）直觉式精神激励。

关怀激励：领导对下属以及职工之间的关心、帮助。这是一种极大的激励因素，它能使人产生温暖感和归属感，改善领导与被领导以及职工间的人际关系，从而激起人们高度的责任感和工作积极性。像慰问患病或有困难的职工，与员工的互动交流都是典型的关怀激励方式。

支持激励：领导尊重下级的创新创造活动和独特见解，积极为下属创造良好的工作环境，帮助解决困难，有成绩与下级分享，有失误与下级分担。这样便可取得下级的信任，增强他们的信心，使他们产生友谊感和信赖感。

信任激励：对下级充分信任、关注、理解，发现和赞许下级的能力和长处，正确地安排下属的工作，便可以使下属充分发挥主动精神和创造精神。

情感激励：人与人之间建立良好的关系，可以使人产生亲密感，并将亲密关系的需要转化为道德行为的动机。人际亲密还有利于激发人的奉献动机和工作热情。领导还常用许诺激励来联络感情，以调动下属的积极性，但许诺内容要准确适度，力图兑现，并坚持公平和针对性原则，否则，便会产生消极作用。

形象激励：通过美化员工形象和塑造良好的组织形象来激励员工。例如，清胶工是脏累差且技术含量低的工种，虽然享受较高的岗位津贴，但总感到低人一等，管理者运用形象激励的方式，举办清胶工摄影展览，通过闭路电视把工人形象搬上电视屏幕，使工人产生一种受到重视、尊重的满足感。良好组织形象的塑造可以使职工增强责任感、集体荣誉感和自豪感，为发扬企业精神尽职尽责。

惩罚激励：惩罚可起到抑制不良行为，强化优良行为的作用。

（2）融入式精神激励。

参与激励：让个人认定自己是企业组织的一个成员，领导者在决策过程中启发下属献计献策，部下提出有创见和有价值的建议要鼓励和奖励，使其潜在的能力得到最大的发挥。

竞赛激励：通过技术竞赛，能促进劳动效率，增强集体成员的心理内聚力。竞赛也能充分地调动人们的智力因素和非智力因素，挖掘人的潜能。

强化激励：这是利用人的行为对动机的影响而激励的方式。当行为结果有利于个体时，这种行为就可能重复出现，这个过程就叫做强化。肯定、表扬是正强化，批评、责备是负强化。要利用正强化的心理效果，鼓励人们奋发向上，不断进取。

工作调整激励："工作再设计"、"工作扩大化"、"工作增补过程"来扩大和充实工作内容，增强工作人员的责任感，鼓励工作人员承担难度大的工作，改变过去的单调乏味的工作方法使职工得到工作上的精神满足。

（3）标的式精神激励。

样板激励：以设定目标为取向，选取实现这一目标的优秀人物或团队的行为规范作为榜样标的，激励人们积极性的方法。榜样具有形象性、示范性和感染性的特征。在各种榜样激励的方式中，领导行为激励具有特殊的意义。因为人与人之间的言行是相互影响的，榜样的作用也形成各自的示范效应。其中，领导的示范效应系数最大，领导行为对职工的激励既来自权力的影响力，这是一种强制性影响力，又来自非权力性影响力，即领导的品格、能力、知识、感情因素。领导行为激励还可分为个体行为激励和群体行为激励两种。

荣誉激励：一般指授予荣誉称号的激励形式，也包括授予荣誉勋章、奖章等。荣誉激励可以激发人的自豪感，增强人的责任感，从而调动人们的积极性。

目标激励：设置适当的目标，能够激发人的动机，调动人的积极性。个体对目标看得越重要，实现的概率就越高，这个目标对个体激励的作用就越大。运用目标激励法应注意个人目标与组织目标的统一，要努力提高目标的价值，并把设置总目标和阶段性目标有机地统一起来，以增强凝聚力和归属感。

2. 内在激励和外在激励

（1）内在激励：员工通过职责内工作本身得到某种满足，如对工作的爱好、兴趣、责任感、成就感等。这种满足能促使员工努力工作，积极进取。现实世界中内在激励的受众者总量极少，且呈递减趋势。

（2）外在激励：在动机激励过程中，以完成工作目标所带来的附加利益作为行为激励的手段。这种激励可以使职工更好地完成本职工作，享受到具有“诱因”价值的受益。以工作业绩作为激励依据，以物质利益为主要方式进行奖赏，可以使工作人员对所处的群体、对所在工作单位产生满足感，但不是对工作本身的满足感。因此，外在激励的作用成为激励的简单、直接、明效的形式，但外在激励具有明显的时效性、衰减性。故而，内在激励和外在激励是现代企业激励制度不可或缺的互补整体。

3. 自我激励和互相激励

（1）自我激励：来自个人的内部心理的自我认知、自我呈现、自我管理、自我监督、自省自责、自我控制、自我组织。

（2）互相激励（社会性激励）：是国际组织、国家政府、地方政府、社区组织、公共机构给予员工的激励。

组织为了达到最大化的激励效果，要善于把物质激励和精神激励有效结合。如果只采用其中一种激励方式，永远无法达到有效激励员工的目的。片面强调物质激励，容易使员工产生拜金主义，增加企业的激励成本；精神激励只能在短期内调动员工的积极性和创造性，如果没有相应的物质激励作为保障，难以产生长期效果。

（三）激励体系的原则

如何提高员工的工作效率一直是管理者们所关注的问题。亚轩研究院对欧洲、北美、东亚和中国的 147 个企业管理研究报告显示：员工实际的工作效率只有他们能达到的水平的65%~70%。

对于员工的激励问题，组织由于实际情况不同，都会有自己的激励政策和措施。激励政策与其他人力资源政策的不同之处在于：激励政策有更大的风险性，如果它不给公司带来正面的影响，就很可能带来负面的影响。所以，在制定和实施激励政策时，一定要谨慎。如果在制定和实施激励政策时能够注意一些必要原则，则有助于提高激励的效果。

原则一：激励要因人而异。

由于不同个体的需求不同，相同的激励政策起到的激励效果也会不尽相同。即便是同一个人，在不同的时间或环境下，也会有不同的需求。由于激励取决于内因，是个体的主观感受，所以，激励要因人而异。在制定和实施激励政策时，首先要调查清楚每个人真正需求的是什么，并将这些需求整理归类；其次制定相应的激励政策，帮助员工满足这些需求。

原则二：奖惩适度。

奖励和惩罚不适度都会影响激励效果，同时增加激励成本。奖励过重会使员工产生骄傲和满足的情绪，失去进一步提高自己的欲望；奖励过轻起不到激励效果，或者让员工产生不被重视的感觉。惩罚过重会让员工感到不公，或者失去对公司的认同，甚至产生怠工或不满的情绪；惩罚过轻会让员工轻视错误的严重性，可能还会犯同样的错误。

原则三：激励的公平性。

员工感到的任何不公的待遇都会影响他的工作效率和工作情绪，并且影响激励效果。取得同等成绩的员工，一定要获得同等层次的奖励；同理，犯同等错误的员工，也应受到同等层次的处罚。如果做不到这一点，管理者宁可不奖励或者不处罚。管理者在处理员工问题时，一定要有一种公平的心态，不应有任何的偏见和喜好。虽然某些员工可能让你喜欢，有些你不太喜欢，但在工作中，一定要一视同仁，不能有任何不公的言语和行为。

原则四：奖励正确的事情

如果我们奖励错误的事情，错误的事情就会经常发生。这个问题虽然看起来很简单，但在具体实施激励时却被管理者所忽略。根据一些管理者常犯的错误，归结出应奖励和避免奖励的七个方面的工作行为：

（1）奖励承担风险而不是回避风险的行为；

（2）奖励创新创造者而不是因循守旧的盲从者；

（3）奖励使事情简化而不是使事情不必要地复杂化；

(4) 奖励有效率的务实者而不是喋喋不休的无效者;

(5) 奖励高工作质量者而不是匆忙低质者;

(6) 奖励责任忠诚者而不是离心离德者;

(7) 奖励协同合作和顾全大局者而不是对抗推诿者。

二、激励体系的设计

激励制度的建立,基于两个假定:

(1) 人是理性的;

(2) 人是自利的。

绝大多数职场组织成员都符合这两个点,激励也正是利用好这两点。

作为激励,包含三个方面:

(1) 预期;

(2) 结果;

(3) 分配。

我们从对东西方企业的研究中发现,大多企业在进行激励制度设计时,眼睛仅盯着分配,在盘子确定的情况下,分配肯定是你多我少,最终将激励制度演变为利益分配,不仅引发矛盾,结果也不够理想,丧失了激励的本来目的。为了不让激励越行越远,回归激励本身,必须设计良性的激励体系。

激励的第一步:确定组织目标、愿景,确定行之有效的战略规划;

激励的第二步:确定分配方案,确定激励方案;

激励的第三步:激励方案的具体实施和兑现,使激励深入人心。

组织激励体系建立完善,才能将组织目标、部门目标和个人目标有效统一,才能使各项业务在组织平台上生生不息、茁壮成长。

第十五章
激励心理与管理

第一节　激励概述

一、激励的内容

（一）激励的概念

激励，源自古拉丁语“Movere”，原意是指“移动”。管理心理学指激发、导向人的行为朝向某一特定目标行动的心理过程，员工的积极性与他们需要的满足程度成正比，也与工作动机成正比。

（二）激励的主要内容

激励包括五个方面的内容：

（1）激励的出发点是满足组织成员的各种需要，即通过系统设计适当的奖酬形式和工作环境，来满足企业员工的外在性需要和内在性需要。

（2）科学的激励需要奖励和惩罚并举，既要对员工表现出来的符合企业期望的行为进行奖励，又要对不符合企业期望的行为进行惩罚。

（3）激励贯穿于企业员工工作的全过程，包括对员工个人需要的了解、个性的把握、行为过程的控制和行为结果的评价等。因此，激励工作需要耐心。

（4）信息沟通贯穿于激励工作的始末，从对激励制度的宣传、员工信息的了解，到对员工行为过程的控制和对员工行为结果的评价等，都依赖于一定的信息沟通。组织中信息沟通是否通畅、及时、准确、全面，直接影响着激励制度的运用效果和激励成本。

（5）激励的最终目的是在实现组织预期目标的同时，也能让组织成员实现其个人目标，即达到组织目标和员工个人目标在客观上的统一。

二、激励的心理机制

激励是使人成功的关键。一个好的管理者要尽全力使员工取得成功。员工的成功就是领导管理者的成功。而要使人成功，就必须使用激励，调动人的积极性，发挥其才能。

人的意志行动源于人的需要以及由需要而引发的动机；人的需要的产生是由于受到某种刺激，一旦人的动机被引发出来，个体就会用积极的行动去寻求目标，以满足需要。这是人的行为规律，是人的行为模式。需要、动机是人的行为的重要心理基础，没有需要、动机，行为就失去了动力而不复存在。

在管理中对人的行为进行激励有两种途径：

第一，通过在管理中人为地提供一些刺激因素，使人受到刺激后产生需要，并转化成动机而引发人的相应行为。

第二，在管理中人为地设置一些符合人的需要的目标，以它为诱因，促使人的行为产生。

需要是人的积极性的源泉。强调需要是一种缺失状态，也可以说强调需要是人所必需的事物在头脑中的反映，因此，需要是人所必须而又欠缺的事物在头脑中的反映。它具有主观性、对象性和动力性的特点。

工作动机是人们工作积极性的直接内驱力。需要是行为的必要条件，但不是充分条件。只有当需要转化成为动机后才对行为起直接的推动作用。无论人们从事任何活动，表现出何种行为，它里面一定包含有某种动机。心理学家威廉·詹姆斯（William James）的研究表明：当人的活动动机很强时的工作效率是一般情况下的3~4倍。

目标是人的积极性的诱因，是人的行动所追求的预期结果在主观上的超前反映，具有启动、导向、激励、聚合等心理功能。如果人的需要指向一个具体明确的目标时，需要就转化为动机推动人积极的行动。所以，当人们一旦确立了目标就有了行动的方向，就会努力地为实现目标而积极行动。故我们必须重视目标在激励人的积极性上的作用。目标管理是一个整体过程，包括目标的确立、目标的分解、目标链的形成和目标后效评价等环节。在实施目标管理的过程中，必须遵循心理学规律，特别要注意把企业的总目标与职工的个人目标有机结合起来，并强调全员参与，使职工从中受到极大鼓舞。

第二节 内容型激励理论

内容型激励理论是指研究激发动机的诱因，即对激励的原因与起激励作用的因素的具体内容进行研究的理论。最具有代表性的有亚伯拉罕·哈罗德·马斯洛（Abraham Harold Maslow）的需求层次理论、弗雷德里克·赫茨伯格（Frederick Herzberg）的双因素理论、克雷顿·奥尔德弗（Clayton Alderfer）的 ERG 理论和戴维·麦克利兰（David McClelland）的成就需求理论。

一、马斯洛的需求层次理论

1943 年，美国人本主义心理学的创始人马斯洛创立了需求层次理论。马斯洛认为，人的价值体系中存在着不同层次的需求，形成一个需求系统。人类的基本需求是以由低级层次到高级层次形式呈现的，当某一层次的需求得到相对满足时，其激发动机的作用随之减弱或消失，此时上一级的较高层次需求成为新的激励因素。因此，人的基本需求便形成一种有相对优势的层系结构。

（一）马斯洛五种基本需求层次内容

生理需求——人的饥、渴、性、生育等基本生理机能。

安全需求——指广义的安全，如职业、劳动、财产、心理、环境、回避风险和恐惧等方面的安全。

社交需求——包括友谊（社交、忠诚、亲友之爱等）与归属感。

尊重需求——包括自我尊重（成功、名誉、自信心、自豪感和成就感）与社会尊重（能力、力量、权利、社会地位）。

自我实现的需求——指人们对知识、潜能、理想、抱负的需要（见图 15-2）。

（二）基本观点

（1）生理需求（饥饿、口渴、空气、性）和安全需求（回避危险和恐惧等）属低级需要，这些需要通过外部条件就可以满足；尊重需求（成败、力量、权利、名誉等）和自我实现需求（知识、理想、抱负）属高级需求，须通过内部因素才能满足，而且一个人对尊重和自我实现的需要是无止境的；社交需求（社交、归属、亲友之爱等）起中间过渡作用。

（2）人的需求次序由低至高逐级发展。自我实现的需求是人类需求发展的顶

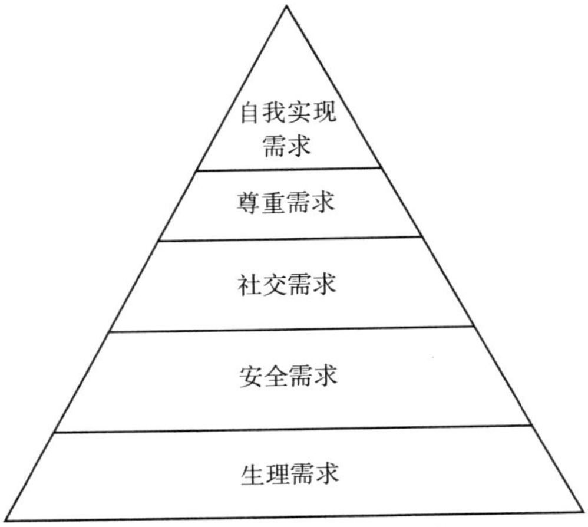

图 15-2　马斯洛需求层次

峰。同一时期，一个人可能有几种需求，但每一时期总有一种需求占支配地位，对行为起决定作用。任何一种需求都不会因为更高层次需求的发展而消失。各层次的需求相互依赖和重叠，高层次的需求发展后，低层次的需求仍然存在，只是对行为影响的程度大大减小。

（3）各级需求层次的产生和个体发育密切相关。婴儿期主要是生理的需求占优势，而后产生安全的需求，进而产生社交的需求。到了少年、青年初期，尊重的需求日益强烈。青年中、晚期以后，自我实现的需求开始占优势。

（4）一般来说，某一层次的需求相对满足了，就会向高一层次发展，追求更高一层次的需求就成为驱使行为的动力。但是，低一级的需求不一定完全得到满足才产生高一层次的需求，需求的演进是波浪式的。较低一级的需求的高峰过去之后，较高一级的需求才能起优势作用。

（5）低级需求是有限度的，一旦得到满足，便不再成为积极的推动力。高级需求的满足却是无限的，对行为具有持久的激发作用。但越到上一层次的需求，满足人们的程度越小。

马斯洛的需求层次理论揭示了需求—激励—行为的关系，从而揭示了行为激励过程的共性。他还强调了人的内在需求是激励的主要诱因，强调了人的不同层次的需求对动机的激发和影响，批判了人的行为是单纯的对外部刺激反应的行为主义外因决定论。

借鉴马斯洛需求层次理论的积极方面，就应注意研究和掌握职工的需求结构，把握其共性与个性，了解职工的需求差异。要坚持物质激励与精神激励相结合，以精神激励为主的原则，特别注意诱导职工高层次的需求，提供相应的教育培训条件。职工一旦具有符合组织利益的远大理想和职业期待，又相应提高了业务和技术水平，便可迸发出持久的活力。

（三）需求层次理论在管理中的应用

（1）承认和研究员工的各种需求；

（2）满足员工的各种合理需求；

（3）满足员工不同个性的需求，设计个性化的激励措施；

（4）引导员工去实现高级需求；

（5）教育员工运用正当手段满足需求；

（6）员工的需求不是一成不变的，满足要有时效性和动态变动性（见表 15–1）。

表 15–1 需求层次理论在管理中的应用

需求层次	激励因素	组织管理措施
自我实现的需求	成就、成长、晋升、理想	培训进修制度、参与决策、利润分享制度、企业内创业制度、有挑战性的工作、组织内晋升、成就
尊重的需求	影响力、认可、地位、自尊	考核晋升制度、表彰奖励制度、享有一定的声望、负有责任、同事和领导的认可
情感的需求	伙伴关系、友谊、感情	和谐的团队、同事的友爱、内部有效沟通、爱情和家庭、企业形象、活动、娱乐、互助制度
安全的需求	安全保障、稳定	保险措施、安全的工作条件、福利、普遍增薪、工作保障
生理的需求	衣、食、住、行	薪水、工作环境和时间、生活设施、医疗保健、住房、交通、空调

（四）不适合需求层次理论的人

马斯洛在他的著作中提出了 7 种类型的人不能用这一模型解释。他们分别是：

（1）病态人格者——他们没有社交需求。

（2）抱负水平过低者——他们的高级欲望永远被压抑。

（3）狂妄自大的人——他们将自尊看成是最重要的东西。

（4）过低估计低级需求的人——他们的地位可能太高而没有了正常人的许多忧虑。

（5）环境的受害者——由于外界因素的影响而不得不放弃某些需要。

（6）创造第一的人——为了创造不顾一切。

（7）为了理想和信念可以牺牲一切的人。

二、赫茨伯格的双因素理论

美国行为科学家、犹他大学心理学家赫茨伯格（Frederick Herzberg）于1959年出版的《工作的激励因素》一书中提出双因素理论，该理论又称“激励保健理论”（Hygiene-motivational Factors）。1968年，他在《哈佛商务评论》上发表了《再论如何激励职工》一文，从管理学角度再次探讨了该理论的内容。

（一）基本内容

赫茨伯格认为，引起人们工作动机的因素主要有两个：一是激励因素，二是保健因素。只有激励因素才能够给人们带来满意感，而保健因素只能消除人们的不满，但不会带来满意感。

赫茨伯格从1844个案例调查中发现，造成员工不满的原因，主要是公司政策、行政管理、监督、工作条件、薪水、地位、安全。这些因素的改善，能解除员工的不满，故这种因素称为保健因素。研究表明，如果保健因素不足，往往会使员工产生不满情绪、消极怠工，甚至引起罢工等对抗行为。

赫茨伯格从另外1753个案例的调查中发现，使员工感到非常满意的因素，主要是工作富有成就感，工作本身带有挑战性，工作的成绩能够得到社会的认可，以及职务上的责任感和职业上能够得到发展及成长等。这些因素的满足，能够极大地激发员工的热情，对于员工的行为动机具有积极的促进作用，它常常是一个管理者调动员工积极性，提高劳动生产效率的好办法。因此，赫茨伯格把这种因素称为激励因素。

赫茨伯格在研究的过程中还发现，在两种因素中，如果把某些激励因素，如表扬和某些物质的奖励等变成保健因素，或任意扩大保健因素，都会降低一个人在工作中所得到的内在满足，引起内部动机的萎缩，从而导致个人工作积极性的降低。

赫茨伯格双因素理论的核心在于“只有激励因素才能够给人们带来满意感，而保健因素只能消除人们的不满，但不会带来满意感”这一论断，因此如何认定与分析激励因素和保健因素并“因材施政”这才是关键。比如，就销售人员的工资薪金设计来说，按照双因素理论，应该划分为基础工资与销售提成两部分，基础工资应属于保健因素，销售提成则属激励因素，对销售人员而言，通常做法是低工资高提成，这样才能促使销售人员尽可能地多做业务。

所以，将赫茨伯格双因素理论运用于管理，首先，在于对存在的各因素进行质的分析与划分，明确或创造出保健与激励因素两部分；其次，进行量的分析与划分，既保障保健因素的基本满足程度，又尽量地加大激励因素的成分，从而最终最大程度地激发员工工作的积极和主动性。

（二）双因素理论的应用

（1）注意员工的保健因素，消除不满情绪；拉大奖金差距，忌平均化、忌变为保健因素。

（2）运用激励因素，调动员工真正、持久的工作积极性；工作丰富化，对具有强烈成就感的群体有明显的激励效果；工作扩大化，即让员工增加工作的种类，承担几项工作，扩展工作的内容，以增加对工作的兴趣；工作弹性化，实行弹性工作时间制。

案例：IBM 公司的员工激励

杰·帕斯卡尔是 IBM 总部财务部负责人。他的办公桌上方放置一个座右铭："纽约财务部——好坏决定于人。"这句话的意思是：IBM 的员工工作得如何，决定着这个拥有 163 亿美元资本的工业巨人整个经营的成败。管理 IBM 的四人管理委员会主席弗兰克·T. 凯里坦言，IBM 每年要花费 23 亿美元巨款激励员工，这笔巨款相当于该公司 1976 年总收入的 14%。

激励目标：

——不仅要必须吸引人们参加，而且要使他们留下来；

——促使员工很好地完成本职工作；

——工作不是例行公事，而是要有创造性和革新精神。

采取的措施是：

——提供丰厚的退休金及集体人寿保险，以及优厚的医疗保险待遇；

——为员工及家属办乡村俱乐部，一年只需付费 3 美元。

（三）评价

赫兹伯格的双因素理论和马斯洛的需求层次理论是相吻合的，但比需求层次理论更进了一步。他认为并不是所有需求层次的满足都能激励职工的积极性，有的需求的满足只会使人感受到外在的有限的激励作用。而有些需求的满足则可以极大地激发人的工作动机，调动职工的积极性，这就为企业管理者更好地激发职工的职业动机提供了新思路。

三、奥尔德弗的 ERG 理论

（一）基本内容

美国耶鲁大学的克雷顿·奥尔德弗（Clayton Alderfer）在马斯洛提出的需求层次理论的基础上，进行了更接近实际经验的研究，提出了一种新的人本主义需求理论。奥尔德弗认为，人们共存在三种核心的需求，即生存（Existence）的需求、相互关系（Relatedness）的需求和成长发展（Growth）的需求，因而这一理论被称为 ERG 理论。

1. 生存的需求

生存的需求与人们基本的物质生存需求有关，即生理和安全需求，关系到人的存在或生存，这实际上相当于马斯洛理论中的前两个需求。

2. 相互关系的需求

相互关系和谐需求（归属、爱、尊重）是指人们对于保持重要的人际关系的要求。这种社会和地位的需求的满足是在与其他需求相互作用中达成的，与马斯洛的社交需求和尊重需求分类中的外在部分是相对应的。

3. 成长发展的需求

奥尔德弗把成长发展的需求独立出来，它表示个人谋求发展的内在愿望，包括马斯洛的尊重需求分类中的内在部分和自我实现需求中所包含的特征。

成长发展的需求，即个人自我发展和自我完善的需求，这种需求通过创造性地发展个人的潜力和才能、完成挑战性的工作得到满足，这相当于马斯洛理论中第四、第五层次的需求。

（二）基本观点

（1）需求并存：三种需求不是按照严格的由低到高的次序发展，可以越级发展，人在同一时间可能有不止一种需求起作用，即人在同一时间可能有两种或三种需求同时起作用。

马斯洛的需求层次是一种刚性的阶梯式上升结构，即认为较低层次的需求必须在较高层次的需求满足之前得到充分的满足，二者具有不可逆性。而相反的是，ERG 理论并不认为各类需求层次是刚性结构。

（2）需求的习得性：这三种需求并不都是与生俱有的，不属于原发性需求。

（3）“愿望加强”：各个层次的需求满足得越少，则人们满足这种需求的渴望就越大。

（4）“满足前进”：较低层次需求满足得越充分，人们越渴望满足高层次需求。

（5）“受挫回归”：如果较高层次需求的满足受到抑制（需要受挫），可能会降而求其次，抑或会对低层次的需求的渴望变得更为强烈。

马斯洛认为，当一个人的某一层次需求尚未得到满足时，他可能会停留在这一需求层次上，直到获得满足为止。相反地，ERG 理论则认为，当一个人在某一更高等级的需求层次受挫时，那么作为替代，他的某一较低层次的需求可能会有所增加。例如，如果一个人社会交往需求得不到满足，可能会增强他对得到更多金钱或更好的工作条件的愿望（见图 15-3）。

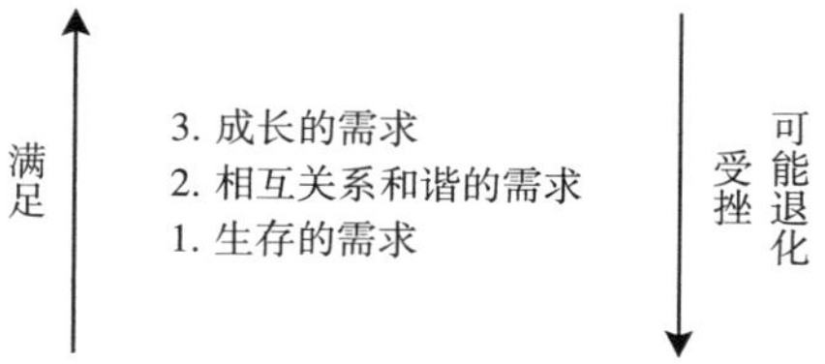

图 15-3　ERG 理论图

（三）ERG 理论的应用

（1）需求是激发动机的原始驱动力，一个人如果没有什么需求，也就没有什么动力与活力可言了；反之，一个人只要有需求，就表示存在着激励因素。作为一名领导者，不仅要掌握充满活力的需求理论，还要善于将满足员工需求所设置的目标与企业的目标密切结合起来。

（2）了解员工的真实需求。需求—工作行为—工作结果—满足需要—反馈；不同需要—不同的行为—不同绩效—满足需求。所以，应首先了解职工的真实需求。

（3）特别注重下属较高层次需求的满足，以防止“受挫—回归”现象的发生。

（四）评价

奥尔德弗的 ERG 理论在需求的分类上并不比马斯洛的理论更完善，对需求的解释也并未超出马斯洛需求层次理论的范围。如果认为“马斯洛的需求层次理论”是带有普遍意义的一般规律，那么，ERG 理论则偏重于带有特殊性的个体差异，这表现在 ERG 理论对不同需求之间联系的限制较少。

四、麦克利兰的成就需求理论

美国哈佛大学教授戴维·麦克利兰（David McClelland）通过对人的需求和动机进行研究，于 20 世纪 50 年代提出“成就需求理论”，又称“三种需求理论”。麦克利兰认为，人类的许多需求都不是生理性的，而是社会性的，而且人的社会性需求不是先天的，而是后天的，得自于环境、经历和培养教育等。很难从单个人的角度归纳出共同的、与生俱来的心理需求。时代不同、社会不同、文化背景不同，人的需求当然就不同，所谓“自我实现”的标准也不同。

麦克利兰认为，人的素质犹如一座冰山（冰山模型），他把人的素质描绘成一座冰山，这座冰山分为水面之上的和水面之下两个部分。水上的部分是表象特征，指的是人的知识和技能，通常容易被感知和测量；水下的部分是潜在特征，主要指的是社会角色、自我概念、潜在特质、动机等，这部分特征越到下面越不容易被挖掘与感知。麦克利兰经过深入研究之后发现，从根本上影响个人绩效的是素质，具体来说就是类似“成就动机”“人际理解”“团队影响力”等因素。

（一）成就需求理论的基本内容

人在生理需求基本满足的前提下的需求：

1. 动力需求

动力需求是指影响或支配他人且不受他人影响的需求。麦克利兰将组织中管理者的动力分为两种：一是个人动力（个人化动力），追求个人动力的人表现出来的特征是围绕个人需求行使权力，在工作中需要及时地反馈和倾向于自己亲自操作。但是作为管理者，若把他的动力形式建立在个人需求的基础上，不利于他人；二是职位动力（社会化动力），职位动力要求管理者与组织共同发展，自觉地接受约束，从体验行使权力的过程中得到一种满足。社会化动力的主要特征是帮助群体确定共同目标，并提供相关支持以达到目标，使全体成员认识到自己的重要性。

不同人对动力的渴望程度也有所不同，动力需求较高的人对影响和控制别人表现出很大的兴趣，喜欢对别人“发号施令”，注重争取地位和影响力。动力需求是管理成功的基本要素之一。

心理学家约瑟夫·维洛夫（Joseph Veroff）、哈佛大学博士厄尔曼和温特曾使用一种“唤起”实验法来研究动力动机的特征及其对人类的影响。所谓“唤起”实验法，是指通过各种方法唤醒实验对象的动力需求。比如，参加竞选后等待选举结果揭晓的候选人，就处于动力意识被唤醒的状态。他们在这个试验中，通过各种方法唤醒实验对象的动力意识和动力动机，然后让这些实验对象表达出自己的思想活动，再与那些没有被唤起动力意识的人员进行比较，从而得出动力意识的表现形式。麦克利兰在这个实验基础上进一步研究提出，人类存在着两种不同的动力观念，一种是“社会化动力”，另一种是“个人化动力”。麦克利兰指出，这两种不同的动力观就是动力的两面性，也就是两种动力动机。个人化动力以影响、组织、控制他人的方式来实现自己的统治。受个人化动力动机支配的人，会把生活看成是一场“零和博弈”，只有你赢我输或是我赢你输这样两种模式。处于统治地位而又倍感威胁的人往往有这种心理。他们常常表现为专断、专权，控制欲和征服欲都很强，喜欢炫耀权力。这种人一旦成为政治领袖，往往会造成严重的社会后果。而社会化动力以影响他人为核心，并且以他人为出发点。受社会化动力动机支配的人，行使权力时会以众人的利益为依托和归宿，他们清楚地知道个人力量是众人赋予的。通过竞选获胜的人往往具有这样的特征，他们适合担任社会组织的领导工作。

个人动机需求强的人，首先会考虑自己如何做好；社会化动力需求强的人，首先会考虑让谁去干更好。社会化动力强的人才能够成为高度有效的领导者。社会化动力强的人具有如下特征：

（1）动力需求强烈，但这种动力追求表现在如何对他人施加影响方面，而不是自己支配别人的能力方面。

（2）他们能够努力了解组织成员需求，以便更好地施加影响。

（3）他们具有组织责任感，团队意识强烈。尤其是如果个人利益和组织发生了冲突，他们可以做出适当的放弃。这一点是社会化动力同个人化动力的主要区别。个人化动力强的人，一般不会为了组织利益做出让步。

（4）讲求公正。由于社会化动力立足于公众利益，所以，他们认为那些对组织利益和社会利益做出贡献的人应该得到公正的回报。这种公正不以个人喜好而转移。

（5）成熟度高。社会化动力强的人往往显得比较老练，眼光也比较长远，他们不局限于一时一事，习惯于整体考量事物。一般情况下，他们乐于听取他人意见，尤其是专家意见。社会化动力型领导人，善于从比他高明的人那里得到启发。

2. 亲和需求

亲和需求是指建立友好亲密的人际关系，寻求被他人喜爱和接纳的需求。亲和需求的人更倾向于与他人进行交往，至少是为他人着想，这种交往会给他带来愉快。高亲和需求者渴望社交，喜欢合作而不是竞争的工作环境，希望彼此之间沟通与理解，他们对环境中的人际关系更为敏感。有时，亲和需求也表现为对失去某些亲密关系的恐惧和对人际冲突的回避。亲和需求是保持社会交往和人际关系和谐的重要条件。

麦克利兰的亲和需求与马斯洛的感情上的需求、奥尔德弗的关系需求基本相同。

注重社交需求的管理者容易因为讲交情和义气而违背或不重视管理工作原则，从而会导致组织效率下降。

同时，亲和需求强烈的人无法成为有效的领导者。在管理学中，依然有不适当地强调领导者人际关系能力的倾向，这是一个伪命题。亲和需求高的人，有强烈地被人喜欢的需求。一旦对某人、某事做出妥协或变通，就会形成组织运行的腐蚀剂。这种腐蚀累积起来就会瓦解组织规则，破坏整个组织的运转。

3. 成就需求

成就需求是指个体或个体领导的团队强烈争取成功和卓越、追求出类拔萃的优越感，具有特立独行、挑战常态的“英雄”式思维的需求。

（1）成就需求者通常有如下特点：

第一，自己设定挑战性的目标。具有高成就动机的人在可以自主确定工作目标时，总会挑选难度适中的任务，略低于自己的能力所能达到的上限，而不会避重就轻，但也不会不自量力。

第二，喜欢通过自己的努力和理性解决问题，不依赖偶然的机遇坐享成功。高成就型动机的人注重自己努力的结果，而不喜欢靠碰运气或者指望天上掉馅饼。

第三，喜欢努力和效果的直接衔接，成就型动机的人不喜欢那种需要长时间才能看出效果的工作，缺乏“积跬步以至千里”的耐心。

第四，成就需求的人对自己认为重要或有价值的工作，不但愿意去做，而且急于获得成功，力求达到完美地步。这种人竭力追求的是个人成就所带来的心理满足，而不是去追求由于成就本身所带来的报酬，他们谋求把事情做得比以前更好、更有效果。这种人是达到高度自我实现的人。

（2）影响成就动机的因素：

第一，个人受教育程度。个人受教育程度越高，成就动机越强。

第二，性别、年龄因素。通常男性的成就动机高于女性。

第三，个人的兴趣和专长。个人对于自己的兴趣和专长的领域成就动机较强。

第四，亲属朋友的期望。生活在一个对成就有较高评价的环境中的个体，成就动机较强。

第五，面临工作的难度。工作难度适中，个人经过努力能够实现时，成就动机最强。

第六，身体条件与社会环境。如气温在10℃时，人们的成就动机较高；社会比较稳定繁荣时，人们的成就动机高。

亚轩研究院对全球人类不同维度分布和不同季节对成就动机影响进行了实验

研究和实证分析，提出纬度动机原理，深化了麦克利兰成就动机论。

第七，训练和教育培养。通过训练和教育来培养，为人的成就动机的发挥创造条件，可以取得较好的组织绩效，发挥个人的潜能，为社会做出更大贡献。

4. 成就需求在管理中的意义

（1）成就需求强烈的人由于时时想着如何把工作干得更好，往往能够做出成就。因此一个公司如果成就需求强烈的员工很多，往往就会经营顺畅、发展迅速。对于国家发展也是如此。按照标准的编码统计方式（西格玛）所确定的成就动机指数显示：古代的希腊，中世纪的西班牙，1400~1800 年的英国，以及许多现代国家均符合上述观点。

（2）成就动机决定社会经济发展。一个国家和地区的发展，政治制度、经济基础、资源条件和地理环境均不构成主要动因，成就需求的供应量才是国家和地区发展的主动因。据麦克利兰分析，文化作品中的成就导向，领先于经济发展。比如，在古希腊，按照贸易量的统计，雅典经历了起步期（公元前 900~前 475 年）、鼎盛期（公元前 475~前 362 年）和衰退期（公元前 363~前 359 年）每一阶段代表人物的作品成就主题，其成就主题的升降频率领先于经济兴衰，同时高度正相关。

（3）一个公司如果有很多具有成就需求的人，那么，该公司就会发展很快；一个国家如果有很多这样的公司，整个国家的经济发展速度就会高于世界平均水平。我们进一步研究发现，成就需求强的人并不一定适合当领导人。研究发现，成就动机激发企业家的创业活动，进而促进企业发展，甚至成为影响经济增长的重要因素。但是，在具备强烈成就动机的人物中，却很少出现率领众人前进的领导者。

所以，成就动机强，领导能力就弱，二者负相关。

（4）成就需求是更内化了的需求，是取得绩效的主要动力。所以，组织要培养人的高成就动机，可以通过外界刺激与训练而增强并影响现实的行为。

（5）针对不同员工对三种需求的强烈程度不同实施相应激励。

案例：曼哈顿工程技术负责人的选择

美国陆军部于 1942 年 6 月开始实施利用核裂变反应来研制原子弹的计划，亦称曼哈顿计划（Manhattan Project）。该工程集中了当时西方国家（除纳粹德国外）最优秀的核科学家，动员了 10 万多人参加这一工程，历时 3 年，耗资 20 亿美元，于 1945 年 7 月 16 日成功地进行了世界上第一次核爆炸，并按计划制造出两颗实用的原子弹。整个工程取得圆满成功。

在工程筹建过程中，如何选择曼哈顿工程的技术负责人成为首要问题，众望所归的人选是费米（Enrica Fermi），然而，美国人却选择了奥本海默（J. Robert Oppenheimer）担任阿拉莫斯实验室主任。回过头来看，这一选择十分有道理。从技术能力的角度看，费米当然远远超出奥本海默；然而，从动机需求看，费米是比较典型的成就需求者，而奥本海默则是比较典型的动力需求者。奥本海默领导团队应用了系统工程的思路和方法，大大缩短了工程所耗时间。这一工程的成功促进了第二次世界大战后系统工程的发展。

（二）评价

（1）麦克利兰指出了各种社会需求对人们的行为共同起作用，而且会有一种需求对行为起主要作用的观点，是对马斯洛需求层次理论的一个最大的批判与发展。

（2）麦克利兰指出，预测业绩的最好因素不是诸如学历、技能等外在条件，而是人的深层素质，也就是水下的冰山部分。这个比喻看似浅显，却蕴含着巨大的理论价值和实践价值，对管理学尤其是人力资源管理产生了重大影响。它揭示出影响个人绩效的最主要的素质并非是我们传统认为的那些东西。

（3）麦克利兰对于动力（支配）需求的研究则更进了一步。尽管他的观点还有需要再探讨的必要，但他对成就需求会妨碍领导活动的论证、对亲和需求不足以维系组织运转的论证，以及对动力两面性的区分，在领导理论中是极具启发意义的。

（4）社会需求基于生理需求的认识仍然缺乏概括性，社会需求来自社会影响的结果不具说服力，麦克利兰强调人的成就动机是后天形成的，是可以改变并加以培养的，还缺乏严谨的理论证明。

第三节　过程型激励理论

过程型激励理论着重研究从行为动机的产生到采取行动的心理过程，阐述如何通过心理激励来使员工的行为积极性保持在一个较高的水平。它的主要任务是找出对行为起决定作用的某些关键因素，弄清它们之间的相互关系，以预测和控制人的行为。这类理论表明，要使员工出现企业期望的行为，须在员工的行为与员工需求的满足之间建立起必要的联系。过程型激励理论主要有期望理论、目标设定理论、公平理论、强化理论。

一、期望理论

期望理论，又称“效价—手段—期望理论”，是耶鲁大学心理学家和行为科学家维克托·弗鲁姆（Victor H. Vroom）于1964年在《工作与激励》中提出来的激励理论。

（一）基本内容

1. 基本概念

期望理论认为，一种行为倾向的强度取决于个体对于这种行为可能带来的结果的期望以及这种结果对行为者的吸引力。具体而言，当组织成员认为努力会带来良好的绩效评价时，他就会受到激励进而付出更大的努力；良好的绩效会带来组织奖励，组织奖励会满足员工的个人目标。根据期望理论，管理者应通过奖励满足员工较为迫切的需求，因为这种奖励对员工来说效价较高。同时，要为员工提供必要的工作条件和工作上的指导，提高员工完成工作的信心。

2. 内在关系

“个人努力”指始发行为的强度；“个人成绩”指个人预期达到的成绩或外界确定的成绩标准，它作为一级目标，是个体获取组织奖励的工具；“组织奖励”包括内在奖励（如赋予重任、提供发展机会等）和外在奖励（如提薪、晋级等）两种，它作为二级目标，是个体满足个人需求的工具；“个人需求”指个体尚未得到满足的优势需求，它是外在目标发挥激励作用的内在基础。因为人与人之间存在着个别差异，所以同一个目标对不同的人会产生不同的效价和期望。

这种需求与目标之间的关系用过程模式表示，即“个人努力——→个人成绩（绩效）——→组织奖励（报酬）——→个人需求”。在这个期望模式中的四个因素，需要兼顾三个方面的关系：

（1）努力与绩效：人们总是希望通过一定的努力达到预期的目标，如果个人主观认为达到目标的概率很高，就会有信心，并激发出很强的工作力量；反之，如果他认为目标太高，通过努力也不会有很好绩效时，就失去了内在的动力，导致工作消极。

（2）绩效与奖励：绩效即指个体经过努力取得良好工作绩效所带来的对绩效的奖赏性回报的期望。人总是希望取得成绩后能够得到奖励，当然这个奖励也是综合的，既包括物质上的，也包括精神上的。如果他认为取得绩效后能得到合理的奖励，就可能产生工作热情，否则就可能没有积极性。

（3）奖励与需求：任何结果对个体的激励影响的程度，取决于个体对结果的评价，即奖励与满足个人需求的关系。人总是希望自己所获得的奖励能满足自己某方面的需求。然而，由于人们在年龄、性别、资历、社会地位和经济条件等方面都存在着差异，他们对各种需求得到满足的程度就不同。因此，对于不同的人，采用同一种奖励办法能满足的需求程度不同，能激发出的工作动力也不同。

3. 期望公式

期望理论的公式为：激励取决于行动结果的价值评价（“效价”）和其对应的期望值的乘积：

$M = \sum V \times E$

式中，M 表示激发力量，是指调动一个人的积极性，激发人内部潜力的强度；V 表示效价，是指达到目标对于满足个人需求的价值；E 是期望值，是人们根据过去经验判断自己达到某种目标或满足需求的可能性是大还是小，即能够达到目标的主观概率。

人们采取某项行动的动力或激励力取决于其对行动结果的价值评价和预期达成该结果可能性的估计。换言之，激励力的大小取决于该行动所能达成目标并能导致某种结果的全部预期价值乘以他认为达成该目标并得到某种结果的期望概率。

（1）效价（V），是指达到目标对于满足他个人需求的价值。同一目标，由于每个人所处的环境不同，需求不同，其需求的目标价值也就不同。同一个目标对每一个人可能有三种效价：正、零、负。如果个人喜欢其可得的结果，则为正效价；如果个人漠视其结果，则为零值；如果不喜欢其可得的结果，则为负效价。效价越高，激励力量越大。

效价受个人价值取向、主观态度、优势需求及个性特征的影响。可以根据行为的选择方向进行推测，假如个人可以自由地选择 X 结果和 Y 结果中的任一个，在相等的条件下：如果选择 X，即表示 X 比 Y 具有正效价；如果选择 Y，则表示 Y 比 X 具有正效价。也可以根据观察到的需求完成行为推测，例如有人认为有价值的事物，另外的人可能认为全无价值。如 1000 元奖金对生活困难者可能很有价值，而对百万富翁来说意义不大。一个希望通过努力工作得到升迁机会的人，在他心中，“升迁”的效价就很高；如果他对升迁漠不关心，毫无要求，那么升迁对他来说效价就等于零；如果这个人对升迁不仅毫无要求，而且害怕升迁，那么，升迁对他来说，效价就是负值。再例如，吃喝的数量和质量可以表明需求完成的情况，如果吃得多、吃得快，说明食品具有正效价。

（2）期望值（E），是人们判断自己达到某种目标或满足需求的可能性的主观概率。目标价值大小直接反映人的需求动机强弱，期望概率反映人实现需求和动机的信心强弱。弗鲁姆认为，人总是渴求满足一定的需求并设法达到一定的目标。这个目标在尚未实现时，表现为一种期望，期望的概念就是指一个人根据以往的能力和经验，在一定的时间里希望达到目标或满足需求的一种心理活动。

对于目标的期望值怎样才算适合？有人把它形容为摘苹果。只有跳起来能摘到苹果时，人才会最用力去摘。倘若跳起来也摘不到，人就不跳了。如果坐着能摘到，无须去跳，便不会使人努力去做。由此可见，领导者给员工制定工作定额时，要让员工经过努力就能完成，再努力就能超额，这才有利于调动员工的积极性。定额太高使员工失去完成的信心，他就不努力去做；太低，唾手可得，员工也不会努力去做。因为期望概率太高、太容易的工作会影响员工的成就感，失去目标的内在价值。所以，领导者制定工作、生产定额，以及使员工获得奖励的可能性都有个适度问题，只有奖罚适度才能保持员工恰当的期望值。

弗鲁姆认为，期望的东西不等于现实，期望与现实之间一般有三种可能性，即：期望小于现实，期望大于现实，期望等于现实。这三种情况对人的积极性的影响是不同的。

第一，期望小于现实，即实际结果大于期望值。一般来说，在正强化的情况下，如奖励、提职、提薪、分房子等，当现实大于期望值的时候，有助于提高人们的积极性，在这种情况下，能够增强信心，增加激发力量。而在负强化的情况下，如惩罚、灾害、祸患等，期望值小于现实，就会使人感到失望，因而产生消极情绪。

第二，期望大于现实，即实际结果小于期望值。一般来说，在正强化的情况下，便会产生挫折感，对激发力量产生削弱作用。如果在负强化的情况下，期望值大于现实，则有利于调动人们的积极性，因为这时人们做了最坏的打算和准备，而结果却比预想的好得多，这自然对人的积极性是一个很大的激发。

第三，期望等于现实，即人们的期望变为现实，所谓期望的结果，是人们预料之中的事。在这种情况下，一般来说，也有助于提高人的积极性。如果从此以后没有继续给以激励，积极性则只能维持在期望值的水平上。

（3）效价与期望值的关系。在实际生活中，每个目标的效价与期望常呈负相关。难度大、成功率低的目标既有重大社会意义，又能满足个体的成就需求，具有高效价；而成功率很高的目标则会由于缺乏挑战性，做起来索然无味，导致总效价降低。因此，设计与选择适当的外在目标，使其既给人以成功的希望，又使人感到值得为此而奋斗，就成了激励过程中的关键问题。

（4）期望公式的五种情况：

激励力=期望值×效价

低=低×低

低=高×低

低=低×高

中=中×中

高=高×高

（二）期望理论的应用

（1）提高员工对组织奖赏承诺的信任度。在员工表现出所希望的行为时，及时地给予肯定、奖励和表扬；在员工表现某种要消除的行为时给予负强化。

（2）提高目标效价。了解员工的真实需求，尽力满足员工不同的需求来进行奖励。

（3）了解不同期望与不同现实对员工心理的不同影响。譬如，当期望>现实，负强化收到的效果好；期望<现实，正强化有助于积极性的提高；期望=现实，有利于调动员工的积极性，但需进一步激励以提高期望值。

（4）经理们需要采用公平、有意义和易于理解的绩效检查和评估体系。

案例A　菲多利公司的激励计划

在得克萨斯州洛伯克市的菲多利（Frito-lay）公司的加工和包装分部，一项激励计划取得了出色的成果。机器操作工参与了减少每包芯片“散失”活动。菲多利力图维持六西格玛的每包芯片散失水平。如果散失的芯片多，边际利润就会下降。每包芯片的重量精确到克。操作工的绩效可以精确地确定。每星期最佳减少散失浪费的操作工会得到一张礼券。由于操作工们都想得到这种礼券奖品，这种奖励足可以让操作工们全身投入到竞争中去，显著地降低了浪费，提高了操作工的道德水平。

案例B　斯米奈奇迹

一名黑人名叫斯米奈，是一家软件公司的清洁工。一次老板陪同一位客户乘坐电梯，正在工作的斯米奈有礼貌地与客人打招呼。但那位客户看斯米奈是一名黑人清洁工，便很不礼貌地对待他。这时，老板对客户预言说：你不要小看这名工人，15 年后他将成为我公司的工作骨干，一个有作为的人。事后，老板让斯米奈到他办公室进行谈话，对他抱有很高的期望。于是斯米奈重新审视自己：在未来的时间内，自己的能力是否能实现老板的期望。他为自己定下一个目标：在未来 10 年内，先读社区大学，再进入正规大学学习，最后取得硕士文凭。在此期间，老板不断鼓励和帮助他，并督促和检查他的学习和工作；他本人也不断激励自己达到老板的预期。10 年后，斯米奈取得了硕士文凭，继续在公司工作，成为公司的业务骨干。

案例解读：老板对斯米奈的积极期望，导致斯米奈经强化自信、积极进取而达到了这些期望。此现象也称为皮格马利翁效应。

（三）皮格马利翁效应和魔像效应

某个人对另一个人的期望会导致后者的行为举止与那些期望相一致。这些期望可能是积极的也可能是消极的。积极的期望导致高绩效的现象被称作皮格马利翁效应；消极的期望导致低绩效现象就是著名的魔像效应。

两种效应遵循着四个步骤，如图 15–4 所示。

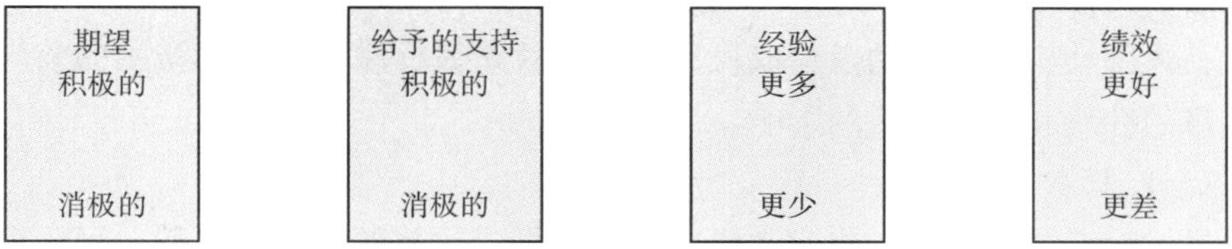

图 15–4 步骤

（四）评价

（1）期望理论提出了目标设置与个人需求相统一的理论。期望理论假定个体是有思想、有理性的人。对于他们生活和事业的发展，他们有既定的信仰和基本的预测。因此，在分析激励雇员的因素时，我们必须考察人们希望从组织中获得什么，以及他们如何能够实现自己的愿望。

（2）期望理论也是激励理论中为数极少的量化分析理论。这一理论并不满足于对问题的定性说明，还非常重视定量分析。它通过对各种权变因素的分析，正确说明了人们在多种可能性中所作出的选择。也就是说人们的行为选择通常是效用最大的，或者说人们的现实行为是其激励力量最大的行为选择。这不仅是激励理论的重要发展，同时在实践中也更具操作性。

（3）效价的研究仍处于浅水区，缺乏深层研究和表述。期望值是指人们判断自己达到某目标以及这一目标满足需求的可能性的概率，也就是说“期望值=目标实现的可能性+目标满足需求的可能性”；而效价是指达到目标对于满足个人需求的价值，即“效价=目标满足需求的程度+目标满足需求的可能性”，由此可以看出期望值与效价相互间在“目标满足需求的可能性”评价判断上是相互重叠的。

（4）期望理论适用对象仅限于物质激励，而对于精神激励难以运作；忽视或否定工作训练与工作行为规范教育的有效性，并且也间接否定了企业文化等企业理念教育与执行的重要性。

二、目标设定理论

目标设定理论由美国马里兰大学爱德温·洛克（Edwin A. Locke）于1967年提出的。洛克认为，外来的刺激（如奖励、工作反馈、监督的压力）都是通过目标来影响动机的。目标能引导活动指向与目标有关的行为，使人们根据难度的大小来调整努力的程度，并影响行为的持久性。目标本身具有激励作用，目标能把人的需求转变为动机，使人们的行为朝着一定的方向努力，并将自己的行为结果与既定的目标相对照，及时进行调整和修正，从而实现目标。这种使需求转化为动机，再由动机支配行动以达成目标的过程就是目标激励。目标激励的效果受目标本身的性质和周围变量的影响。

（一）基本内容

目标设定是指开发、协商和建立对个体形成挑战的目标的过程。目标可能是明确清晰的，或含蓄模糊的，或自我强加的，或外部强加的。无论何种形式的目标，都有助于个体对其时间和努力做出合理安排。无目标或目标不清晰的员工在工作时节奏缓慢、表现较差、缺乏兴趣，完成的任务也没有那些具有清晰而富有挑战性目标的员工多。另外，有明确目标的员工显得既能干又有活力，他们能按时完成任务。

1. 明确度

目标内容可以是模糊的，如仅告诉“你要达观慎思”；目标也可以是明确的，如“你要用一年时间完成法语学习，达到用法语熟练会话的能力”。明确的目标可使人们更清楚要怎么做，付出多大的努力才能达到目标。目标设定明确，也便于评价个体的能力。很明显，模糊的目标不利于引导个体的行为和评价其成绩。因此，目标设定得越明确越好。事实上，明确的目标本身就具有激励作用，这是因为人们有希望了解自己行为的认知倾向。对行为目的和结果的了解能减少行为的盲目性，提高行为的自我控制水平。另外，目标的明确度与绩效呈正相关关系。

2. 难度

目标可以是无难度的、轻难度的、中难度的、高难度的。如轻难度的，“你要用一年时间完成法语学习，达到用法语熟练会话的能力”；如中难度的，“你要用半年时间完成法语学习，达到用法语熟练会话的能力”；如高难度的，“你要用三个月时间完成法语学习，达到用法语熟练会话的能力”。难度依赖于人和目标之间的关系，同样的目标对某人来说可能是容易的，而对另一个人来说可能是难的，这取决于他们的能力和经验。一般来说，目标的绝对难度越高，人们就越难达到它。400 多个研究发现，绩效与目标的难度水平呈线性关系。当然，这是有前提的，前提条件是完成任务的人有足够的能力、对目标又有高度的承诺。在这样的条件下，任务越难，绩效越好。一般认为，绩效与目标难度水平之间存在着线性关系，是因为人们可以根据不同的任务难度来调整自己的努力程度。如图 15–5 所示。

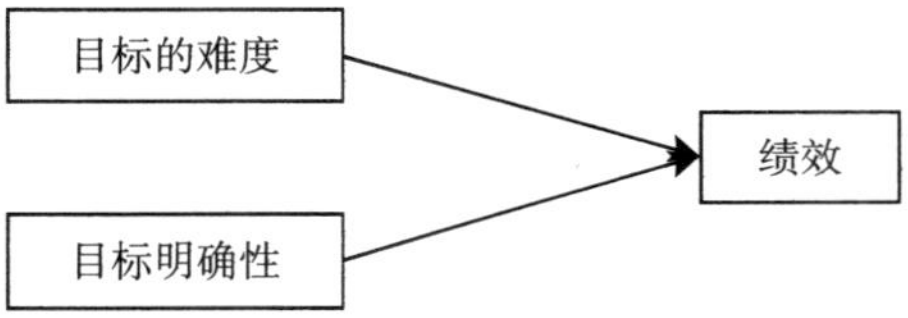

图 15–5 目标与绩效

3. 承诺

承诺是指个体被目标所吸引，认为目标重要，持之以恒地为达到目标而努力的程度。个体在最强烈地想解决一个问题的时候，最能产生对目标的承诺，并随后真正解决问题。

合理设定的目标（所谓合理，即目标有吸引力，也有可能达到）与参与设定的目标有着相同的激励力量。这两者都比只是简单地设定目标而并不考虑目标的合理性要更有效。当人们认为目标能够达到，而达到目标又有很重要的意义时，对目标的承诺就加强了。研究发现，人们认为目标能够达到可以加强自我效能感。

激励物对产生承诺的作用是很复杂的。一般来说，对于无法达到的目标提供奖金只能降低承诺，对于中等难度的任务给予奖金最能提高承诺。

4. 反馈

目标与反馈结合在一起更能提高绩效。目标给人们指出应达到什么样的目的或结果，同时它也是个体评价自己绩效的标准。反馈则告诉人们这些标准满足得怎么样，哪些地方做得好，哪些地方尚有待于改进。

反馈是组织常用的激励策略和行为矫正手段。能力反馈是常见的反馈形式，它是由上司或同事提供的关于个体在某项活动上的绩效是否达到了特定标准的信息。能力反馈可以分为正反馈和负反馈。正反馈是指个体达到了某项标准所得到的反馈，而负反馈是没有达到某项标准而得到的反馈。

反馈的表达有两种方式：信息方式和控制方式。信息方式的反馈不强调外界的要求和限制，仅告知当事者任务完成得如何，这表明当事者可以控制自己的行为和活动。因此，这种方式能加强接受者的内控感。控制方式的反馈则强调外界的要求和期望，如告诉当事者他必须达到什么样的标准和水平。它使当事者产生了外控的感觉——他的行为或活动是由外人控制的。

用信息方式表达正反馈可以加强当事者的内部动机，对需要发挥创造性的任务给予信息方式的正反馈，可以使当事者更好地完成任务。

5. 自我效能感

美国著名心理学家阿尔伯特·班杜拉（Albert Bandura）于20世纪70年代在其著作《思想和行为的社会基础》中提出了“自我效能感”的概念，自我效能感理论于20世纪80年代中期得到了丰富和发展，也得到了大量实证研究的支持。

自我效能感，指个体对自己是否有能力完成某一行为所进行的推测与判断。自我效能感就是个体在处理某种问题时能做得多好的一种自我判断，它是以对个体全部资源的评估为基础的，包括能力、经验、训练、过去的绩效、关于任务的信息等。

当对某个任务的自我效能感强的时候，对这个目标的承诺就会提高。这是因为高的自我效能感有助于个体长期坚持在某一项活动上，尤其是当这种活动需要克服困难、战胜阻碍时。高自我效能感的人比低自我效能感的人坚持努力的时间要长。

影响自我效能感形成的因素主要有：

（1）个人自身行为的成败经验：成功经验会提高效能期望，反复的失败会降低效能期望。但是，成功经验对效能期望的影响还受个体归因方式的左右，如果归因于外部机遇等不可控的因素就不会增强效能感，把失败归因于自我能力等内部的可控的因素就不一定会降低效能感。因此，归因方式直接影响自我效能感的形成。

（2）替代经验或模仿：人的许多效能期望来源于观察他人的替代经验。这里的一个关键是观察者与榜样的一致性，即榜样的情况与观察者非常相似。

（3）言语劝说：因其简便、有效而得到广泛应用。言语劝说的价值取决于它是否切合实际，缺乏事实基础的言语劝说对自我效能感的影响不大，在直接经验或替代性经验基础上进行劝说的效果会更好。

（4）情绪唤醒：班杜拉在“去敏感性”的研究中发现，高水平的唤醒使成绩降低而影响自我效能。当人们不为厌恶刺激所困扰时更能期望成功，但个体在面临某项活动任务时的身心反应、强烈的激动情绪通常会妨碍行为的表现而降低自我效能感。

（5）情境条件：不同的环境提供给人们的信息是大不一样的。某些情境比其他情境更难以适应和控制。当一个人进入陌生而又易引起焦虑的情境中时，其自我效能感水平与强度就会降低。

上述几种因素对效能期望的作用依赖于对其是如何认知和评价的。人们必须将与能力有关的因素和非能力因素对成败的作用加以权衡，人们觉察到效能的程度取决于任务的难度、付出努力的程度、接受外界援助的多少、取得成绩的情境条件以及成败的暂时模式，这些因素作为效能信息的载体影响成绩，主要是通过自我效能感的中介影响发生的。

6. 任务策略

任务策略，是指个体在面对复杂问题时使用的有效的解决方法。当不能实现目标时，个体就需要寻找一种有效的任务策略。尤其是当面临困难任务时，仅有努力、注意力和持久性是不够的，还需要有适当的任务策略。

相对于简单任务，在复杂任务环境中有着更多可能的策略，而这些策略有很多是不好的。要想完成目标，得到更好的绩效，选择一个良好的策略至关重要。

在能力允许的范围内，目标的难度越大，绩效越好。但有时人们在完成困难目标时选择的策略不佳，绩效反而不如完成容易目标时的绩效好。对此现象的解释是，完成困难目标的人在面对频繁而不系统的策略变化时，表现了一种恐慌，使他最终也没有学会完成任务的最佳策略。而完成容易目标的人反而会更有耐心地发展和完善他的任务策略。

7. 满意感

当个体经过种种努力终于达到目标后，如果能得到他所需要的报酬和奖赏，就会感到满意；如果没有得到预料中的奖赏，个体就会感到不满意。同时，满意感还受到另一个因素的影响，即个体对他所得报酬是否公平的理解。如果说，通过与同事相比、与朋友相比、与自己的过去相比、与自己的投入相比，他感到所得的报酬是公平的，就会感到满意。反之，则会不满意。

目标的难度也会影响满意感。当任务越容易时，越易取得成功，个体就会经常体验到伴随成功而来的满意感；当目标困难时，取得成功的可能性要小，从而个体就很少体验到满意感。这意味着容易的目标比困难的目标能产生更多满意感。然而，达到困难的目标会产生更高的绩效，对个体、对组织有更大的价值。是让个体更满意好？还是取得更高的绩效好？这就产生了矛盾。如何平衡这种矛盾，有下面一些可能的解决办法：

（1）设定中等难度的目标。从而使个体既有一定的满意感，同时又有比较高的绩效。

（2）当达到部分的目标时也给予奖励，而不仅是在完全达到目标时才给予。

（3）使目标在任何时候都是中等难度，但要不断小量地增加目标的难度。

（4）运用多重目标奖励结构，达到的目标难度越高，得到的奖励越重。

8. 高绩效循环模型

综合的目标设定模型被称作高绩效循环模型（High Performance Cycle）（见图15-6）。模型从明确的、有难度的目标开始，如果有对这些目标的高度承诺、恰当的反馈、高的自我效能感以及适宜的策略，就会产生高的绩效。假如高的绩效导致了希望中的回报，例如有吸引力的奖赏，就会产生高的满意感。工作满意感与工作承诺联系在一起。高的承诺又使人们愿意留在该项工作上。此外，高度的满意感还能增强自我效能感。人们的满意感和对工作的承诺使他们愿意接受新的挑战，这能导致新一轮高绩效的产生。

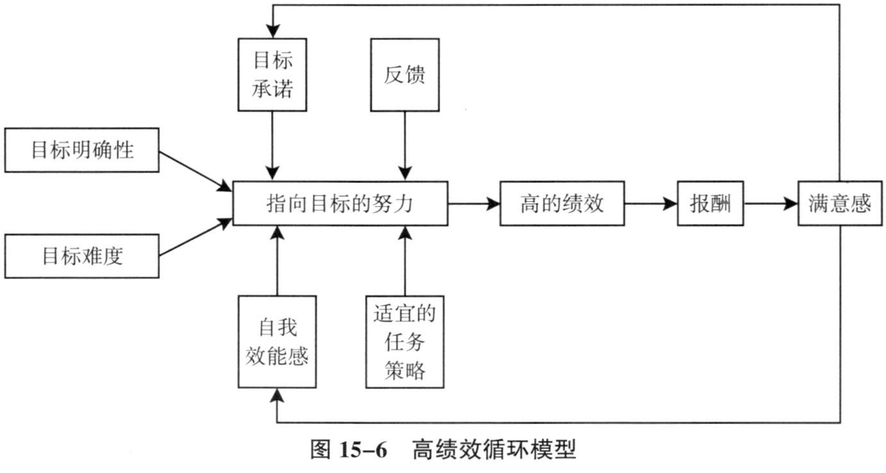

图 15-6 高绩效循环模型

反过来，如果没有满足这个高绩效循环的要求，如低挑战性，缺少回报，就会导致低绩效循环。

（二）应用

目标设定，是重要的激励因素。适当地设定目标并妥善地管理工作进展，目标能够有效地激励员工，提高工作表现。目标在日常工作中十分普遍，常见的目标包括销售配额、完工期限和节约成本等。

（1）目标的难度必须适中，目标设定太容易就会使人失去向上的动力，只会付出最低的能力来完成目标；相反，太困难的目标也会使人对目标的完成失去信心。因此，目标最好是比员工的现有表现高一些，不但具有挑战性，同时使员工感到有达到目标的可能。

（2）设定目标必须明确，能使员工清楚上级对他们的要求，且能够清楚地衡量是否达到目标。把他们的精力和时间用在正确的方向上。

（3）为员工提供反馈。因为反馈可以使员工知道自己的工作进度，以及离目标还有多远，能起到激励的作用，延长员工的工作持久力。设定了目标并提供反馈，可以使人知道距离完工还有多远，在知道距离目标不远的时候，员工是不会轻易放弃以往的努力的。

（4）选择完成工作的方法，在工作进行前做出详细的计划。

（5）必须使员工投入到实现目标的努力之中。员工接受了目标并不表示他会投入其中，但假如达到目标可以得到奖赏，或者上级适当地利用职权进行惩罚，都可使员工努力地争取达到目标。

（6）在执行简单的工作时，上级应该给员工指定目标；在执行复杂的工作时，让员工参与目标设定。

案例 IBM 颁奖仪式

IBM 非常著名的“百分俱乐部”，表彰的是企业中 80%的销售人员。IBM 处心积虑地制定业绩标准，以使得 80%的员工能成为这个俱乐部的成员。在隆重的表彰大会上，那个正好达线的销售人员第一个出场，全场灯光熄灭，唯留一束追光随着领奖人向前移动；屏幕上是他（她）的名字和销售业绩以及巨幅头像。随着他（她）的出场，全场掌声雷动，不时还夹杂着主持人幽默的调侃；名次越向前，下面的欢呼声越响亮。整个颁奖会表彰的不仅是个体，更闪烁着群体耀眼的光芒。

启示：实验数据证明，一般企业员工的潜能只发挥了 20%~30%，如果施以激励得当的话，大多数人可以提高到 80% ~90%。从这两对数字的比较可以得出：要提高组织（企业）的员工的总体潜能，我们应让80%的人员受到嘉奖，即让大多数人都能摘到具有激励作用的果子。而工作目标设定则是工作激励的主要源泉。

（三）评价

1. 优点

自洛克1967年提出目标设定理论以来，理论研究和组织管理践行证明了从目标设定的维度来研究激励是有效的。在这个领域已经取得了很多有意义的成果，这些理论成果也已应用到实际管理工作中去，给实际工作带来了很大帮助。

（1）民主化管理。目标管理提倡民主、平等和参与的管理思想，不提倡管理者闭门造车而独断专行。目标的实现者同时也是目标的制定者，主张由上下级在一起共同商讨确定目标。民主化管理思想引发组织向民主、平等和参与的宽松的组织氛围与文化变革。

（2）自控化管理。目标管理的思想之一是用"自我控制的管理"代替"压制性的管理"，它使管理人员能够控制他们自己的成绩。这种自我控制可以成为更强烈的动力，推动他们尽自己最大的力量把工作做好，而不仅仅是"过得去"就行了。

（3）授权化管理。推行目标管理有助于促使权力、责任、利益逐级下放，有助于在保持有效控制的前提下，调动各级管理者和员工的想象力、创造力，发挥其主观能动性，把局面搞得更有生气一些和更有效率一些。

（4）注重成果。目标管理注重成果第一，看重实际贡献。组织实行目标管理，由于有了一套完善的目标考核体系，从而能够按员工的实际贡献大小如实地评价一个人。

2. 缺点和改良

（1）目标设置难度大的负作用。目标设置的难度应该与被考核者的实际能力相适应，既不要过低又要有挑战性，但在实际运用中设定实施的往往都是难度较大的目标，而这会造成单位内部的弄虚作假、恶性竞争、内部凝聚力的涣散等弊病；组织内许多目标难以定量化、具体化，组织环境的可变因素越来越多，组织的内部活动日益复杂，使组织活动的不确定性越来越大。这些都使得组织的许多活动制定数量化目标是很困难的。

（2）偏重短期、缺乏灵活。目标管理中，强调短期目标的实现而对长期目标不关心，这种思维对组织的长远发展是有害的；目标管理必须保持其明确性和肯定性，目标一旦确定就不能轻易改变，这使得组织运作缺乏弹性，无法通过权变来适应变化多端的外部环境。

三、公平理论

公平理论，又称社会比较理论。由美国心理学家约翰·斯塔希· 亚当斯（John Stacey Adams）于1965年提出。公平理论认为，员工的激励程度来源于对自己和参照对象的报酬和投入的比例的主观比较感觉。

该理论是研究人的动机和知觉关系的一种激励理论，在亚当斯的《工人关于工资不公平的内心冲突同其生产率的关系》（1962年与罗森鲍姆合写）、《工资不公平对工作质量的影响》（1964年与雅各布森合写）、《社会交换中的不公平》（1965）等著作中有所涉及，侧重于研究工资报酬分配的合理性、公平性及其对职工生产积极性的影响。

（一）基本内容

1. 概念

（1）公平：对自己和参照对象的报酬和投入的比例的主观比较感觉。

（2）当事人：感到公平或不公平的个体。

（3）其他参照人：当事人将其投入与报酬比作比较指标的群体或个人。

（4）投入：当事人为履行职责而付出的个体特征（技能、经验、学习、年龄、性别、种族）。

（5）结果：当事人从职务中获得的东西（认可、附加福利、薪资）。

2. 内容

公平理论认为，人能否受到激励，不但由他们得到了什么而定，还要由他们所得与别人所得是否公平而定。人们总会自觉或不自觉地将自己付出的劳动代价及其所得到的报酬与他人进行比较，并对公平与否做出判断。公平感直接影响职工的工作动机和行为。因此，从某种意义上讲，动机的激发过程实际上是人与人进行比较，做出公平与否的判断，并据以指导行为的过程。公平理论研究的主要内容是职工报酬分配的合理性、公平性及其对职工产生积极性的影响。

这种理论的心理学依据，就是人的知觉对于人的动机的影响关系很大。公平理论认为，一个人不仅关心自己所得所失本身，而且还关心与别人所得所失的关系。他们是以相对付出和相对报酬全面衡量自己的得失。如果得失比例和他人相比大致相当时，就会心理平衡，认为公平合理心情舒畅。比别人高则令其兴奋，是最有效的激励，但有时过高会带来心虚，不安全感激增。低于别人时产生不安全感，心里不平静，甚至满腹怨气，工作不努力、消极怠工。因此分配合理性常是激发人在组织中工作动机的因素和动力。

J. S. 亚当斯认为：职工的积极性取决于他所感受的分配上的公正程度（即公平感），而职工的公平感取决于一种社会比较或历史比较。所谓社会比较，是指职工对他所获得的报酬（包括物质上的金钱、福利和精神上的受重视程度、表彰奖励等）与自己工作的投入（包括自己受教育的程度、经验、用于工作的时间、精力和其他消耗等）的比值与他人的报酬和投入的比值进行比较。所谓历史比较是指职工对他所获得的报酬与自己工作的投入的比值同自己在历史上某一时期内的这个比值进行比较。

每个人都会自觉或不自觉地进行这种社会比较，同时也要自觉或不自觉地进行历史比较。当职工对自己的报酬作社会比较或历史比较的结果表明收支比率相等时，便会感到受到了公平待遇，因而心理平衡，心情舒畅，工作努力。如果认为收支比率不相等时，便会感到自己受到了不公平的待遇，产生怨恨情绪，影响工作积极性。当认为自己的收支比率过低时，会产生报酬不足的不公平感，比率差距越大，这种感觉越强烈。这时职工就会产生挫折感、义愤感、仇恨心理，甚至产生破坏心理。少数时候，也会因自己的收支比率过高，产生不安的感觉或感激心理。

当职工感到不公平时，他可能千方百计进行自我安慰，如通过自我解释，主观上造成一种公平的假象，以减少心理失衡或选择另一种比较基准进行比较，以便获得主观上的公平感；还可能采取行动，改变对方或自己的收支比率，如要求把别人的报酬降下来、增加别人的劳动投入或要求给自己增加报酬、减少劳动投入等；还可能采取发牢骚、讲怪话、消极怠工、制造矛盾或弃职等行为。

（二）公平理论的模式

1. 横向比较

当进行横向比较时，设当事人 a 和被比较对象 b，

公平式为：

$Op/Ip = Oa/Ia$

式中：Op 表示自己对所获报酬的感觉；Oa 表示自己对他人所获报酬的感觉；Ip 表示自己对个人所做投入的感觉；Ia 表示自己对他人所作投入的感觉。

不公平式为：

（1）$Op/Ip < Oa/Ia$。

在这种情况下，第一种办法是他可能要求增加自己的收入或减小自己今后的

努力程度，以便使左方增大，趋于相等；第二种办法是他可能要求组织减少比较对象的收入或者让其今后增大努力程度，以便使右方减小，趋于相等。此外，他还可能另外找人作为比较对象，以便达到心理上的平衡。

（2）$Op/Ip > Oa/Ia$。

在这种情况下，他可能要求减少自己的报酬或在开始时主动多做些工作，但久而久之，他会重新估计自己的技术和工作情况，终于觉得他确实应当得到那么高的待遇，于是产量便又会回到过去的水平了。

2. 纵向比较

当进行纵向比较，只有相等时才会认为公平。

公平式为：

$Op/Ip = Oh/Ih$

式中：Op 表示对自己报酬的感觉；Ip 表示对自己所做投入的感觉；Oh 表示对自己过去报酬的感觉；Ih 表示对自己过去所做投入的感觉。

不公平式为：

（1）$Op/Ip < Oh/Ih$。

当出现这种情况时，当事人也会有不公平的感觉，可能导致工作积极性下降。

（2）$Op/Ip > Oh/Ih$。

当出现这种情况时，当事人不会因此产生不公平的感觉，但也不会觉得自己多拿了报偿而主动多做些工作。调查和试验的结果表明，不公平感的产生，绝大多数是由于经过比较认为自己报酬过低而产生的；但在少数情况下，也会由于经过比较认为自己的报酬过高而产生。

（三）影响公平评定的因素

（1）个人的主观判断：无论是自己的或他人的投入和报偿都是个人感觉，而一般人总是对自己的投入估计过高，对别人的投入估计过低。

（2）个人所持的公平标准：公平标准是采取贡献率，也有采取需要率、平均率的。例如，有人认为助学金应改为奖学金才合理，有人认为应平均分配才公平，也有人认为按经济困难程度分配才适当。

（3）绩效的评定：如何评定绩效？是以工作成果的数量和质量，还是按工作中的努力程度和付出的劳动量？是按工作的复杂、困难程度，还是按工作能力、技能、资历和学历？不同的评定办法会得到不同的结果。最好是按工作成果的数量和质量，用明确、客观、易于核实的标准来度量，但这在实际工作中往往难以做到，有时不得不采用其他的方法。

（4）评定人：绩效由谁来评定，是领导者评定还是群众评定或自我评定，不同的评定人会得出不同的结果。由于同一组织内往往不是由同一个人评定，因此会出现松紧不一、回避矛盾、姑息迁就、抱有成见等现象。

（四）恢复公平的行为

为了避免组织成员产生不公平的感觉，组织往往采取各种策略，使组织成员产生一种主观上的公平感。如有的组织采用保密工资的办法，使成员相互不了解彼此的收支比率，以免组织成员互相比较而产生不公平感。

组织（企业）通常采取如下方法恢复公平的行为：

（1）改变投入——增加或减少投入量（时间、资源、能力、努力）。

（2）改变结果——通过谈判获得高额加薪。

（3）改变态度——改变自己的态度，认为钱和其他结果（良好的工作场所、工作保障等）相比并不重要。

（4）改变参照人——把参照人换成和你的加薪相近的个人，通过和你的结果/工作相近的人比较来恢复公平感。

（5）改变参照人的投入或结果，鼓励参照人投入更多的工作时间和努力，以证明给他的高额加薪是有理由的。

（6）离开这个地方——辞职。

（五）公平理论的应用

1. 公平理论在薪酬设计中的应用

将公平理论应用于薪酬制度，可以得到三种公平的表现形式：内部公平、外部公平和员工个人公平。员工对于企业的不满主要表现为上述三方面的原因，其中内部公平和外部公平是薪酬设计的关键考虑因素，个人公平虽然难以从外部表现来衡量，但对于员工积极性有着重大影响。

（1）内部公平的应用。所谓内部公平就是组织的职位与职位之间的等级必须保持相对公平。在设计薪酬制度的时候，工资结构的制定是为了解决内部公平性。工资结构指的是企业内不同职位等级之间的工资差别以及工资政策线的形状和条数。据此，就应该进行基本的工作分析和职位评估，依据各种工作对组织整体目标实现的相对贡献大小来支付报酬。完成某一工作所需要的知识和技能越多，得到的报酬也越多；从事这种工作时所处的环境越不好，这种工作得到的报酬也应该越高；工作中对实现组织整体目标的贡献越大，这种工作得到的报酬也应该越多。目前，国际上企业的薪水趋势是，高层员工和普通员工之间的薪金距离在加大，例如在美国，高层职员的薪金是低层职员的 12 倍。这种由职务差带来的收入差，中国也在渐次跟进。

（2）外部公平的应用。外部公平，即组织的整体薪酬水平必须充分考虑市场的整体薪酬水平和薪酬趋势。它所强调的是本组织薪酬水平同其他组织的薪酬水平相比较时的竞争力，这种外部竞争力关注的是组织之间薪酬水平的相对高低。

获取外部公平的方法主要是获取外部市场薪酬调查数据，通过各种调研方法收集市场上其他竞争对手薪酬水平的信息，并通过对这些信息的比较分析来确定本组织成员的薪酬水平，从而判断公司的整体薪酬水平与外部市场相比的整体竞争力差异。

从市场的角度来看，一个组织选择工资水平可以采用领先、滞后、跟随及混合的方法，这应根据组织的发展战略及薪酬观念决定。

一是领先政策，即一个组织比其他同行业竞争者支付更高的工资水平。高工资能从外部劳动力市场吸引到更多优秀人才。从人力资本和经济投入产出比来看，高工资不一定是高成本和低利润，因为优秀员工的市场效率更高。二是滞后政策，即一个组织比其他同行业竞争者支付较低的工资。这样一来，员工很容易感到不公平，从而对组织的运作造成影响。三是跟随政策，即支付同行业竞争者相当的工资水平，对于维持员工公平感，减少员工不满意程度和员工离职方面会有一定作用。但由于与竞争对手相比没有优势，因此在实际操作过程中仍有困难。四是混合政策，企业以各类岗位的社会平均工资为基础，对供过于求的人员相应降低工资水平，而对社会紧缺人才采取高于社会平均工资水平的政策。

（3）个人公平的应用。个人公平是指员工薪酬的一部分应该与组织、部门或个人绩效结合起来，体现绩效文化。获取个人公平的方法是将员工绩效和该员工的薪酬结合起来，从而保证个人绩效越好的员工其报酬也越高。每个员工对收入的评价都首先基于个人的能力。同时，员工还会比较个人收入和公司收入之间的关系。

在实际薪酬设计时，员工个人公平是一个必须遵循的重要原则，对同一个组织中从事相同工作的员工的薪酬，进行相互比较时公平性是必须要考虑的。

要保证个人公平，首先是量才而用，并为有才能者创造脱颖而出的机会。不以领导对个人的评价作为评价标准，而是以一套公正透明的人才选拔机制，用个人在工作中的实际绩效作为评价机制和评价标准。

个人公平需要事先说明规则，建立制度的契约或心理的契约，目的是双方都明白相互的权利和义务。重要且比较容易判断其对公司贡献的岗位宜采用业绩导向的薪酬，常见的有销售人员、市场人员以及独立核算单位的负责人等。但是，对于创业团队来说，建立一个比较清晰的制度契约往往是不可能的，这时候更需要一种心理的契约，创业领头人的个人诚信便十分重要。

（4）在公平的过程中实现公平。过程公平相对结果公平来讲，更容易影响员工的组织承诺度、对管理者的信任和流动意图。如果 A 看到公司的薪酬政策制定的程序非常公平，即使他比 B 在当月少拿 1000 元，他也坚信下月将会得到比 B 更高的收入，所以，A、B 均会以积极的态度对待管理者；如果 A 认为公司的薪酬政策制定的程序不公平，他比 B 在当月少拿 1000 元，他会坚信下月仍将获得不公，就会导致他对管理者产生不信任感，感觉到自己受到歧视，往往就会采取辞职的方式来表达自己的不满；如果 A 认为公司的薪酬政策制定的程序不公平，即使他比 B 在当月多拿 1000 元，他也会坚信公司管理混乱。

2. 公平理论在薪酬管理中的应用

（1）管理者要尽可能公平地对待每一个员工。作为员工来说，他不仅关心自己所得到的绝对报酬，也关心自己报酬的相对性。如果员工认为受到不公平的对待时，他们就会试图采取改变境况的行为：经常缺勤、上班迟到、不按时完成工作任务、降低工作质量等。

（2）对有不公平感觉的员工进行心理疏导。一般来说，并不是所有的人都对公平很敏感，只有当人们将自己的投入和收益与他人进行比较以后，他们才开始关心公平。并且他们所选择的比较对象受主观影响较大，比如说，参照对象不是同一组织中的员工、两人所承担的工作任务的复杂程度不同等。作为管理者，在遇到这种情况时，由于不可能控制其他组织的报酬发放，因而对组织内部由此产生不公平感的员工就只能从心理上进行疏导，帮助他们树立正确的公平观，选择客观的公平标准，走出不公平感的阴影。

（3）管理者应该制定一个能够让员工感到公平并且乐于参与和保持的报酬分配制度。公平感与个人所持有的公平标准有关，而不同的人有着不同的公平标准。因此，在制定分配制度时，管理者应该尽可能了解组织中员工们所持有的公平标准是什么，是基于平均原则、贡献大小还是所承担的社会责任大小进行分配才最能够让员工产生公平感。在客观调查的基础上，选择在最大程度上能够让员工产生公平的分配原则。只有这样，才能让员工受到激励，并且产生良好的工作绩效。

案例　成平离职

成平毕业于上海财经大学会计专业，获得硕士学位。在接受了许多组织的面试后，她选择了全国最大的一家会计公司中的一个职位，并被派到波士顿的办事处，她对所得到的一切很满意：公司的名声显赫、一份具有挑战性的工作、有获得重要经验的良好机会和发展空间、得到了会计专业毕业生所能得到的最高工资，去年月薪 2500 美元。成平在学校时曾是班里最优秀的学生，她富有进取心，表达能力好，获得相应的工资是预料之内的事。

成平在工作 1 年后，她对公司满意，领导对她的工作表现也很满意，最近刚得到每月 200 美元的加薪。但是，成平的心情却在最近几周急速下降，工作情绪受到很大打击。为什么呢？她的公司刚刚雇用了一个多伦多大学的会计专业毕业生，此人缺少成平一年中所获得的经验，工资却是每月 3000 美元，比成平现在的工资还多 300 美元。除了愤怒，用其他任何语言都无法描述成平此时糟糕的心情，周一上午，她向她的上司递交了辞呈，决意离开这家公司。

解读：成平的情况表明了公司薪酬设计和管理中公平激励缺失的后果。个体的激励不仅来自于努力是否得到了奖励，还来源于个体的认知评价过程。这种认知评价过程包括了对公平性的评价。人们总是把自己的投入和产出与他人的投入和产出进行比较，公平性的评价是员工满意度的核心评价标准。

四、强化理论

强化理论由哈佛大学心理学家和行为科学家斯金纳（Burrhus Frederic Skinner）提出，也成为行为修正理论，是以学习的强化原则为基础的关于理解和修正人的行为学说。所谓强化，是指对一种行为的肯定或否定的后果（报酬或惩罚），它至少在一定程度上会决定这种行为在今后是否会重复发生。

斯金纳主张对激励进行针对性的刺激，只看员工的行为和结果之间的关系，而不是突出激励的内容和过程。该理论认为人的行为是其所获刺激的函数。如果这种刺激对他有利，则这种行为就会重复出现；若对他无利，这种行为就会减弱直至消失。

根据强化的性质和目的可把强化分为正强化和负强化。在管理上，正强化是奖励那些组织上需要的行为，从而加强这种行为。正强化的方法包括奖金、认可、表扬、晋升、安排担任挑战性的工作、给予学习和成长的机会等。负强化是指为了使某种行为不断重复，减少或消除施加于其身的某种不愉快的刺激。负强化的方法包括批评、处分、降级等，有时不给予奖励或少给奖励也是一种负强化。

斯金纳的强化理论和维克托·弗鲁姆的期望理论都强调行为同其后果之间关系的重要性，但维克托·弗鲁姆的期望理论较多地涉及主观判断等内部心理过程，而强化理论只讨论刺激和行为的关系。

（一）强化理论的基本内容

1. 基本观点

人的行为可以分为应答性行为和操作性行为。应答性行为是由环境的刺激所引起的行为；操作性行为是在内部需求的刺激下自身发出的行为。

在操作性行为中，如果行为结果使其需求得到满足，这种行为便会重复并得到增强——正强化（积极强化）和负强化（消极强化）。当在环境中增加某种刺激，有机体反应概率增加，这种刺激就是正强化；当某种刺激在有机体环境中消失时，反应概率增加，这种刺激便是负强化，是有机体力图避开的刺激。强化理论是内容型激励理论的补充和发展。

2. 强化手段改造行为的四种方式（见表 15–2）

表 15–2 四种方式

	期望的行为	不期望的行为
给予	Ⅰ正强化 （行为增加）	Ⅱ惩罚 （行为减少）
取消	Ⅲ消退 （行为减少）	Ⅳ负强化 （行为增加）

（1）正强化：在期望的行为发生后提供令人快乐的结果。它能增加先于它的行为频率。

（2）负强化：当某种不符合要求的行为有了改变时，减少或消除施加于其身的某种不愉快的刺激（如批评、惩罚等），从而使改变后的行为再现和增加。

（3）惩罚：为特定的行为反应提供令人不舒服或不喜欢的结果。如上级的批评和降职。

（4）消退：减少不期望有的行为。有两种方式：一是对某种行为不予理睬；二是对原来用正强化建立起来的好的行为不再给予正强化，使其出现的可能性下降。

（二）强化程式

斯金纳认为，强化的时间和比率不同，强化作用的效果也会大不相同。所谓强化程式，就是指反应受到强化的预先安排形式。对此，斯金纳提出了一个著名的强化类型表。如图 15-7 所示。

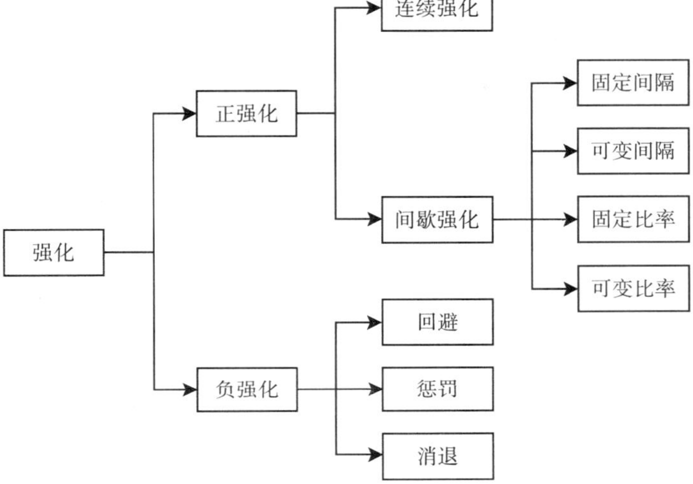

图 15-7　强化程式

1. 根据这个强化类型表，一切强化可分为两大类

一是连续性强化，即每次行为都受到强化；

二是间歇性强化，即只是部分行为受到强化。

间歇性强化又可按照时间和比率的不同分为四种：

(1) 固定间时强化，强化是定期的，如计时工资；

(2) 变动间时强化，强化是不定期的，如随时进行的奖励；

(3) 固定比率强化，强化按一定比率进行，如营业提成；

(4) 变动比率强化，强化按随机比率进行，如抽奖、博彩等。

连续性强化和间歇性强化的效用，从行为的消退角度看不尽相同。斯金纳的实验表明，间歇性强化停止后产生的反应消退，远远低于数量相同的连续性强化停止后产生的反应消退。例如，如果只是偶然对儿童的良好行为给予强化，在停止强化后，这种良好行为保持的时间，要比每一次良好行为都给予强化保持的时间长得多。斯金纳认为，当手头的强化物很有限时，这一差别具有实际意义。对于管理者来说，理解间歇性强化与连续性强化在反应消退上的差别，进而理解不同的间歇性强化在反应消退中的精确数据，对于设计激励方案有着重要作用。

2. 间歇性强化的各自特点和不同效果

(1) 固定间时强化。每隔一个固定时段进行一次，其效果受强化的大小、数量和及时性的影响。强化越大，数量越多，则反应概率越大。如果反应和强化物出现的时间之间有相当大的间隔，则反应概率较低。这种强化因间隔的固定性，有一定规律可循。因此，在强化物出现后，由于行为者知道短期内不能再得到强化，所以在每次强化之后的区间反应概率较低。当行为者觉得再次强化快要到来时，反应概率又会增加。例如，在计时工资制中，工资定时发放，在这段固定时间中，工人的反应并不会得到强化，工作的水平可能会下降。对于这一问题，可以通过厌恶性的条件强化物（如扣除薪金）作为工资的补充。

（2）变动间时强化。变动间时强化可以用来调节行为的发生概率，它能够消除强化物出现后的反应概率降低现象。由于这种强化程式没有一定的时间规律，随机性较大，行为者往往难以琢磨后续强化物出现的时间。因此，在它的作用下，能使行为者保持一个相对稳定的行为水平。

（3）固定比率强化。固定比率强化能产生很高的反应概率。因为在这种程式的刺激下，行为者的反应速率达到固定比率就会得到强化，行为的结果又促使反应速率进一步提高。如果没有其他因素干扰，这种程式能使激励作用达到最大值。值得注意的是，斯金纳强调，采用这种程式的关键在于“比率不是太高”。因为他的研究表明，某一特定的行为人和某一特定的强化指标之间，比率是有限的。超过这一比率，行为就不能保持，而且会出现快速消退。这种情况被斯金纳称为“行为缺失”。之所以会发生行为缺失，是因为行为人的能力和精力是有限的。如果固定比率过高，超出了行为人之所能，那么就会产生两种情况：一是行为人在初始时就无法达到规定的比率；二是在初始时虽然达到了比率，但后来无法持续达到。一旦出现这种情况，肯定会发生行为消退。在现实中，某些本来行之有效的业务提成或类似制度，由于后来不断“加码”而导致失效，就属于这种情况。

（4）可变比率强化。可变比率强化是通过对受到强化的反应与未受到强化的反应之间比率的不确定性运用进行激励的。这样，行为人对强化的力度（即自己的收益）不可预测。可变比率和固定比率的差别，同变动间时和固定间时的差别在逻辑上是一致的。所以，在理论上，它可以消除固定比率强化后所出现的反应消退现象。这种程式的比率幅度在变，但其平均值不变。所以，行为人的行为有可能得到高强化，也有可能得到低强化，或者很长时间得不到任何强化，而强化的平均值不变。行为人会根据这种随机性调整自己，保持一种稳定的行为速率。

斯金纳主张综合使用各种不同的强化程式。可以把比率强化和间时强化、固定强化和可变强化结合使用或者交替使用，从而对行为人的行为进行更好的调节。

（三）强化理论的应用

1. 强化理论具体应用的行为原则

（1）经过强化的行为趋向于重复发生。所谓强化因素是会使某种行为在将来重复发生的可能性增加的任何一种“后果”。例如，当某种行为的后果是受人称赞时，就增加了这种行为重复发生的可能性。

（2）要依照强化对象的不同采用不同的强化措施。人们的年龄、性别、职业、学历、经历不同，需求就不同，强化方式也应不一样。如有的人更重视物质奖励，有的人更重视精神奖励，应区分情况，采用不同的强化措施。

（3）分步驱动，分阶段设立目标，并对目标予以明确规定和表述。对于人的激励，首先要设立一个明确的、鼓舞人心而又切实可行的目标，只有目标明确而具体时，才能进行衡量和采取适当的强化措施。同时，还要将目标进行分解，分成许多小目标，完成每个小目标都及时给予强化。这样不仅有利于目标的实现，而且通过不断的激励可以增强信心。如果目标一次定得太高，会使人感到不易达到或者说能够达到的希望很小，这很难充分调动人们为达到目标而做出努力的积极性。

（4）及时反馈，即通过某种形式和途径，及时将工作结果告诉行动者。要取得最好的激励效果，应该在行为发生以后尽快采取适当的强化方法。一个人在实施了某种行为以后，即使是领导者表示“已注意到这种行为”这样简单的反馈，也能起到正强化的作用。

如果领导者对这种行为不予注意，这种行为重复发生的可能性就会减小以至消失。

（5）正强化比负强化更有效。在强化手段的运用上，应以正强化为主。同时，必要时也要对坏的行为给以惩罚，做到奖惩结合。

（6）对强化理论的应用，要考虑强化的模式，并采用一整套的强化体制。强化模式主要由“前因”“行为”和“后果”三个部分组成。前因，是指在行为产生之前确定一个具有刺激作用的客观目标，并指明哪些行为将得到强化，如企业规定车间安全生产中每月的安全操作无事故定额；行为，是指为了达到目标的工作行为；后果，是指当行为达到了目标时，给予肯定和奖励。

2. 强化理论在管理中的应用

强化理论有助于对人们行为的理解和引导。因为，一种行为必然会有后果，而这些后果在一定程度上决定这种行为在将来是否重复发生。那么，与其对这种行为和后果的关系采取一种碰运气的态度，不如加以分析和控制，使大家都知道应该有什么后果最好。这并不是对职工进行操纵，而是使职工有一个最好的机会在各种明确规定的备择方案中进行选择。因而，强化理论已被广泛地应用在激励和人的行为的改造上。

（1）以正强化方式为主。以奖为主，以罚为辅。设置鼓舞人心的经营管理目标，是一种正强化方法，但要注意将组织的整体目标和个人目标、最终目标和阶段目标等相结合，并对在完成个人目标或阶段目标中做出明显绩效的贡献者，给予及时的物质和精神奖励（强化物），以求充分发挥强化作用。

（2）运用负强化时，应尊重事实，讲究方式方法，处罚依据准确公正，这样可尽量消除其副作用。将负强化与正强化结合应用一般能取得更好的效果。

（3）注意强化的时效性。及时强化是指让人们尽快知道其行为结果的好坏或进展情况，并尽量地予以相应的奖励，而正确强化就是要“赏罚分明”，即当出现良好行为时就给予适当的奖励，而出现不良行为时就给予适当的惩罚。及时强化能给人们以鼓励，使其增强信心并迅速地激发工作热情，但这种积极性的效果是以正确强化为前提的；相反，乱赏乱罚绝不会产生激励效果。

（4）因人制宜，奖（惩）人所需，形式多样，采用不同的强化方式。由于人的个性特征及需求层次不尽相同，不同的强化机制和强化物所产生的效应会因人而异。因此，在运用强化手段时，应采用有效的差异性强化方式，不搞“一刀切”，应该奖人之所需，形式多样化，只有这样才能起到奖励的效果。

（5）利用信息反馈增强强化的效果。信息反馈是强化人的行为的一种重要手段，定期反馈可使组织成员了解自己行为的绩效及其结果，既可使职工得到鼓励，增强信心，又有利于及时发现问题，分析原因，修正所为。

案例A　威斯康星大学实验

1982年，美国威斯康星大学的研究人员在研究成人学习进程项目时，曾做了一个有趣的实验。

研究人员将一批成人学员组成了两支保龄球队，经过短暂的训练后，两队进行了几场比赛，比赛成绩两队互有胜负，难分上下。研究人员将全部比赛过程都摄录了下来，并将录像分别提供给两支队伍，以便他们能借助录像提高队伍的球技。所不同的是，分发给两支队伍的录像带采用了不同的编辑方法。第一支球队收到的录像带所展现的全是他们在比赛中的失误和糟糕的表现；第二支球队收到的录像带所显示的则全是他们的出彩之处。

在仔细研究观看了录像带之后，两支球队都不同程度地提高了各自的球技。在接下来的几场比赛中，第二支球队均以绝对的优势战胜了第一支球队。

解读：将焦点凝聚在失误和过错上，使得队员产生了疲惫、厌倦、责备、抗拒等消极情绪；而将注意力集中在表现优异的一面，则使队员的创造性、激情、自信以及渴望成功的欲望等积极情绪得到了极大的提高和调动，形成正强化效果。

案例 B　以惩罚进行管理

张是新加坡一家地产销售公司的销售经理。某日，因一名售楼业务员王晓晓的月销售额很差，他便把他找来研究如何完成业绩目标。但一周过后，他仍然未能出售一套房子。周一早会时，张经理见到王晓晓依然泰然处之，竟无一丝愧疚。于是张经理便怒斥这名销售员，他的成绩让人无法接受。结果，王晓晓当天就卖出了三套大户型房子。张经理认为，以惩罚进行营销管理，确也奏效。

很明显，张经理不是唯一有这种想法的人。当规定时间内实现预定销售额的压力很大时，一些管理人员就会通过惩罚激励员工。

很多管理者以惩罚（负强化）及时点拨那些工作懈怠或没有意识到自己绩效很低的人，效果是明显的。

（四）评价

（1）强化理论为预知与控制人类行为提供了一个操作性的维度。斯金纳之前的心理学理论皆关注于心理现象的内在方面，将心理现象看作一个“暗箱”，都认为心理现象是不可预知或难以预知的。而斯金纳的强化理论描述了行为的可操纵性，从而极大地提高了人们预测和控制有机体的能力。为个体和群体行为的培训、教育以及人类社会化因素的培养形成，提供了心理学理论上的依据。

（2）强化理论有助于对人们行为的理解和引导。一种行为必然会有后果，而这些后果在一定程度上会决定这种行为在将来是否重复发生。那么，与其对这种行为和后果的关系采取一种碰运气的态度，不如加以分析和控制，使大家都知道应该有什么后果最好。这并不是对组织成员进行操纵，而是使组织成员有一个最好的机会在各种明确规定的备择方案中进行选择。因而，强化理论能被广泛地应用在激励和人的行为的改造上。

（3）强化理论只讨论外部因素或环境刺激对行为的影响，而忽略人的内在因素和主观能动性对环境的反作用，强化理论对某些简单的操作反应，如在驯化动物、知识学习、儿童行为教育、弱智及在特定的条件下的行为矫正中，可以得到相当好的效果；当应用到常态的成年人行为干涉中，当人们思维中的对成败因素的主观思维判断、预期期望意识、本能欲望倾向等占了上风时，强化理论往往便无法适用了。

（4）强化理论将凡有结果的行为都归之于强化的作用，即使找不出直接的强化作用，也可以用间接的、二级的甚至更高级的、继发性的强化作用解释，但即使如此，其理论往往也难以尽然解释很多心理现象。特别是强化理论认为人们工作行为都是通过各种直接或间接奖惩措施而学习、训练与社会经验的结果，因而其也就难以解释以下问题：

1）人们某些天生的行为能力，近乎本能的行为。

2）人们为什么既会有一些对坚守信仰、坚持真理、自我实现、追求公正公平、科学探求等不计代价、百折不挠的行为，又会有一些赌博、吸毒、网瘾等屡教不改的恶习。

3）有些人在某种状况下会有一些以抑制克服自我心理冲动为特征的、计较得失的、非习惯性的甚至违背其日常性格行为特点的纯理智性的行为，相反另一些人会有一些不计利害得失的、具有性格色彩的非理智性行为。